ハヤカワ文庫 NF

〈NF562〉

# なぜ今、仏教なのか

## 瞑想・マインドフルネス・悟りの科学

ロバート・ライト

熊谷淳子訳



早川書房

8559

WHY BUDDHISM IS TRUE
*The Science and Philosophy of Meditation and Enlightenment*
by
Robert Wright

Translated by
Junko Kumagai
Published 2020 in Japan by
HAYAKAWA PUBLISHING, INC.
This book is published in Japan by
arrangement with
the original publisher, FREE PRESS
a division of SIMON & SCHUSTER, INC.
through JAPAN UNI AGENCY, INC., TOKYO.

テリ、マイク、ベッキ、リンダへ

**作家**　それでも、行ってしまう前に教えてください。この地上にいて、最悪のことはなんでしたか？

**アグネス**　ただ存在すること。目のせいでものがくっきり見えず、耳のせいで音がはっきり聞こえず、明敏な思考が灰色の脳の迷路に閉じこめられていると感じること。脳を見たことがある？

**作家**　そうやってあなたは、それこそがわれわれの欠点だとおっしゃるんですね。ほかにどんなありようがあるでしょう？

――『夢の劇』ヨハン・アウグスト・ストリンドベリ原作、キャリル・チャーチル翻案

目次

★原文の脚注は側注として★で示した。訳者による注は文中に小さめの（ ）で示した。

# なぜ今、仏教なのか

瞑想・マインドフルネス・悟りの科学

# 読者へのことわり

*Why Buddhism Is True*（なぜ仏教は正しいのか）（本書の原題）などという題名の本は、どこかの時点で周到なただし書きが必要になる。どうせならさっさとすませてしまおう。

1．本書では、仏教の「超自然的な」要素、たとえば輪廻《りんね》のようなどこか異国の神秘めいたところには触れず、自然主義的な部分をとりあげる。どれも現代の心理学や哲学の範疇《はんちゅう》にすんなりおさまる考えだ。とはいうものの、それより少し突飛な、過激とも見える主張もいくつかとりあげる。真剣に受けとめれば、自分自身や世界に対する見方を根底から変える力を持っている。本書の目的は、そうした主張を読者のみなさんに真剣に受けとめてもらうことだ。

2. ひと口に仏教といっても、さまざまな宗派があるし、その教義も千差万別だ。しかし本書では、「共通の核」ともいえる、おもな宗派に共通して見られる基本的な考えに焦点をあてる。ただし、宗派によってそれぞれの考えを強調する度合いには差があり、同じものがいくぶん異なる形をとっている場合もある。

3. 仏教心理学や仏教哲学を微《び》に入り細《さい》をうがって検討することはしない。たとえば、初期の仏典である「論蔵《ろんぞう》(アビダンマ・ピタカ)」は、心《しん》には八九通りあり、そのうちの一二通りが不善心《ふぜんしん》だと説明している。本書はそのような主張を吟味することにいっさい時間をさかないので気楽にかまえてくれていい。

4. 「真実」は扱いがむずかしいことばであり、哲学や心理学の難解な考えはもとより、どんなものについてもその正しさを主張するのは一筋縄でいかない。それどころか、仏教の重要な教えの一つは、世界をあたりまえに知覚していれば自然に世界の真実がわかるという思いこみを疑ってかかれというものだ。初期の仏典のなかには、そもそも「真実」などというものが存在するかどうかにまで疑いを向けるものもある。一方、ブッダはもっとも有名な説法のなかで「四聖諦《ししょうたい》(四つの聖なる真実)」と呼ばれる教えを説いているのだから、仏教思想を語るとき真実ということばのはいる余地がないわけではない。いずれにせよ、謙虚さを忘れず、さじ加減をしながら、人間の苦しみに対する仏教の診断が根本的に正しいこと、その処方箋《しょほうせん》はきわめて有効で、まさに今こそ重要であることを論じようと思う。

5. 仏教の核となる考えの正しさを主張するからといって、かならずしもほかの宗教的伝統や哲学的伝統についてとやかく言うものではない。仏教の考えとほかの伝統の考えとのあいだには、相いれない論理の衝突もときにはあるだろうが、ないことのほうが多い。ダライ・ラマもこう言っている。「仏教から学ぶことを、よりよい仏教徒となるために使おうとするのはやめなさい。あなたが何者であれ、その者としてよりよい自分になるために使いなさい」

――ロバート・ライト

# 1　赤い薬を飲む

人間のありようをドラマチックに表現しすぎるのを覚悟のうえで尋ねよう。映画『マトリックス』を見たことはあるだろうか。

主人公のネオ（キアヌ・リーブス）は、自分の住む世界が夢の世界であることに気づく。ネオが日々暮らしていると思っていた生活は実際には精巧な幻覚にすぎず、現実のネオの肉体は、ぬめぬめした液体に包まれて棺《かんおけ》大のポッドにとらわれていた。ネオのポッドは、何列も何列もずらりと並ぶたくさんのポッドのうちの一つで、どのポッドにも夢にふける人間がひとりずつはいっている。人間は機械軍団によってポッドに入れられ、いわばおしゃぶりとして夢の人生をあたえられていた。

ネオが迫られた選択――妄想を生きつづけるか、現実に目覚めるか――は、有名な「赤い薬」のシーンで描かれている。ネオは、自分の夢にはいりこんできた反逆者たち（正確にいうと、夢にはいりこんできたその分身《アバター》）から接触を受ける。反逆者のリーダーであるモーフィアス（ローレンス・フィッシュバーン）は、ネオにこう状況を説明する。「きみは奴隷だ、ネオ。ほかの者たちと同じように、きみは生まれたときからとらわれの身だ。味わうことも見ることも触れることもできない牢獄《ろうごく》にいる。心をしばる牢獄だ」。その牢獄はマトリックスと呼ばれるが、マトリックスの正体を説明するすべはない。全貌をつかむ唯一の方法をモーフィアスは伝える。「自分の目で見る以外にない」。モーフィアスはネオに二つの薬をさしだす。赤い薬と青い薬だ。青い薬を飲んで夢の世界にもどることもできるし、赤い薬を飲んで妄想の覆《おお》いを突きやぶることもできる。ネオは赤い薬を選んだ。なんとも過酷な選択だ。妄想ととらわれの人生か、洞察と自由の人生か。あまりに芝居がかった選択で、いかにもハリウッド的だと思うかもしれない。私たちが実際にしなければならない人生の選択はここまで重大なものではなく、もっと平凡なものばかりだ。ところが、映画が公開されたとき、実際に自分がしてきた選択が忠実に描かれていると感じる人たちがいた。

それは、いわゆる西洋仏教の信者——アメリカなどの西洋諸国で生まれ、大半は仏教徒として育ったわけではなく、どこかの時点で仏教を信じるようになった人たちだ。少なくとも、輪廻や諸仏への信仰といった、アジア仏教に典型的に見られるいくつかの超自然的な要素がはぎとられた形の仏教を信じている。西洋仏教は、アジアでは一般の信者より僧侶のあいだで広くおこなわれる修行に重点をおく。瞑想《めいそう》と、仏教哲学への没入だ（西洋でもっとも流布《るふ》している仏教に対するイメージ――仏教は無神論であり、瞑想を中心にまわっているというイメージ――はまちがっている。大多数のアジア仏教の信者は、全能の創造主としての神とはちがうが、神々を信仰しているし、瞑想もしない）。

西洋仏教の信者は、『マトリックス』を見るずっと以前から、自分がかつて見ていた世界は一種の錯覚だと確信していた。それは幻覚とはいわないまでも現実を激しくゆがめた虚像であり、自分の生き方をゆがませ、自分や周囲の人々によくない結果を招いていた。それが今は、瞑想と仏教哲学のおかげでものごとがもっと明晰《めいせき》に見えるようになったというわけだ。信者たちのあいだでは、『マトリックス』は自分が経験した変化とよく符合する寓話《ぐうわ》ととらえられ、そのため「ダルマ映画」として知られるようになった。「ダルマ（法）」ということばには複数の意味がある。ブッダの教えも意味するし、その教えに従って仏教徒が歩むべき道という意味にもなる。『マトリックス』をきっかけに、「ダルマに帰依《きえ》する」ことを意味する新しい表現、「赤い薬を飲んだ」が通用するようになった。

私が『マトリックス』を見たのは、一九九九年に公開された直後だ。数カ月後、自分がこの映画とちょっとしたかかわりがあることを知った。監督であるウォシャウスキー姉妹は、ネオを演じるにあたって参考になる三冊の本をキアヌ・リーブスに事前にわたしたという。そのうちの一冊が、その数年前に私が書いた進化心理学の本、『モラル・アニマル』（講談社）だったのだ。

監督が私の本と『マトリックス』にどんなつながりを見いだしたのかはわからない。ただ自分が見いだしたつながりなら話せる。進化心理学にはいろいろな説明のしかたがあるが、私は自著でつぎのように説明した。進化心理学は、自然選択がどのように人間の脳を設計し、どのように私たちを誤った方向へ導き、私たちを奴隷にさえするのかを研究する学問である。

いやいや、誤解しないでもらいたい。自然選択にもいいところはあるし、個人的にはまったく生まれないよりは、自然選択のおかげだとしても生まれるほうがいい。ちなみに、私の知るかぎり、この宇宙ではこの二つのほかに選択肢はない。進化の産物だからといって、けっしてはじめから終わりまで服従と妄想のなかにいつづけるわけではない。進化した人間の脳はさまざまな形で私たちに能力をあたえ、おかげでたいていは、おおむね正確に現実をとらえることができる。

それでも、結局のところ自然選択は一つのことしか気にかけていない（ここはかぎかっことをつけて、一つのことしか「気にかけて」いない、とするべきだろう。というのも、自然選択はやみくもに進むプロセスでしかなく、意思を持つ設計者ではないからだ）。自然選択が「気にかけて」いること、それは遺伝子をつぎの世代に伝えることだ。過去に遺伝子の伝播《でんぱ》に役立った遺伝形質は繁栄する一方、役に立たなかった遺伝形質は途中で脱落してきた。この試練を生きぬいてきた形質の一つが心的形質、つまり脳内に構築され、私たちの日々の経験を形づくっている構造やアルゴリズムだ。だから、「毎日生活するうえで私たちを導いているのはどんな知覚や思考や感覚か？」ときかれた場合、根本的な答えは、「現実を正確に見せてくれる知覚や思考や感覚」ではない。「祖先が遺伝子をつぎの世代に伝えるのに役立った知覚や思考や感覚」が正解だ。そのような知覚や思考や感覚が現実の本来の姿を見せてくれるかどうかは、厳密にいえば重要ではない。そのため、本来とはちがう姿を見せられることがある。脳はなにより、私たちに妄想を見せるように設計されている。

とはいえ、それで何かさしさわりがあるわけではない。私のもっとも幸せな瞬間を思いだしてみても、妄想からきているものがいくつかある。歯が抜けると歯の妖精がきてくれると信じていたのもその一つだ。しかし、妄想が不快な瞬間をつくりだす場合もある。振り返ってみたとき明らかに妄想だとわかるもの、たとえば恐ろしい悪夢などもそうだが、それだけをいっているのではない。妄想だとは気づきにくいものもある。夜、不安のせいで寝つけないときがそうだ。くる日もくる日も失意や憂鬱《ゆううつ》にさいなまれるようなとき。人への憎しみが一気に爆発して、一瞬は気分がすっきりするものの、ゆっくりと自分の人格がむしばまれていくようなとき。自己嫌悪に襲われるとき。欲望がおさえきれず、買いものをしたい衝動や、健康を損ねてしまうほどむやみに食べたり飲んだりしたい衝動にかられるとき。

こうした感覚——不安、絶望、憎悪、欲望は、悪夢が妄想であるのとは形こそちがうものの、じっくり観察すると妄想と同じ性質を持っているのがわかる。そんな妄想はないにこしたことはない。

たしかにそのほうが幸せだと思った人は、世界全体にとってはどうかと想像を広げてみてもらいたい。絶望や憎悪や欲望といった感覚は戦争や残虐行為を助長しかねない。だから、もし私のことばが正しいなら——もし人間の苦しみや人間の残虐さの根本的な原因の大部分が、本当に妄想の産物なのだとしたら、この妄想を白日のもとにさらす価値はある。

理にかなった話ではないだろうか。しかし、進化心理学の本を書いてからまもなく思い知らされた問題がある。妄想を白日のもとにさらす価値があるかどうかは、どのような見地に立つかによって左右されるということだ。苦しみのおおもとを理解するだけではたたいして助けにならない場合もある。

## 日々の妄想

ここで、単純ながらも本質的な例を見てみよう。ジャンクフードをちょっと食べる。しばらくはこれで満足する。それからわずか数分後、禁断症状のようなものに襲われ、もっとジャンクフードが食べたくてたまらなくなる。この例は二つの理由でちょうどいい導入になる。

まず、この例は妄想がいかにささいなものでありうるかを如実にあらわしている。妄想のせいで粉砂糖をまぶしたミニドーナツ六個入りパックを食べきってしまうことなど、自分が救世主だとか、外国のスパイに命を狙われているとか思いこんでしまう妄想とくらべれば、とるにたりない問題だ。これから本書でとりあげるたくさんの妄想にも同じことがいえる。妄想といっても病的な意味合いを含む妄想ではなく、ものごとがまったくの見かけどおりではないという、錯覚に近いものだ。とはいえ、この本の終わりまでには、こうした錯覚がすべて重なると大規模に現実をゆがませ、本物の妄想に負けないほど深刻な影響をおよぼすことを示すつもりだ。

ジャンクフードの例がいい導入になる二つめの理由は、仏教の教えの根本にかかわるからだ。もちろん、厳密にいえばそんなことはありえない。ブッダが教えを説いた二五〇〇年前には私たちの知るジャンクフードは存在しなかった。何が仏教の教えの根本にかかわるかというと、感覚的な快楽、それも気づけばいつのまにか消えているようなはかない快楽に強力に引き寄せられてしまう私たちの習性だ。ブッダが残したことばのなかにも、人が追い求める快楽はすばやく消えてなくなり、もっと欲しいという渇望だけが残る、というものがある。私たちは、ふたたび欲を満たしてくれるもの——つぎの粉砂糖がけドーナツ、つぎの性的経験、つぎのキャリアアップにつながる昇進、つぎのオンラインショッピングを求めることに時間をついやす。しかし高揚はどうしても薄れていき、あとにはかならずもっと欲しいという気持ちが残る。ローリング・ストーンズのなつかしい曲「アイ・キャント・ゲット・ノー・サティスファクション（どうしても満足できない）」は、仏教の見地からいえば、いかにも人間らしい。ブッダは人生のすべては苦しみであると説いたことで知られるが、これではブッダのことばを完全に表現できていない。「苦《く》」と翻訳される「ドゥッカ」という語は場面によって「不満足」とも訳せるからだ。

それでは、ドーナツやセックスや昇進や消費財を追い求めるとき、厳密にはどの部分が錯覚なのだろう。それぞれの追求には異なる錯覚が結びついているが、ここでは四つに共通する一つの錯覚に注目しよう。それは、求めているものがあたえてくれるだろう幸せを高く見積もりすぎてしまうという錯覚だ。この場合も、単独ではささいな妄想でしかない。つぎの昇進が決まったり、つぎの試験でAをとったり、つぎの粉砂糖がけドーナツを食べたりすれば、永遠の至福が得られると思うか？　そう尋ねられたら、いや、それはありえない、と答えるはずだ。それでいて、私たちはこうしたものを追求するとき、未来について控えめにいってもかたよった見方をしている場合が少なくない。昇進がもたらす役得を思い描くことに時間をかけ、昇進がもたらす頭痛の種《たね》を思い描くことはあまりしない。それに、長いあいだ求めつづけてきた目標を達成して頂上にたどりつきさえすればゆっくり休めるだろうとか、少なくともこれまでよりいい状態がずっとつづくだろうと、なんとなく思っている。同じように、ドーナツが目の前にあればすぐにどんなにおいしいだろうと想像するが、食べた直後にどうしてももう一つ欲しくなるだろうことや、しばらくして糖分による高揚がおさまると軽い疲れやいらだちを覚えるだろうことは想像しない。

## なぜ快楽はしだいに薄れるのか

人間の予測にこのようなひずみが組みこまれている理由を説明するのに、ロケット科学者を持ちだす必要はない。進化生物学者か、それをいうならどんな人でも、ちょっと時間をさいて進化の働きに考えをめぐらせばことたりる。

基本の論理はこうだ。私たちは自然選択によって、祖先が遺伝子をつぎの世代に伝えるのに役立ったこと——食べる、セックスする、ほかの人の尊敬を得る、競争相手をだしぬくなど——をするように「設計」されている。「設計」とかぎかっこをつけたのは、この場合も、自然選択は知性と意思のある設計者ではなく、意思を持たないプロセスだからだ。にもかかわらず、たしかに自然選択が生みだす生物は、まるで意思のある設計者によって、遺伝子を伝えるのがうまくなるようにあれこれいじりまわされた創作物のように見える。そこで一種の思考実験として、自然選択を「設計者」と考え、自分がその立場になってこう自問してみるのも一つの手だろう。もし遺伝子を拡散するのがうまい生物をつくりたいなら、どう設計すればそれにふさわしい目標を生物が追求するようになるだろう？　いいかえると、食べること、セックスすること、仲間を感心させること、競争相手を負かすことが祖先にとって遺伝子を拡散するのに役立ったとすれば、こうした目標を追求させるためにどのように脳を設計するだろう？　理にかなった設計の基本方針が少なくとも三つありそうだ。

1．こうした目標を達成することで、快楽が得られなければならない。なぜなら、人間をはじめ動物は、快楽をもたらすものごとを追求する傾向があるからだ。

2．快楽は永遠につづいてはならない。快楽がおさまらなければ、ふたたび快楽を求めることはない。はじめての食事が最後の食事ということになる。二度と飢《う》えがもどってこないからだ。セックスも同じで、一度の交わりのあと一生そこに横たわって余韻にひたっているのは、つぎの世代に大量の遺伝子を伝えるための正しい方法とはいえない。

3．動物の脳は、1の「快楽は目標の達成に付随して起こる」ことに集中するべきで、2の「快楽はそのあとすぐ消失する」ことにあまり集中してはならない。1に集中すれば、食べものやセックスや社会的地位などをまじりけなしの純粋な熱意で追求するだろうが、2に集中すると、矛盾した感情が生まれるおそれがある。たとえば、快楽を手にしたとたんそれがすぐに消えてしまい、もっと欲しいという渇望が残るのなら、そこまで必死になって快楽を追求してなんになるだろう、と考えはじめるかもしれない。そのうち、ものうい気分が高じて哲学を専攻すればよかったと思いかねない。

以上三つの設計方針を組みあわせると、ブッダが解き明かした人間の苦しみをかなり納得のいく形で説明できる。たしかに、ブッダの言うとおり快楽は一瞬で消えうせる。そして、たしかに、ふたたび不満が残る。快楽がすみやかに消えるように設計されている理由は、つづいて起こる不満によって私たちにさらなる快楽を追求させるためだ。しょせん、自然選択は私たちが幸せになることを「望んで」はいない。ただ私たちが多産であることを「望んで」いるだけだ。そして、私たちを多産にする方法は、快楽への期待を狂おしいものにしつつ、快楽そのものは長くつづかないようにすることだ。

科学者は、この論理が生化学のレベルで発現するのをドーパミンの観察によって確認している。ドーパミンは、快楽や快楽への期待と関連のある神経伝達物質だ。サルを使ったある独創的な研究では、甘い果汁の滴《しずく》をサルの舌に落としながら、ドーパミンを産生する神経細胞を観察した。[*1] 予想されたとおり、ドーパミンは果汁が舌に触れた直後に分泌された。その後、サルは明かりがつくと果汁の滴を期待するように訓練された。実験が進むにつれ、明かりがついたとき分泌されるドーパミンの量はどんどん増え、果汁が舌に触れたとき分泌される量はどんどん減っていった。

サルたちがどんな気持ちだったかを知るすべはないが、時がたつにつれ、甘みがもたらすだろう快楽への期待はどんどん膨らんでいき、実際に甘みがもたらす快楽はどんどんしぼんでいったと考えられる。*2 この解釈を人間の日々の生活にあてはめてみよう。

私たちが新しい種類の快楽に出くわしたら――たとえば、これまでの人生をなぜか粉砂糖がけドーナツなしですごしてきたとして、ためしに食べてみてと一つ手わたされたら――ドーナツの味が全身にしみわたったあと、ドーパミンが盛大に放出されるだろう。しかし、その後、常習的な粉砂糖がけドーナツ食らいになってしまうと、ドーパミン放出の最大のピークは、実際にドーナツにかぶりつく前にものほしそうにドーナツを見つめているあいだに訪れるようになる。ぱくりとかぶりついたあとに放出されるドーパミンの量は、はじめて粉砂糖がけドーナツにかぶりついた至福のときに放出された量よりはるかに少ない。かぶりつく前に放出されるドーパミンは、それを上まわる幸福が待っていると約束するものであり、かぶりついたあとのドーパミンの急降下は、ある意味で約束違反だ。少なくとも、過大な約束だったことを生化学的に認めているようなものだ。あなたもその約束をうのみにした――食べることそれ自体から得られる快楽より大きい快楽を期待した――という点で、妄想にかられたとはいわないまでも、少なくとも誤認させられたといえる。

残酷だといえなくもないが、自然選択に何を期待できるだろう。自然選択の仕事は遺伝子を拡散する機械をつくることだ。それが機械にある程度の錯覚を組みこむことを意味するなら、錯覚が組みこまれることになる。

## 助けにならない洞察

というわけで、科学はこのような見地から、錯覚を白日のもとにさらすことができる。これを「ダーウィン説の見地」と呼ぼう。自然選択の見地に立つことによって、なぜ私たちに錯覚が組みこまれたかがわかるうえ、その錯覚に気づくべき理由も一段と増す。しかし――ここが、このちょっとした余談の要《かなめ》だ――錯覚から本当に解放されることが目標なら、ダーウィン説の見地にはかぎられた価値しかない。

信じられない？　では、つぎの簡単な実験をためしてもらいたい。1．ドーナツなどの甘いものに対する欲望は一種の錯覚であることに思いをめぐらせる。その欲望は、欲望に屈することで実際に得られるよりも長つづきする快楽を暗に約束し、あとになって落ちこんだ気分になるかもしれないことから目をそむけさせるという事実をじっくり考える。2．じっくり考えながら、粉砂糖がけドーナツを顔から一五センチのところに掲げる。ドーナツへの欲望が嘘のように消え去っていく……だろうか？　みなさんが私と同類なら、答えはノーだ。

進化心理学に没頭したあとに私が発見したのはこれだ。自分の状況について真実を知ったところで、少なくとも進化心理学が提供する形の真実では、かならずしも人生がましになるとはかぎらない。それどころか、悪化することさえある。徒労に終わる快楽追求という、人間につきものの悪循環――心理学者がときに「快楽のランニングマシン《ヘドニック・トレッドミル》」と呼ぶもの――からまだのがれられないでいるのに、今ではその不条理に気づかされる新しい理由まで見つかったのだ。いいかえると、それがランニングマシンだとわかっていて、それも、私たちを走りつづけさせるために特別に設計されたもので、たいていはどこにもたどりつけないとわかっているのに、それでも走りつづけてしまうということだ。

しかも、粉砂糖がけドーナッツは氷山の一角にすぎない。いや、正直にいえば、食事に対して自制がきかないことの背景にダーウィン説の論理があると知っているからといって、べつにそれほどにがにがしい思いをするわけではない。むしろ、この論理になぐさめを見いだす人さえいるかもしれない。自然の摂理に逆らうのはやはりむずかしいものだ、と。しかし進化心理学を深く知るうちに、私は錯覚がいかにほかの種類の行動、たとえば、他人との接し方や、自分自身との接し方を方向づけているか意識するようになった。こうした行動の背景にダーウィン説があることを自覚するのは、ときに非常に不快なものだった。

チベット仏教の瞑想指導者、ヨンゲイ・ミンゲール・リンポチェは、「つまるところ、幸せとは煩悩《ぼんのう》に気づく不快さと、それに支配される不快さのどちらを選ぶかの問題だ」と述べている。*3 その意味するところは、真の幸せに気づくのをはばんでいる心の一面から自分自身を解放したければ、まずその一面に気づく必要があり、それは不快な場合もあるということだ。

なるほど。このような形の自覚なら、痛みはともなうがそれに見あうだけの価値がある。最後には深い幸せにつながる種類の自覚だ。しかし、私が進化心理学から得た自覚は両方の悪いとこどりだった。痛みをともない、深い幸せにもつながらない。私は、煩悩に気づく不快さと、それに支配される不快さを両方感じていたわけだ。

イエスは言った。「わたしは道であり、真理であり、命である」(『聖書 新共同訳』)。そう、進化心理学で私は真実を見つけたと感じた。しかし、どうやら道は見つけなかったらしい。このことは、イエスが言ったべつのことばについても考えるきっかけになった——「真理はあなたたちを自由にする」(同前)。私は人間の性質についての基本的な真実を見つけたと思ったし、自分がいかにさまざまな錯覚にとらわれているか、かつてないほど明晰に見えてもいたが、この真実はとらわれの身から抜けだす切り札にはならなかった。ならば、私を自由の身にしてくれるほかの種類の真実がどこかよそにあるのだろうか。いや、そうではないだろう。少なくとも、科学が提示する真実にかわるものはないと思う。好むと好まざるとにかかわらず、私たちをつくりだしたのは自然選択だ。しかし、『モラル・アニマル』を書いた数年後、真実を操作できるようにする方法はないものかと考えるようになった。人間のありようについての科学的な真実をもとに、人間がおちいってしまう錯覚を特定したり説明したりするだけにとどまらず、さらにその錯覚から自分自身を解放することはできないかと考えた。そして、よく耳にしていた西洋仏教というものがその方法かもしれないと思いはじめた。もしかすると、ブッダの教えの多くは、現代の心理学と本質的に同じことをいっているのではないか。それに、瞑想はかなりの部分、科学とはべつの形で真実を正しく理解する方法ではないか。それだけでなく、もしかしたら真実について実際に策を講じる方法ではないか。

そこで、二〇〇三年八月、はじめて「沈黙の瞑想」合宿に参加するためにマサチューセッツ州の郊外へ向かった。まる一週間を瞑想だけにあて、メールや、外界のニュースや、人間との会話といった気を散らすものをとり去る合宿だ。

## マインドフルネスの真実

このような合宿で何か劇的なことや深遠なことが起きるはずがないと疑うのはもっともだ。この瞑想合宿は、大ざっぱにいって「マインドフルネス瞑想」の流れをくむものだった。当時、西洋で流行のきざしを見せていた瞑想法で、それから数年のあいだに主流になった。一般にいわれているとおり、マインドフルネス瞑想の修養のねらいである「マインドフルネス」はそれほど深くもなく奇抜でもない。マインドフルに生きるとは、今、ここで起きていることに注意を向けること、つまり「マインドフル」でいることであり、さまざまな心の曇《くも》りにさえぎられることなく、今、ここで起きていることを明晰な心でじかに経験することだ。立ちどまってバラの香りをかいでごらん、というわけだ。

この最後のフレーズはマインドフルネスをとりあえずは正確にあらわしている。ただしごく一部しかとらえていない。一般に考えられている「マインドフルネス」は、マインドフルネスのほんのとっかかりにすぎない。

しかも、とっかかりとしてはいくつかの点で誤解を招きやすい。仏教の古い文献を丹念に調べても、立ちどまってバラの香りをかぐようにという勧めはなかなか見あたらない。「マインドフルネス」と訳される「サティ（念《ねん》）」という語をとりあげた文献だけに絞っても見つからない。それどころか、こうした古い文献はまったく異なることを伝えているように思える場合さえある。マインドフルネスの聖典ともいうべき古い仏典『念処経《ねんじょきょう》』は、私たちの体が「さまざまな種類の不浄なもので満ちて」いることをあらためて認識させ、「大便、胆汁《たんじゅう》、粘液、膿《うみ》、血、汗、脂肪、涙、皮脂、唾液、鼻汁、関節液、小便」などの体を構成する要素について瞑想するよう説いている。さらに、自分の体が「死後一日、二日、三日たち、膨張し、青黒くなり、腐っていく」のを想像するよう勧めている。

マインドフルネス瞑想の本のなかに、『立ちどまって大便の香りをかいでごらん』という題名のベストセラーがあるという話は聞かない。胆汁や粘液や膿についての瞑想や、自分もいつかなるだろう腐っていく死体についての瞑想を勧める瞑想指導者も知らない。古代の瞑想法として今日紹介されているものは、実際には古代の瞑想法を入念に仕立てなおしたものであり、慎重に不純物がとりのぞかれている場合もある。

これはスキャンダルでもなんでもない。現代の仏教の伝道者たちが、取捨選択し、ときに独創性さえ発揮したものを仏教として打ちだしてもなんの問題もない。すべての宗教的伝統は時と場所に適応しながら発展するものだし、今日アメリカやヨーロッパで支持を集めている仏教の教えは、そのような発展の産物だ。

私たちにとって肝心なのは、仏教が二一世紀の西洋に適応して独自の発展をとげても、現在の実践と古代の思想とのつながりは断たれなかったことだ。現代のマインドフルネス瞑想と古代のマインドフルネス瞑想は完全に同じというわけではないが、両者に共通する哲学的な基礎がある。どちらの瞑想にも通底する論理をとことんたどれば、つぎのような驚きの見解にたどりつく。私たちは、たとえていうと、マトリックスに住んでいる。マインドフルネス瞑想は、ときにどんなに平凡に思えるとしても、徹底して追求すれば、赤い薬が見せてくれるとモーフィアスが言っていたもの——「この不思議の国で、ウサギの穴がどれだけ深いか」——を見せてくれる可能性を秘めている。

はじめての瞑想合宿で、私はかなり強烈な体験をした。ウサギの穴がどれだけ深いかを見てみたくなる程度に強烈な体験だった。それで、仏教哲学についての本をさらに読み、仏教の専門家に話を聞き、やがて瞑想合宿にもっと参加するようになり、瞑想が日課になった。

このすべてを通じて、『マトリックス』が「ダルマ映画」として知られるようになったわけがしだいにはっきりしてきた。進化心理学のおかげで、人間が生まれつきかなり妄想にまどわされることはすでに痛いほどわかっていた。しかし、仏教はよりいっそう劇的に妄想の実態を描きだすことがわかった。仏教の見地からすると、妄想は、私の想像よりさりげなく、より広範囲にわたって日々の知覚や思考に影響をおよぼす。そのように考えると妙に納得がいった。この種類の妄想は、自然選択がたくみに設計した脳によって自然に生みだされたものだと説明できると感じた。研究すればするほど仏教が過激に思えたが、現代心理学の見地に立って掘りさげるにつれて、仏教の信憑性《しんぴょうせい》が高まっていくようだった。現実のマトリックス、私たちが実際に組みこまれているマトリックスが、だんだん映画に出てくるものに近づいているように思えた。映画で描かれているほど精神に変調を起こさせるものではないにしても、おそろしく欺瞞《ぎまん》に満ち、とんでもなく抑圧的で、人類が一刻もはやく逃げだすべきものだと考えるようになった。

一つの救いは、マトリックスから逃げだしたければ仏教の哲学と実践が強力な助けになるということだ。あてになるのは仏教だけではない。洞察と英知で人間の苦しみに取り組む宗教的伝統はほかにもある。しかし仏教の瞑想は、その基礎になっている哲学とともに、人間の苦しみに真っ向から総合的に働きかける。仏教は何が問題なのか明快な診断をくだし、解決の妙薬をだしてくれる。妙薬がきけば、幸せがもたらされるだけでなく、明晰な目で世のなかを見られるようになる。ものごとについての真実、あるいは少なくともいつも見ているよりはるかに真実に近いものが見えるはずだ。

最近になって瞑想をはじめた人のなかには、おもにいやしを求めてはじめたという人もいる。その人たちはマインドフルネスにもとづいたストレス解消法を実践したり、ある特定の個人的な問題に重点的に取り組んだりしている。自分たちが実践している瞑想法が深い精神性の求道にもなりうるし、世界の見え方を一変させる力も秘めているとは、思いもよらないかもしれない。しかし、知らず知らず、根本的な選択が待ちうける境界線に近づいている。本人にしかできない選択だ。モーフィアスがネオに言ったとおり、「入り口までは案内した。通り抜けるのはきみ自身だ」。本書はみなさんに入り口を見せ、その向こうに何があるかを知らせ、みなさんが見慣れている世界ではなく入り口の向こうにあるもののほうが現実だといえる理由を科学的な見地から説明しようとするものだ。

## 2　マインドフルネスへの道

はじめて瞑想が大成功に終わったときの話は、してはいけないことになっている。理由は、瞑想に成功などというものがあるはずはないからだ。優れた瞑想指導者ならみんな言うだろうが、瞑想を成功か失敗かで語ること自体、瞑想のなんたるかを誤解していることになる。

ここで正統派の慣行から逸脱しなければならない。私だって瞑想で何かを達成できると思っていなければ、わざわざ奨励したりしない。その何かを達成できない場合、それは失敗ということにならないだろうか。

たしかに、瞑想している最中の人は、瞑想を成功させようと考えたりしないのがいちばんかもしれない。成功させようと考えること自体が成功の妨《さまた》げになるからだ。それに、またしかに瞑想が「成功」したあかつきには、それまでほど成功の追求にこだわらない新しい心境になり、遠くはなれた物質的な目標にばかり目を向けるのをやめて、今、ここに、より意識が向くようになるのかもしれない。

要するに、瞑想は成功を追求しないときもっとも成功をおさめることができ、成功をおさめると、成功へのこだわりが減る――少なくとも普通いわれている意味での成功が気にならなくなるということだ。これがもし、耐えがたいほど矛盾していると感じるなら、ここで本書を読むのをやめたほうがいいかもしれない。でも考えてみれば、仏教の実践や仏教の教えに矛盾が出てくるのはこれが最後ではないからだ。現代の物理学にも矛盾はあるし（電子は粒子でもあり波でもある）、それでも物理学はうまく機能しているわけだから、できればみなさんにもこのまま読みすすめてほしい。

それはそうと、しきたりに違反して、私が瞑想者としてはじめて大「成功」した話をする前に、べつのしきたり違反を犯して、私が生まれつきいかにだめな瞑想者かを話しておきたい。いかに瞑想がへたかを語るべきではないというのは、瞑想に成功も失敗もないという原則から自然に導きだされるもう一つの約束ごとだ。どうせ原則にそむくのなら、いっそこの約束ごとにもそむいてしまおうというわけだ。

マインドフルネス瞑想をたやすく習得する――腰をおろし、呼吸に集中し、心穏やかに冷静に観察する心理状態にゆっくり沈んでいく——見こみがどれくらいあるかという観点で、世界じゅうの人を順位づけするとしよう。全員を並べたとき、一方の端《はし》にはボブ・ナイトがくるだろう。大学バスケットボールの名コーチで、顔を真っ赤にして激怒することと、一度、試合中に椅子をコートにたたきつけたことで知られる人物だ。もう一方の端には、だれだろう……ダライ・ラマか、聖人君子のような人格者がくるだろう。このランキングでいうと、私はダライ・ラマより、ボブ・ナイトにかなり近いところにいる。バスケットボールのコートに椅子を投げこんだことはないが、四歳のとき夕食の客人に骨つきチキンを投げつけ、一二歳のとき義理の弟に野球のバットを投げつけたことがある。幸いにも、人にものを投げつける傾向は年齢とともにおさまったが、根っこにある怒りっぽいところは完全に消えたわけではない。そして、怒りっぽさはマインドフルネスへの道を平坦にはしてくれない。

くわえて（そして、おそらくこれに関連して）、他者に対する私の態度のなかには「メッター（慈《じ》）」、すなわち慈悲の妨げになりかねないところがある。ある種の瞑想ではこの「メッター」を実践しなければならない。何年も前に『ニュー・リパブリック』誌で働いていたときも、編集長のマイケル・キンズリーに「人間嫌い」という題のコラムを書いたらどうかと真顔で言われたくらいだ。

正直な話、このレッテルは私のかかえる問題を単純化しすぎていると思う。私は人類そのものに敵意をいだいているわけではない。むしろ人類に対しては非常に温かい気持ちをもっている。ただ、個人が苦手なだけだ。私は人間の真意や性格に関していくぶん懐疑的なところがあり、この批判的な態度が頑固になりすぎて、かたくななまでに厳しい評価をしてしまうことがある。ことに、自分が重要だと考える道徳や政治の問題で意見が合わない人に対しては手厳しくなる。重大なイデオロギーの境界線の向こう側にいる人だといったん見さだめると、その人に対して寛大さや思いやりをもって接するのがむずかしくなってしまうことがある。

そしてなにより、私の注意欠陥障害だ。瞑想は普通の集中力があっても十分むずかしい。私にはそれがない。

瞑想者になる可能性がもっとも高い人からもっとも低い人までを並べた先ほどの仮想ランキングのおもしろい点はここだ。瞑想者になる可能性がもっとも低い人は、瞑想の恩恵をもっとも必要としているように見える人なのだ。個人的には、ダライ・ラマはそもそも瞑想をやっていなかったとしても、ずいぶんつきあいやすい相手だっただろうと思う。たぶん、やすりがけがいるような角《かど》のささくれは生まれつきなかっただろう。ほかにも人格者とされるような人はきっとそうだ。ボブ・ナイトや私の場合、まったく話がちがってくる。

ここから瞑想の新たな矛盾が導きだされる。瞑想がある問題を克服する助けになりそうな場合、その問題こそが瞑想を困難にすることが少なくないのだ。たしかに、瞑想は注意がつづく時間をのばし、激しい怒りをしずめ、同胞である人類に対する批判的な見方をやわらげてくれるかもしれない。でも不運なことに、その集中力の短さや、気性の激しさや、厳しい評価をする傾向が、瞑想の道をたどる歩みそのものを遅らせる原因になる。私にとってはいやな知らせだ。

しかし、瞑想の妨げとなるものがここまでそろっていると、逆に都合のいいこともある。おかげで、私は実験用のネズミ、つまり全人類の身がわりとしてぴったりの人間になる。集中力の短さや気性の激しさや厳しい評価をくだす傾向の尺度でいうと、たしかに私は平均的な人より点数が高いかもしれないが、大多数の人も、理想的な点数よりはるかに高い点数をとるはずだ。それに、平均的な人の点数は、昔の平均的な人がかつてとっていた点数よりおそらく高くなっている。気を散らすようなテクノロジーによって、注意欠陥がより一般的になっているからだ。また、現代の環境——現代のテクノロジーや、文化や、政治や、それらすべて——にも、厳しい評価やキレやすさを助長するようなところがある。数々の部族意識——異なる宗教、民族、国家、イデオロギーの不和やあからさまな対立を見てみるといい。ますます多くの集団が、ほかの集団にはっきり敵対する立場から自分たちの帰属意識を高めているように思える。

このような部族意識こそ、私たちの時代の最大の問題だと思う。この部族意識のために、二〇〇〇年におよぶグローバルな統合への動きが無効になってしまうのではないか、さらには、テクノロジーによって団結力のある地球共同体という未来が手の届くところまで近づいた矢先に、社会のネットワークがばらばらになってしまうのではないかと懸念している。世界にはいまだに核兵器があふれ、バイオテクノロジーが新兵器というパンドラの箱をあけつつあることを考えると、部族意識への衝動が真の暗黒時代の先がけとなることも想像にかたくない。

それとも、私がいっときの感情に流されているだけだろうか。とにかく、危険にさらされている地球についての説教をノーカットで声高にぶつのはやめておこう。世界の終末を危惧する私に共感してくれとは言わない。それでも、好戦的な部族意識をのさばらせるような心理的傾向をもっと多くの人が克服するのに瞑想が役立てば、世界にもプラスにならないだろうか。私自身がそのような心理的傾向を克服するのに瞑想が役立つとすれば――瞑想のおかげで、激しい怒りをおさえ、現実であれ仮想であれ自分の敵についてもっと冷静に思いをめぐらせることができるとすれば――だれにとっても瞑想が助けになるかもしれない。私が模範的な実験ネズミたるゆえんはここにある。人類が直面する最大の問題だと私が考えているものを、私自身が生きながら体現している。私はいわば、世界の問題の縮図だ。

実験ネズミとしての人生を本格的に歩みはじめたのは、二〇〇三年八月にマサチューセッツ州の郊外へ瞑想合宿にいったときだ。瞑想は探究する価値があるという感触はすでに得ていたが、私のような人間がちょっとやってみる程度ではさほど探究を深められないことはわかっていた。ならば短期集中トレーニングしかない。そこで、インサイト・メディテーション・ソサエティでの七日間の瞑想合宿に申しこんだ。この合宿施設はバリ町のプレザントストリート（楽しい通り）という幸先《さいさき》のいい名前のついた場所にある。毎日、計五時間半のすわる瞑想と、同じく五時間半の歩く瞑想をする。ほかの時間は、三度の（無言の）食事、朝の一時間の「ヨガ行法」（私の場合は廊下そうじ）、晩に指導者の「法話」を聞く。それでほぼ一日が埋まる。これは悪くない。というのも、つぶすべき暇があったとしても、従来の暇つぶしの方法は使えないからだ。テレビも、インターネットも、外界からのニュースもない。しかも、読書のために本を持ちこんだり、書きものをしたりするのも禁止されている（最後の規則はこっそりやぶった。できごとを記録しておきたかったからだ。この本を書こうと企画していたわけではないが、私はもの書きだし、ほとんど万事が将来の肥《こ》やしになると思っている)。そしてもちろん、会話もなしだ。

この毎日の生活規制は、それほど大変そうに聞こえないかもしれない。ヨガをのぞけば、一般に活動と呼ぶようなものはないからだ。しかし、最初の二日間はかなりつらかった。みなさんはクッションの上で足を組んで、呼吸に集中してみたことがあるだろうか? けっして楽ではない。とくに私のように、呼吸に意識を集中するのが苦手な場合は。合宿のはじめのころは、四五分間の瞑想時間のあいだ、一度も一〇回連続の呼吸に集中しつづけることなくセッションが終わることもあった。なぜわかるかというと、数えていたからだ。呼吸を三回か四回数えたところで心がさまよいはじめ、しばらくして数がわからなくなっていることに気づく。それを何度も何度もくり返す。あるいは、数えつづけてはいても、実際にはべつのことを考えて、呼吸を意識的に感じていないこともあった。

こんなことが起きるたびに自分に腹を立ててもなんの役にも立たない。腹立ちをますますつのらせながら、最初の二日間がだらだらとすぎていった。無理もないことだが、私の怒りは自分よりうまくできているらしいすべての人に向けられた。ざっと八〇人はいた。いいかえれば全員だ。自分よりできのいい八〇人の人間とまる一週間いっしょにすごすことを想像してもらいたい。自分が失敗する一方で成功する人たち――いや、瞑想には失敗も成功もないわけだから、自分が「失敗」する一方で「成功」する人たちだ。

## 突破口

突破口が開いたのは瞑想合宿五日めの朝だった。朝食のあと、持ちこんでいたインスタントコーヒーをちょっと飲みすぎた。私は瞑想を試みながら、カフェインをとりすぎたときの典型的な症状を自覚していた。あごにいやな張りがあり、歯ぎしりをしたい感覚に襲われた。この感覚のせいでなかなか集中できず、集中を乱されまいとしばらく闘ったが、最後には降参し、注意をあごの張りに移した。注意を移したというより、注意を広げたという感じかもしれない。呼吸に意識を向けつつ、それを背景に後退させ、うっとうしいあごの感覚を舞台の中央に立たせた感じだ。

ついでにいうと、このように注意を再調整するのはまったく問題ない。マインドフルネス瞑想で一般的に指導されるとおり、呼吸に集中する主眼は、ただ呼吸に集中することではない。大事なのは心を安定させることであり、いつも気をとられている対象から心を解放し、いま起こっていることを明晰に、ゆったりと、反応しないように観察できる状態に持っていくことだ。「いま起こっていること」には、いま心のなかで起こっていることも含まれる。悲しみ、不安、いらだち、安心、喜びなどの感覚が自分の内からわきあがったら、それを普段とはちがう観点から経験してみる。快《こころよ》い感覚に執着したり、不快な感覚から逃げだしたりするのではなく、ただありのまま経験し、観察する。この視点の転換は、感覚とのつきあい方を根本から、そして永久に変化させる入り口になりうる。すべてうまくいけば、もう感覚の奴隷にならずにすむ。

カフェインのとりすぎからくるあごの感覚に少し注意を向けたあと、突然、それまでになかった視点に立って内観しているのがわかった。こんなふうに考えたのを覚えている。「さて、歯ぎしりしたい感覚はまだあるな。いつもなら不快と決めつける感覚だ。でも、それはあごのあたりにあって、私がいる場所はそこじゃない。私がいるのはそこから遠くはなれた頭のなかだ」。あごの感覚はもう私の一部ではなくなっていた。いつのまにか感覚を客観的に眺めていた、といってもいい。一瞬のあいだ、感覚の支配から完全に切りはなされていた。不快な感覚が実際には消えていないのに不快でなくなるというのは、なんとも奇妙な体験だった。

ここに矛盾がある（矛盾については前もって忠告したと思う）。私が最初に注意を広げて、不愉快でうっとうしいあごの感覚をとりこんだとき、それは同時にその感覚への抵抗をゆるめることでもあった。ある意味で、遠ざけておこうとしていた感覚を受け入れているような、さらには抱きしめているようなものだ。ところが、その感覚にぐっと近づいた結果、感覚とのあいだにある種の隔《へだ》たりが生じ、いくらか超然とかまえることができた。一部の瞑想指導者が好んで使ういい方をすれば「執着」しなくなった。これは瞑想を通じてくり返し起こりうることだ。不快な感覚を受け入れ、さらには抱きしめることで、その感覚とのあいだに最低限必要な距離をおくことができ、最後には不快さが小さくなる。

私自身、ひどく悲しい気持ちになったとき、ときどきやっていることがある。一度も瞑想をしたことがない人も気軽にためせることだ。腰をおろし、目を閉じ、悲しみを詳しく調べる。悲しみがあることを受け入れ、それが自分をどんな気持ちにするかただ観察する。たとえば、おもしろいことに、実際に泣きだしそうになっていなくても、泣きはじめたら活性化するだろう目のあたりに、悲しみの感覚が強い存在感を示しているのがわかる。私も悲しみについて瞑想してみてはじめて気づいた。このように悲しみを注意深く観察し、それをある意味で受け入れることは、経験からいって、その不快感をやわらげてくれる。

ここで根本的な疑問がわく。その感覚を不快に感じたときと、不快さがおさまって、その感覚が事実上、中和されたときの、どちらの感じ方が「真実」なのだろう。べつの言い方をしよう。最初の不快さは錯覚だったのだろうか？　たしかに、べつの視点に立ったことでその感覚が消えたのはまちがいないし、これは私たちが錯覚と呼ぶものにあてはまる場合が多い。視点を変えれば錯覚は消える。しかし、これを錯覚と考えていい根拠はほかにないだろうか。

この疑問は、カフェインのとりすぎや憂鬱を乗りこえたという私のちょっとしたエピソードだけにとどまらない。恐れ、不安、憎しみ、自己嫌悪など、原則としてすべての負の感覚にあてはまる。私たちの負の感覚が——少なくともその多くが——じつは錯覚にすぎず、ある特定の観点から静かに思いをめぐらせるだけで追い払うことができるとしたらどうだろう。

## 痛くない痛み

瞑想修行によって、耐えがたいはずの痛みを実質上まるで意に介さなくなる人がいるのはまちがいない。一九六三年六月、ティク・クアン・ドックという名の僧侶が、仏教徒に対する南ベトナム政権の冷遇に反対する抗議行動をおこなった。ドックは、サイゴン市内の通りにクッションをしき、結跏趺坐《けっかふざ》（足裏を上に向けて両足を組むすわり方）をとった。べつの僧侶に頭からガソリンをかけさせたあと、「目を閉じ、ブッダの御前に向かう前に、ゴ・ディン・ジエム大統領にうやうやしく嘆願します。どうか国民に慈悲の心で接し、宗教の平等を実現し、故国の力を永遠に維持してください」と述べた。そして、マッチに火をつけた。ジャーナリストのデイヴィッド・ハルバースタムは、この抗議行動を目撃し、つぎのように書いている。「僧侶は焼けながら、身じろぎ一つせず、声一つ立てなかった。その落ち着き払ったようすは、まわりで嘆き悲しむ人々と際立って対照的だった」[1]

ここで、ドックは錯覚から自分を解きはなつどころか、実際には錯覚を起こしていたのではないかと主張することもできるだろう。なにしろ、ありていにいえばドックは焼け死んだのだ。私たちが一般に焼死から連想する感覚――激しい痛みをともない、大半の人にとってはごく当然の恐怖を引き起こす感覚――が欠如していたのなら、ドックが自分の状況を把握していなかったとしても多少は納得がいく。

私たちの「通常の」感覚や思考や認識がどこまで錯覚といえるのかを問う意義は二つある。一つは実用的でわかりやすい。もし不安、恐怖、自己嫌悪、憂鬱といった多くの不快な感覚が錯覚であり、瞑想によって払いのけたり、せめてその支配力を弱めたりできるとすれば、いうまでもなくそれは耳寄りな情報だ。もう一つの意義は、一見すると空理《くうり》空論《くうろん》のようだが、つきつめていくと同じように実用的な面がある。感覚がいつ私たちをあざむくか理解できれば、心そのものや、心と現実とのかかわりに対する仏教の考え方が、本当に見かけほど途方もないものなのかを検討するヒントになる。知覚した現実、あるいはそのうちの相当な部分は、仏教がいうように本当に錯覚なのだろうか？

この問いは、瞑想の大衆向きの説明ではめったに踏みこまない仏教哲学の深みに私たちを連れていく。当然のことながら、大衆向きの説明は、ストレス軽減、自尊心の向上など、目先の報酬に関するものを重視しがちだ。仏教の瞑想が生まれ、盛んになった哲学的な背景にまで深入りすることはない。このように、現実のとらえ方を大きく変化させることのない純粋ないやしや治療の道具として瞑想を利用するのは、まったくなんの問題もない。健康にいいし、おそらく世界のためにもなる。

それでも、瞑想をこのように利用するだけでは、赤い薬を飲むことにはならない。赤い薬を飲むというのは、知覚する主体と知覚される対象との関係について根本的に問い、現実に対する通常の考え方の基盤を吟味することだ。赤い薬を飲むことを真剣に検討しているなら、仏教の世界観が、いやしや治療という意味だけでなく、もっと哲学的な意味で「効果がある」かどうか気になるだろう。何が現実で何が現実でないかについての、あたかも逆さまに見える仏教の思想は、現代科学に照らしても意味をなすのだろうか。この疑問についてはつぎの章で——さらには、本書の大半の部分で——とりあげたい。これから見ていくとおり、この疑問はまったくの哲学的な理由から重要だが、それだけでなく人生をいかに生きるかにも大きくかかわっている。このかかわりは、ある意味で実用的ではあるが、おそらく「治療的」というより「精神的」というほうがぴったりくる。

しかし、先にひとこと注意しておかなければならない。厳密にいうと、「仏教の世界観」といえるものは存在しない。仏教は紀元前五世紀に生まれてほどなく、解釈のちがいから異なる派に分離しはじめた。その結果、ちょうどキリスト教にカトリックとプロテスタントがあり、イスラム教にスンニ派とシーア派があるように、仏教思想にも互いに異なる分派があり、教義にちがいがある。

もっとも基本的な仏教の区分は、上座部《じょうざぶ》仏教と大乗《だいじょう》仏教だ。私の瞑想の流派は、上座部仏教の流れをくむヴィパッサナー瞑想だ。錯覚についてもっとも幅広い考え方を見いだせるのは大乗仏教のほうだ（ティク・クアン・ドックの属した宗派でもある）。大乗仏教のなかには唯識論《ゆいしきろん》を唱導する学派もある。極端な輪廻観を持ち、私たちが意識を介して「知覚する」ものは文字どおり想像の産物にすぎないとする教義だ。仏教思想のこの系譜――まちがいなく映画『マトリックス』の雰囲気をもつ系譜――は、大乗仏教の主流ではなく、仏教全体のなかではさらに少数派だ。しかし、主流派の仏教思想家でさえ、なんらかの形で「空《くう》」の概念を受け入れている。少ないことばでは（いや、多くのことばを使っても）とらえにくい難解な概念だが、最小限の説明をすると、世のなかを見わたしたときに見えるものは、そのものが持っているように見える確固たる実体をじつはそれほど持っていないとする概念だ。

くわえて、仏教には「無我《むが》」という有名な考えがある。我《が》、すなわち自己は錯覚だとする概念だ。この観点からすると、自分の考え、自分の感情、自分の決心というときの「自分」は実際には存在しない。★

この二つの仏教の基本的な概念――「無我」と「空」を考えあわせると、過激な命題になる。あなたの内側の世界も外側の世界も、見た目とはまったくちがうということだ。

どちらの概念も大多数の人にとって、狂気じみているとはいわないまでも疑わしく思えるだろう。とはいうものの、無我も空も人が自然に妄想にまどわされるものだということを前提としているのだから、無我や空に対する人の自然な反応を理由にこれを探究しないのもどうかと思える。本書は少なからず無我と空の概念をめぐる探究であり、私が示したいのはこの二つの概念が非常に納得のいくものであるということだ。「外」の世界に対する自然な考え方も、「内」の世界――自分の内的な世界――に対する自然な考え方も、私たちを大いに誤った方向へ導いてまどわせる。そのうえ、この二つの世界が明晰に見えていないことは、仏教が考えるとおりたくさんの苦しみを生む。そして、瞑想は世界をもっと明晰に見るのに役立つ。

本書では、仏教の世界観の科学的な基礎を探究するが、たとえば、瞑想によって苦しみが軽減する科学的な証拠《エビデンス》という意味での「科学的な基礎」ではない。そのような証拠が欲しければ、それを示しているように見えるたくさんの研究は簡単に手にはいるし、広く報告されてもいる。また、瞑想をして現実観が変化しはじめているときの脳で何が起きているのかという意味だけの「科学的な基礎」でもない。もちろん、重要な脳スキャン研究はいくつかとりあげるつもりだ。

私のいう「科学的な基礎」とは、つぎのような疑問を検討するために現代心理学のあらゆる手法を使うという意味だ。人間はなぜ、どのような形で妄想にまどわされてしまうのか。妄想はどんなしくみで生じるのか。妄想はどのように私たちを苦しめるのか。妄想はどのようにして私たちに他人を苦しめさせるのか。妄想を追い払う仏教の処方箋、とりわけ瞑想はなぜ効果があるのか。そして、それが完全に効果をあらわすことは何を意味するのか。いいかえると、瞑想の道の頂上にあるとされる、達することのむずかしい境地、「悟《さと》り」は、本当にその語にふさわしいのか。一点の曇りもなく、完全に明晰に世界を見るとはどんなものなのか。

★　理由があって13章で触れるが、大乗仏教では、「空」ということばは「無我」の概念を含むとされることも多い。しかし、上座部仏教では、一般的に「無我」はより広い概念の「空」と切りはなして扱われる（そもそも上座部仏教では「空」はそれほど重視されない）。本書では、「無我」と「空」を重複のない形で用いる。「空」は大乗仏教より狭義に、外界の対象のみを指すものとする。

世界についていえば、世界を救うこと——部族意識の心理が地球を混乱と流血で覆うのを防ぐこと——は、本当に世界の人々の視界を明晰にするだけですむ問題なのか。いや、「だけ」というべきではないのだろう。妄想が私たちに深く根を張っているなら、消し去るのはひと仕事にちがいないのだから。それでも、恒久平和への闘いが真実への闘いにもなりうるか知るのはいいことだ。世界を救うというきわめて困難な仕事に取り組む以上、一石二鳥になるならこれほどありがたいことはない。また、解放への道を進むとき——瞑想を使って世界をもっと明晰に見ようと努め、その過程で自分の苦しみを軽減させるとき——広く人類を助けているのだと思えたり、個人の救済を目指す探求が社会の救済を目指す探求を前へ進めることになるのだと思えたりするのもよいものだ。

この英雄的な探求の第一歩は、痛み、喜び、恐れ、不安、愛、欲望などの感覚をつぶさに見ることだ。感覚は私たちが知覚を形成したり人生の指針を得たりするうえで大きな役割を果たしている。その役割はたいていの人が気づいている以上に大きい。はたして感覚は信頼できる案内役なのだろうか。つぎの章ではこの疑問の検討をはじめよう。

# 3　感覚が錯覚なのはどんなときか

この章のタイトルが投げかける疑問には、より大きい疑問がついてまわる。いったいなんの話？という疑問だ。錯覚とは真実のように見えながら真実ではないもののことだ。だとすれば、感覚が「真実」か「うそ」かを問うとはどういうことだろう。感覚は感覚だ。実際に感じるから感覚なのだし、それは本物の感覚であって想像の感覚ではない。話はそれで終わる。

この見方にはそれなりに理がある。現に、仏教哲学から学ぶべきことの一つに、感覚は感覚にすぎないという教えがある。そこに深い意味があるかのように感覚にいちいち反応するのではなく、生きていれば感覚が生じたりおさまったりするのはあたりまえだと達観したほうが楽な場合は少なくない。それを会得《えとく》することはマインドフルネス瞑想の目的の大きな部分を占めている。その効果を認め、満足している実践者も多い。とはいえ、効果があれば正しいというものではない。自分の感覚に鈍感なほうが幸せでいられる場合があるからといって、そのほうが世界を正しく把握できているとはかぎらない。ひょっとすると、むやみに反応しないよう心がけるのは麻薬に似ているかもしれない。感覚による現実世界のフィードバックを遮断することで痛みを鈍らせているからだ。夢見心地になっているのは瞑想のおかげで、あなたは正気ではないのかもしれない。

瞑想することで本当に真実に近づけるかどうかたしかめるには、瞑想によってやわらげることのできる感覚をそのままにしておいた場合、その感覚のせいで真実から遠ざかることになるかどうかを考えるとわかりやすい。そのためには見るからにやっかいなつぎの疑問に挑まなければならない。私たちの感覚は「うそ」なのか、それとも「真実」なのか。うその部分と真実の部分があるのか。そうだとすれば、どの部分がうそでどの部分が真実なのか。

それをさぐる一つの方法は、進化の時間をさかのぼることだ。それも、はるか昔、感覚が最初に生まれたときへ。残念なことにそれがいつなのか正確にはわかっていないし、だいたいいつ頃なのかさえはっきりしない。哺乳類《ほにゅうるい》があらわれたときだろうか？　それとも、爬虫類《はちゅうるい》？　海を漂うぶよぶよのかたまり？　細菌などの単細胞生物？

なんとも答えがたい理由の一つは感覚というものの奇妙な性質にある。自分以外のだれかや何かが感覚を持っている、となんの迷いもなくきっぱり断言することはできない。自明のこととして、感覚は主観的で外からは見えない。だからうちの犬のフレージャーに感覚があるかどうかも、たしかなことはわからない。しっぽを振っているのだって、ただ振っているだけなのかもしれない。

とはいえ、人類のなかで感覚を持っているのが私だけのはずはないと思うのと同じように、生きとし生けるもののなかで感覚を持っているのが人類だけのはずはないと思う。近縁のチンパンジーが痛そうに身もだえしていれば、実際に痛くて身もだえしているのだろうと考える。さらに、チンパンジーから、行動の複雑さのハシゴをくだっていくとどうだろう。オオカミ、トカゲ、はたまたクラゲ、いや、いっそ細菌までくだれるだろうか？　ハシゴのどこまでなら感覚がありそうだとは、とてもいえそうにない。

感覚が最初にあらわれたのがどの段階だとしても、快の感覚と不快の感覚の本来の役割については行動科学者のあいだにおおよその共通認識がある。感覚には生物を対象に近寄らせたり対象を避けさせたりする機能があり、前者は生物にとって有益なもの、後者は有害なものと考えられている。たとえば、栄養分は生物の生命を保つものであるため、自然選択は生物が栄養分のあるものに近寄る結果になりやすい感覚をもたらす遺伝子を支持した。栄養分のあるものとは端的にいえば食べものだ（この感覚には精通しているという人もいるだろう）。これに対して、生物に害をおよぼしたり生物を殺したりするものは避けるにこしたことはないため、自然選択はそうしたものを避けたくなるような感覚を生物にあたえた。忌避《きひ》感だ。近寄るか避けるかはもっとも基本的な行動決定であり、感覚というのは、生物が自然選択の見地から「正しい」決定をくだすように自然選択が用いた道具のように思える。

というのも、平均的な動物は、「ふむふむ、あの物質は炭水化物が豊富で、炭水化物はエネルギーになるから、接近して摂取するのを習慣にしよう」と考えるほど賢くない。それどころか、平均的な動物は、「食べものはいい。だから近寄る」と考えるほどの賢さえない。感覚はこのような思考の代用としてあらわれた。凍《い》てつく夜にたき火のぬくもりで心が安らぐのは、暖かくしているほうが凍《こご》えるより自身のためにいいということだ。実際に火に触れたときに痛みを感じるのは、過剰な暖かさというものがあるということだ。こうした感覚には、自身にとって何がためになり何が害になるかを生物に知らせる働きがある。生物学者のジョージ・ロマネスも、ダーウィンの『種の起源』から二五年後の一八八四年、つぎのように述べている。「快楽と苦痛は、それぞれ、生物にとって有益な作用と有害な作用に付随する主観的なものとして進化し、生物が一方を追求し、他方を回避するように進化したにちがいない」[1]

これは感覚が真実かうそかを考える一つの方法を示している。感覚は周囲のものごとに対する判断を記号化するように設計されている。たいていは、その感覚の当事者である生物にとって生存のためになることか害になることかという判断を記号化している（ただし、近親、とくに子孫は、当事者と多くの遺伝子を共有しているため、近親にとって有益か有害かという判断の場合もある）[2]。だから、感覚が記号化する判断が正確であれば――たとえば、感覚のせいで生物が引き寄せられるものが、たしかに生物にとって有益なものだったり、感覚のせいで生物が回避するものが、本当に生物にとって有害なものだったりすれば――感覚は「真実」だといえるかもしれない。感覚が生物をまどわせるなら――たとえば、感覚に従うと生物にとって有害なものに導かれてしまうなら――感覚は「うそ」、つまり「錯覚」といえるかもしれない[3]。

生物学の観点から真実かうそかを考える方法はこれだけではないが、一つの手ではある。さて、これでどこまでたどりつけるだろう。

## 時代遅れの衝動

ドーナツで考えてみよう。私は粉砂糖がけドーナツに非常に好ましい感覚をいだいている。あまりに好ましくて、もし感覚だけに従ったら、朝食にも、昼食にも、夕食にも、間食にまで粉砂糖がけドーナツを食べるだろう。ところが、実際に毎日そんなにたくさんドーナツを食べるのは体に悪いそうだ。ということは、粉砂糖がけドーナツに引きつけられる私の感覚はうそといえるのではないだろうか。ドーナツは快の感覚をいだかせるが、本当は私にとってよいものではないから、この感覚は錯覚なのだろう。いうまでもなくショッキングな知らせだ。ルーサー・イングラムが歌っていたもの悲しい歌詞を思いだす。「きみを愛することがまちがっているのなら、ぼくは正しくなんてなりたくない」

同時に疑問もわく。なぜ自然選択はこんな事態を許したのだろう。感覚は生物を有益なもののほうへ向かわせるはずではないのか？　たしかにそうだ。だがじつをいうと、自然選択は特定の環境下で私たちの感覚を設計した。ジャンクフードなどない環境、いちばん甘いものといえば果物という環境だ。だから甘いもの好きはいいことだった。私たちを有益なもののほうへ導いてくれるという意味で、この感覚は「真実」だったといえるかもしれない。ところが、調理科学がいきついた、カロリーは高いのに栄養のない精製加工食品(通称、エンプティカロリー)を特徴とする現代のような環境では、この感覚は「うそ」か、少なくともあてにできるほど真実ではなくなっている。有益でないものを、いいものだと告げることになるからだ。

同じ道をたどった感覚はけっこう多い。その昔、私たちの血筋に加わった時代には祖先の利益にかなっていたけれど、現在ではかならずしも私たちの利益にかなっていない感覚だ。運転中にキレる「路上の逆上」もその一つだ。不当に扱われたり侮辱されたりして、相手に制裁を加えたくなるのはなんとも人間らしい。それに正直なところ、他人にむっとさせられたことにあまりいい気持ちはしなくても、怒りを感じること自体はそれほど悪い気分ではないはずだ。これなら自分がむかついてあたりまえという感覚だ。ブッダは、怒りに「毒の根と蜜の先端」があると言った。

自然選択が正当な怒りに魅力をそなえさせた理由はわかりやすい。狩猟採集民の小村では、他人につけこまれた場合――たとえば、食べものを盗まれたり、連れあいを奪われたり、たんに普段からゴミのように扱われたりした場合――相手に思い知らせる必要があった。あなたにひどい仕打ちをしても逃げおおせるとその相手が考えるようになれば、何度もくり返すかもしれない。もっと悪いことに、ほかの村人まであなたを食いものにできると考えて餌食《えじき》にしはじめかねない。このような親密で変化のない社会環境では、人から食いものにされたら、相手に立ち向かい、殴りあいも辞さないくらい腹を立てることにはそれだけの価値があった。たとえ殴りあいで負けても、ぼこぼこにされたとしても、自分をあなどるとただではすまないという意思表示になり、この意思表示は徐々に実を結んだはずだ。

察しのいい人は、現代の道路上でこの感覚にとらわれることがどんなにばからしいか、すでに感づいているだろう。運転中に無礼な運転手に遭遇してこらしめてやりたくなっても、相手はもう二度と会うことのない人間だし、あなたが仕返しするところを目撃するほかの運転手も二度と会うことのない人たちだ。だから、怒りに身をまかせても得になることは一つもない。損失はといえば、時速一三〇キロで相手の車を追いかけるのは、狩猟採集社会で殴りあいをはじめるより、自分自身が命を落とす危険が大きい。

したがって、路上の逆上は「うそ」といっていいだろう。快の感覚をいだかせるが、好ましい感じは錯覚にすぎず、その誘惑に負けることはたいてい自分にとって不利な行動につながる。

路上以外でも逆上が「うそ」の例はたくさんある。キレるのは、ひいきめに見ても無意味なばかりか、最悪の場合は逆効果になる。だから、もし本当に瞑想によってこうした感覚の支配から解放されるのなら、瞑想はある意味で錯覚を追い払っていることになる。私たちは、感覚の言いなりになることで無条件に錯覚を受け入れてしまっている。逆上も、さらにはその逆上にたきつけられた復讐心も、根本的に「よい」という錯覚だ。逆上は自分にまったく利益をもたらさない。

というわけで、以上が感覚について真実かうそかを考える一つの方法だ。好ましい感覚でも私たちにとって本当は有益でない行動をさせるなら、その感覚はうそといえる。しかし、感覚が真実かうそかを問うことにはべつの意味合いもある。というのも、単なる感覚にとどまらない感覚もなかにはあるからだ。そのような感覚は特定の行動が生物にとって有益かどうかの判断を快か不快かによって暗に示すだけではない。周囲のものごとや、それが生物自身の幸福にどうかかわっているかについて、実感のあるはっきりした確信をいだかせる。当然、そのような確信は真実かうそかがかなり明白だ。

## 偽陽性《ぎようせい》

ハイキングに出かけ、ガラガラヘビの縄張りだと知っている土地を歩いているとしよう。ほんの一年前にこのあたりをひとりでハイキングしていた人がガラガラヘビに噛まれて死んだ話も耳にしているとする。そのとき、足もとをさっとなでるような気配がした。一気に恐怖がこみあげてくるだけではない。近くにガラガラヘビがいるという恐怖を感じる。それどころか、あわてて気配がしたほうに振りむき、恐怖が頂点に達すると、あなたはガラガラヘビをはっきりと心に描く。犯人はトカゲだったとしても、ほんの一瞬、トカゲがヘビに見える瞬間があるはずだ。これは文字どおり錯覚だ。そこにはないものがあると実際に信じてしまう。それこそ、実際に「見える」のだ。

この手の誤った知覚は「偽陽性」と呼ばれ、自然選択の見地からは、仕様であってバグではない。ガラガラヘビを見たというつかのまの確信は、一〇〇回中九九回まちがいかもしれないが、その確信が一〇〇回に一回は命を救わないともかぎらない。自然選択の計算によれば、生死にかかわる問題に対処するさい一パーセントの確率で正しいなら、九九パーセントの確率でまちがってもそれだけの価値がある。たとえ、毎回毎回、九九回にわたって少しのあいだ震えあがることになったとしてもだ。

このように、じつはヘビ錯覚にはドーナツ錯覚や路上の逆上錯覚とはちがう点が二つある。

1. ヘビの場合、錯覚は明白だ。物質界についての実感のあるうその知覚であり、瞬間的にはうその確信、つまり誤った思いこみといえる。

2. ヘビの場合、感情の機能は設計どおり正確に働いている。

つまり、ヘビ錯覚は「環境の不適合」の結果ではない。ドーナツ錯覚や路上の逆上錯覚のように、自然選択の設計では狩猟採集民の環境である程度「真実」だった感覚が、現代の生活環境のせいで「うそ」になってしまったわけではない。むしろ、自然選択はこの感覚がほとんどの場合に文字どおり錯覚になるように設計した。この感覚は確信、つまり身近な環境に何があるかについての思いこみをいだかせるが、その確信はかなりの確率で真実ではない。自然選択は世界を明晰に見られるように心を設計したのではなく、遺伝子を大事にするのに役立つ知覚や確信を持つようにしたのだと痛感させられる。

このことから、ドーナツ錯覚や路上の逆上錯覚と、ヘビ錯覚との三つめのちがいが浮き彫りになる。ヘビ錯覚は、長い目で見ればおそらく私たちのためになる。錯覚がヘビの危害を未然に防いでくれるかもしれないからだ。ほかにも似たような錯覚がある。住んでいる地域によってはヘビ錯覚より遭遇する機会が多いかもしれない。夜、歩いて帰宅するとき、後ろからやってくる足音が強盗ではないかと恐怖をおぼえることはないだろうか。まさかと思いつつも用心のために道の反対側にわたるのは、一生のあいだのどこかで、犯罪に巻きこまれるのを未然に防いで自分の身を守ることにならないともかぎらない。

心配なのは、ここまでの話が実際より単純明快に聞こえてしまってはいないかということだ。まるで、うその感覚には自然に反する「環境の不適合」と、自然に沿う「偽陽性」

の二種類しかなく、前者の感覚には日ごろから耳を貸すべきではないが、後者の感覚に従うのは理にかなっているといっているように読めるかもしれない。しかし、現実の世界ではこのさかいめはあいまいになることがある。

たとえば、自分の発言が相手を怒らせたのではないかと不安にかられたことはないだろうか。しかも、しばらくは再会しそうにない相手だ。おまけに、それほど親しくもないため電話やメールをしてまで相手が怒っていないかたしかめたり、悪気はなかったと弁明したりするのもためらわれる、というような経験は？

この感覚――人を怒らせたのではないかという不安――そのものはいたって自然だ。他人と友好な関係をつづけることは、祖先にとって生存や生殖のチャンスを増やすことにつながったからだ。また、人を怒らせた可能性を実際よりおおげさに考えたり、絶対に怒らせたにちがいないと思いつめたりする場合があるのも自然なことかもしれない。おそらくこの感覚も自然な偽陽性の例といえるだろう。あやまちを犯したという感覚は、必要でないときにまでそれを正すための行動をとるように、わざと非常に強力に「設計」されているのかもしれない。

自然でないのは、あやまちを正す行動をとるのがとてもむずかしい点だ。これが狩猟採集民の村ならば、あなたが怒らせたのではないかと気にしている相手は、たぶん一五メートルばかり先に住んでいて、きっと二〇分もすればまた顔を合わすことになる。そのときに相手の態度を見きわめて、どうやら怒っていないらしいと胸をなでおろしたり、やはり腹を立てているようなら関係の修復につとめたりできる。

つまり、当初の不安は、たとえ錯覚であっても、おそらくこういう場面で生じるように設計された自然な感覚だ。自然でないのは、不安が錯覚か錯覚でないかを探りだしにくくしている現代社会の特徴のほうだ。そのせいで、意味もなくいつまでも気をもむことになる。しかも困ったことにこの感覚は不快ときている。

環境の不適合から生まれるまたべつの不快は、やっかいな自意識だ。私たちは、他人が自分をどう見ているかを気にするように、いや、やたらと気にするように自然選択によって設計されている。進化の過程で、他人から好かれたり感心されたり尊敬されたりする人のほうが、それとは正反対の人より遺伝子を効果的に拡散してきたからだ。しかし狩猟採集民の村では、隣人たちがあなたの行動に関する膨大なデータベースをもっているため、ある日のあなたの行動だけで隣人のあなたに対する評価がよくも悪くも一変するようなことはまずない。だから、人と会うのは極度の緊張をしいるできごとではないのが普通だった。

現代の社会では、自分のことをほとんど知らない人やまったく知らない人に会わなければばならない不自然な状況に身をおくことも多い。それだけで少し緊張が増すし、もし母親から「好印象をあたえるには最初が肝心」と言いきかされて育っていれば、ますます緊張する。相手が自分をどう思っているか読みとろうと必死になるあまり、実際にはないものを見はじめるかもしれない。

一九八〇年代におこなわれた社会心理学の実験は核心をついている。メイクアップアーティストが被験者の顔に本物そっくりの「傷」の特殊メイクをほどこし、被験者には、傷によって他者の態度がどう影響されるかを調べるための実験だと伝えておく。[*4] 被験者は他者と会話をし、実験者が反応を観察することになっている。被験者は鏡で自分の顔の傷を見せられたあと、会話相手と面会する直前に、少し傷を手直ししなければならないといわれる。傷にひびがはいらないように保湿クリームをぬると聞かされるが、実際は傷がとりのぞかれる。その後、被験者は自分の容姿についてねじれた考えをいだきながら他者と面会する。

面会のあと被験者に聞きとりをおこなった。会話相手が傷に反応するのに気づいたか？　多くの被験者がもちろんと答えた。それどころか、会話相手の録画映像を見せられると、反応を示した場面を指摘してみせた。たとえば、相手はときどき視線をはずし、明らかに傷から目をそむけた、という具合だ。ここでも、感覚（この場合、自意識という不快な感覚）が、ある種の知覚の錯覚（この場合、他人の行動を基本的に読みちがえること）をでっちあげている。

現代の生活は、人類が進化した環境を考慮しなければほとんど意味をなさないような感情反応に満ちている。バスや飛行機に乗ったとき人前でやってしまった恥ずかしい行動を何時間もくよくよ考えることもあるだろう。その場で見ていた人たちとはもう二度と会わないだろうし、ならばどう思われようがかまわないはずなのに、つい考えてしまう。いったいなぜ自然選択はこれほど無意味に思える不快な感覚を生物に組みこんだのだろう。ひょっとすると、祖先の環境では無意味ではなかったのかもしれない。狩猟採集社会では、何をするにしてもたいていはまた会う人たちの前で行動することになるし、だから人にどう思われるかは大問題だった。

私の母はよく、「みんな人にどう思われるか心配ばかりしているけれど、だれも他人のことなんてそれほど気にしていないって気づけば楽になるのに」と言っていた。母の言うとおりだ。相手が自分のことをあれこれ考えて値踏みしているという思いこみは錯覚であることが多いし、出会う人出会う人に自分がどう思われるかひそかに気になってしかたがないという感覚もそうだ。しかし、人類が進化してきた環境では、こうした直観が錯覚でない場合が現代より多かった。それが今でもこの感覚が根強く残っている理由の一つだろう。

## 人前で話す恐怖、そのほかの恐怖

一度も会ったことのないたくさんの人と同じ場所にいる状況より不自然な状況があるとすれば、それはその人たち全員に向けて話をすることだ。そんな事態を想像するだけで、未来が恐ろしい錯覚となって襲ってくる。あす、何かのプレゼンテーションをすることになっているとしよう。パワーポイントを使った講演でもいいし、もう少しくだけたプレゼンでもいい。さらに、みなさんが私のようなタイプの人間だとする。もし私のようなタイプなら、そのときが近づくにつれて不安が頭をもたげてくる。それも、うまくいくはずがないというおさえようのない不安だ。どんなふうに失敗するか、その筋書きさえありありと思い浮かぶ。そしてまずまちがいなく、そうした想像は誤りだったということになる。あとから思えば、不安がでっちあげた惨敗必至という思いこみは偽陽性だったとわかる。

もちろん、不安があったからこそうまくいったとも考えられる。不安を逆手にとってすばらしいプレゼンテーションにしようと気を引きしめたおかげという可能性はある。そうであるならば、「プレゼン惨敗の偽陽性」は、「ガラガラヘビの偽陽性」とはちがうということだ。というのも、ガラガラヘビがいると思ったときの瞬間的な恐怖は、結果的にガラガラヘビがいるとわかるか、いないとわかるかにはいっさい関係ない。一方、プレゼン惨敗の不安は、考えようによっては惨敗を食いとめたともいえる。

考えようによっては、だ。こういってはなんだが、たしかに不安はこんなふうにいい結果をもたらすこともあるけれど、人間というのはしょっちゅうなんの役にも立たない心配をしている。聴衆を前に話しているときに勢いよく吐《は》いてしまう自分のイメージがどうしても頭から追い払えない人もいる。それでいて、考えてみれば聴衆を前に話しているときに勢いよく吐いたことなど一度もないのだ。

プレゼン惨敗の不安になんともいびつなひねりが加わった話をしよう。私はときどき、大きなプレゼンの前夜などに、しっかり寝ておかないと翌日へまをやらかすのではと心配するあまり、横になっても寝つけないことがある。じつをいうと、これは話を単純化しすぎている。眠れないことを心配するだけではすまない。心配と心配のあいまに、眠れないことを心配するあまりかえって眠れないようなタイプの人間であることを自己嫌悪する発作が割りこんでくる。自己嫌悪の発作がおさまると、また、眠れないことを心配するあまりかえって眠れないくらい心配するという本来の仕事に専念する。

自慢させてもらえば、ほとんどの場合、人前で話す仕事の前夜にこんなことにはならない。ただ、そうなったことがあるのはたしかだ。これが私の生存や生殖のチャンスを増やす自然選択なりのやり方だという人がいたらお目にかかりたい。人との出会いにまつわるほかのさまざまな不安にも同じことがいえる。たとえば、実際は怖気づく必要などまずないのに、カクテルパーティへ行く前に怖気づいてしまう。自分には何もしてやれないのに、娘がはじめてのパジャマパーティでどうしているか気が気でならない。パワーポイントを使って講演をしたあと、できがどうだったか気にやむ。気に入ってもらえたかどうかやきもきしたところで、聴衆の評価が左右されるはずもないのに。

この三例はいずれも、人類が進化して以来、その環境がどう変化してきたかに多少なりとも関係があるように思う。私たちの祖先が生きていたのは、カクテルパーティやパジャマパーティやパワーポイントの時代ではない。狩猟採集民だった私たちの祖先は、会ったこともない人でいっぱいの部屋で立ちまわる必要もなかったし、お泊まりにいく子どもを見知らぬ家へ送っていくこともなければ、まったくではないにしろほとんど知らない人たちばかりの聴衆を前にプレゼンテーションをすることもなかった。

ちなみに、私たちが進化させてきた性質と私たちがたまたま生きている環境との不適合は、現代にはじまったことではない。過去何千年にもわたり、人類の社会環境は人類を設計するよりどころとなった環境とは異なっている。ブッダは王族の生まれで、そのため狩猟採集民の村よりはるかに人口が密集した社会で暮らしていた。パワーポイントはまだ発明されていなかったが、大勢の聴衆を前に演説を求められる人があらわれはじめ、プレゼン惨敗の不安のようなものが見受けられるようになっていたことがわかっている。ブッダはある説法で、「五つの恐怖」の一つに「集会で恥をかくことへの恐怖」をあげている。[*5]この恐怖は今日でも上位五つにはいっている。ある世論調査でも、人前で話すことはさまざまな行為のなかでもっとも恐ろしいという結果が出ている。

はっきりさせておきたいのだが(くり返しになることもわかっているのだが)、社交不安が自然選択の産物ではないと言っているのではない。祖先の環境、つまり人類が進化した環境は人づきあいが盛んだったことが特徴で、そのような社交は私たちの遺伝子に大きな影響をあたえた。社会的な地位が低く、友人がほとんどいなければ、遺伝子を拡散する機会はがくりと減った。だから、人にいいところを見せるのは、方法こそパワーポイントを使ったかっこいいプレゼンではなかったにしても、当時も重要だった。同じように、自分の子どもが社会でうまくやっていけなければ、その子の繁殖の見通しは暗く親である自分の遺伝子の先行きも暗くなる。それで、自分の社会的な将来性や子孫の社会的な将来性について私たちを不安にさせる遺伝子が人類の遺伝子プールの一部になったのだろう。

その意味で、社交不安は「自然」だといえる。しかし、社交不安は「設計」された環境とはずいぶんちがう環境で機能している。社交不安がたいてい徒労に終わり、なんの得にもならない錯覚をでっちあげる原因もここにあるのかもしれない。こうして、文字どおりにも実利的にもうその確信——たとえば、今にも大惨事が起きるにちがいないという思いこみ——をいだくことになる。真実でもなければ有益でもない感覚だ。

いちばん手を焼く感覚の多くがなんらかの意味で錯覚でしかないと割りきって考えるなら、瞑想はまさに錯覚を追い払うプロセスと見ることができる。

例をあげよう。

二〇〇三年、はじめて瞑想合宿を体験した数カ月後、私はメイン州のカムデンへ向かった。年一回開かれるポップテックというカンファレンスで講演をするためだ。講演の前夜、夜中の二時か三時に目が覚めた。例の不安の小発作だ。眠れないことのゆゆしき意味をあれこれ思いながら眠れないということのゆゆしき意味をあれこれ思いつつ眠れないこと数分、ベッドに起きあがって瞑想することにした。しばらく自分の呼吸に意識を集中する。だが同時に不安そのものにも意識を向けた。胃がしめつけられる感覚があった。合宿で教わったように、なんの判断もせず、ただ不安を観察するよう努める。不安は悪いものとはかぎらないし、のがれようとする必要もない。ただの感覚にすぎないのだから、ただすわってそれを感じ、観察する。けっしてすばらしい感覚に感じたとはいえないが、不安を受け入れ、判断せずに観察するにつれて、不快さがやわらいでいった。

そのとき、瞑想合宿でカフェインのとりすぎが突破口を開いたのとよく似たことが起きた。不安が遠くはなれたところにあり、それを心の目でただ見つめているような気がした。美術館で抽象彫刻でも見ているような感じだ。それは、ぎゅっとしめつけた結びめのある太いロープで、不安を感じる腹部のあたりに陣どっているが、もうしめつけられる感じはしない。ほんの数分前までつらく感じていた私の不安は、快でも不快でもなくなっていた。そして、この中立の状態にたどり着いたあと、不安は溶けるようにすっと消えた。苦しみが気持ちよくやわらいだ数分後、横になって眠りについた。翌日、私の講演は――ここで間《ま》をおいて、はらはらを共有してもらおう――順調に運んだ。

原理上は、べつの角度から不安に取り組むことも可能だ。私が講演の前夜にやったように不安そのものに意識を集中するかわりに、不安に関連する思考を詳しく検分する。これは認知行動療法の手法だ。療法士があなたに、「これまで講演をしてきた経験から考えて、その講演を台なしにする可能性は高いですか?」とか、「もし講演を台なしにしたら、本当にあなたのキャリアはたちまち消えうせますか?」といった質問をする。そんな考えは論理的でないとあなたが気づけば、関連する感覚がやわらぐ可能性がある。

つまり、認知行動療法はマインドフルネス瞑想の精神を大いに共有している。どちらもある意味でさまざまな感覚に疑問を投げかける。ちがいといえば、認知行動療法は文字どおりに疑問を投げかけるという点だけだ。ところで、この二つのアプローチを組みあわせてまったく新しい流派の療法を創設して有名になろうと考えている人がいたら、残念な知らせがある。マインドフルネス認知行動療法（ＭＢＣＢＴ）はすでに存在する。

**妄想のレベル（要約）**

私がちゃんと役割をはたせていれば、みなさんはちょっとだまされたような気分になっているはずだ。私にではなく、自分の感覚に。しかも、これでもまだ、感覚がしかけてくる特別に奥の深い本当にささいなだましの話までいきついていない。この話はもっとあとの章までとっておくつもりだ。ここではひとまず、感覚がどのような意味で人をまどわせる場合があるか確認しておこう。

1. **感覚は、「自然な」環境であっても現実を正確に描写するようには設計されていない。**感覚は、狩猟採集民だった祖先の遺伝子をつぎの世代へ受け継がせるように設計されている。それが祖先に妄想をいだかせる――たとえば、あまりの恐怖にその場にいないヘビを「見て」しまう——ことになってもそれはしかたがない。この種類の錯覚は「自然な」錯覚で、世界、とくに社会という世界についての私たちの理解がさまざまにゆがんでいる理由、つまり、自分自身について、友人について、親族、敵、知りあい、さらには赤の他人について（これでほぼ網羅しているはずだ）ゆがんだ考えをもってしまう理由をずいぶん説明できる。

2. **私たちが「自然な」環境に暮らしていないせいで、感覚は現実への案内役としてさらに信頼できないものになっている。**その場にいないヘビを見てしまうように、もともと錯覚を生みだすべく設計されている感覚は、少なくともその生物の生存や生殖の見こみを増やす利点があるといっていい。しかし、進化論の見地から祖先の役に立っていたさまざまな種類の感覚も、現代の環境においては、同じ進化論の見地から逆の結果を招く——かえってその人の寿命を短くしかねない——感覚に変質してしまう場合がある。逆上や甘いもの好きがよい例だ。こうした感覚は、少なくとも自身にとってある程度ためになる行動へ生物を導くという実利的な意味でかつては「真実」だった。だが、今では人の判断を誤らせかねない。

## 3．すべての根底にあるのは幸せの妄想だ。

ブッダが強調したとおり、よりよい気分になろうとがんばっているあいだは、「よりよい」気分でいられるだろう時間を過大に見積もってしまいがちだ。そのうえ、「よりよい」が終われば、あとには「より悪い」がつづくこともある。いらいらと落ち着かず、もっと欲しくなる。心理学者が快楽のランニングマシンについて記述しはじめるよりずっと前に、ブッダにはそれが見えていた。

ブッダにも見えなかったのはその根源だ。私たちは自然選択によってつくられ、自然選択の仕事は遺伝子の繁栄を最大限に高めることにつきる。自然選択は、真実それ自体に頓《とん》着《ちゃく》しないばかりか、私たちの長期的な幸せにも頓着しない。何が長つづきする幸せをもたらし何がもたらさないかについて妄想でまどわすことが祖先の遺伝子を前へ推し進めてきたとすれば、自然選択は私たちにあっさりその妄想を見せる。それどころか、自然選択は私たちの短期的な幸せにさえ頓着しない。偽陽性の代償を見るといい。その場にいないヘビに九九回連続でおびえるのは、その人の心の健康を損ないかねない。もちろん、いい知らせは一〇〇回めにおびえたことで祖先が無事に生きのび、おかげで最終的に私たちが生まれたかもしれないことだ。しかしそのせいで私たちは偽陽性にまどわされやすい傾向を受け継ぐことになった。ヘビだけではなく、ほかの恐怖や日々の不安に関してもそうだ。認知行動療法の創始者ともいわれるアーロン・ベックも、「血筋が生きのこる代価は生涯にわたる不快かもしれない」と記している。*6 ブッダにいわせれば、生涯にわたるドゥッカだろう。そのうえでこう補足したかもしれない――しかしこの代価は、心理的原因に真っ向から取り組めば避けられる。

いうまでもなく、本章は人間の感覚をひとくくりにして告発してきたわけではない。一部の、ことによると大部分の感覚はそこそこ私たちの役に立っている。現実の見え方をそれほどゆがめることなく、私たちの生存や繁栄の助けになっている。リンゴが好きなのも、ナイフの刃をにぎったり超高層ビルをよじ登ったりするのがいやなのも、私のためになっている。それでも、みなさんには自分の感覚を取り調べの対象にする利点に気づいてほしい。自分の感覚を詳しく調べて、どの感覚が従うに値するもので、どの感覚がそうでないかを見きわめ、従うに値しない感覚の支配から自身を解放する気になってくれるのを期待している。

また、なぜそれがむずかしいかにも気づいてほしい。有益なものと有害なものの区別や、信じていいものとまどわせるものの区別がしづらいのは感覚の宿命だ。すべての感覚がもつ共通点が一つある。もともと感覚は私たちが従う気になるように「設計」されている。

感覚なのだから当然正しいと感じるし、真実だと感じる。感覚は私たちが客観的な目を向けるのを積極的に邪魔している。

私がマインドフルネス瞑想のコツをつかむのになぜ時間がかかったのか――一週間の「沈黙の瞑想」合宿に全身全霊で参加して、ようやくうまくいったのはなぜなのか――もこれで説明がつきそうだ。しかし理由はこれだけではない。感覚が私たちに影響をおよぼすやり方には、私たちと感覚の立場を入れ替えて、主従関係を逆転させるのをむずかしくしている部分がある。また、心が作用するしくみには、もともと深い瞑想状態にはいりこみづらくしている部分がある。たしかに、マインドフルネス瞑想が実際に効果をあげるところまで到達するのがいかに大変か、なぜ大変なのかを私が認識しはじめたのは、はじめて瞑想合宿に行ってからのことだ。

とはいえ、やりがいや見返りのあることにはたいてい努力が必要だ。そして、この合宿では、いかに大きなやりがいをマインドフルネス瞑想に見いだせそうかということもわかってきた。そのやりがいと見返りは、この章で少しだけ紹介した範囲をはるかに超える。私の紹介の仕方のせいで、瞑想体験が実際よりささいなものに思われていないか心配になるほどだ。もちろん、手を焼く感覚をいくつかコントロールできるようになるのはすばらしい。それに、その感覚がある意味で「うそ」だと知ることがコントロールに役立つなら、なおけっこうだ。けれども、手を焼く感覚を飼い慣らすのはまだ序の口ともいえる。マインドフルネスにはほかの側面もあり、路上の逆上に身をゆだねるのはあまり立派なことではないかもしれないと気づくことより、はるかに奥が深く鋭い洞察もある。

# 4 なぜ瞑想するか
## ──デフォルト・モード・ネットワークを黙らせる

厳密にいうと、「沈黙の瞑想」合宿は誤った呼び方だ。二〇〇三年の夏にはじめて参加した一週間の合宿では、生徒が瞑想を指導する先生と話す機会が二回あったからだ。そのうちの一回で、私たち八人か九人の「ヨギ（ヨガをする人）」のグループは、瞑想ホール近くの一室に集まった。そこで四五分間、それぞれがかかえている問題をさらけだした。

これはありがたかった。というのも、私はある問題をかかえていたからだ。瞑想ができない！　という問題だ。そのときはまだ、瞑想の突破口となるカフェインのとりすぎをマインドフルに眺める瞬間が訪れていなかった。それまでにやったのは、まる一日半をついやして、呼吸に意識を集中できないままでいることだけだった。何度も何度も挑戦したが、どうしてもほかのことを考えてしまうのだ。

そこで、自分の番がきたとき、この欲求不満をことばにした。その後の先生との問答はこんな具合だった。

なるほど、意識がさまよってばかりいることに気づいているわけですね。

はい。

いいことです。

意識がさまよってばかりいることがですか？

いいえ。意識がさまよってばかりいることにあなたが気づいていることがいいのです。

でも、それがなんというか、しょっちゅう起こるんです。

それはもっといい。何度も気づけているということです。

この問答は、先生が意図していただろう気分を高揚させる効果はなかった。私はちょっと子ども扱いされた気がした。娘がよちよち歩きだったころ、何かぶざまな失敗をしたら懸命に励ましのことばを探したものだ。三輪車に乗ろうとして倒れてしまったら、「ひとりで立てたね。えらいぞ！　もう、お姉さんだ」などと励ましたものだ。本当にお姉さんならそもそも三輪車に乗ろうとして倒れないと、ふと気づいたことには目をつむって。

しかしその後、瞑想指導者からはじめてもらったこのちょっとした返答が単なる精一杯の励ましではなかったことがわかるようになった。先生の言ったとおりだった。意識がさまよっていることに頻繁に気づくことで、私は新しい境地を開いていった。普段の平凡な日常生活では、意識がさまよったらそれを追って野を越え山を越えていた。どこへ導かれているかも自覚していなかった。今では、短い時間追いかけただけで解放される。少なくとも一時的に解放され、それでも意識に導かれていたことを察知するには十分な時間解放される。その後、意識がふたたびさまよいはじめ、また少し私を導いていく。

もっと科学的に聞こえることばにおきかえてみよう。私は、心理学者が「デフォルト・モード・ネットワーク」と呼ぶものの働きを観察するようになっていた。[*1] これは脳内のネットワークで、脳スキャン研究によると、私たちがとくに何もしていないとき――人と話したり、仕事や何かの課題に集中したり、スポーツをしたり、本を読んだり、映画を見たりしていないときに活発になる。意識はこのネットワークに沿ってさまよう。

研究によると、意識がさまようときその向かう先はたいてい過去か未来にある。ごく最近のできごとや遠い昔の強烈な思い出をあれこれ考えることもある。きたるべきできごとを思ってびくびくすることも、反対に待ちこがれることもある。迫りくる危機をどうくいとめるか作戦を練ることも、職場でついたてを隔てて隣りあっている魅力的な人とのロマンスを空想することもあるだろう。意識がさまよっているとき、今この瞬間をじかに経験することはほとんどない。

ある意味ではデフォルト・モード・ネットワークをおとなしくさせるのはむずかしくない。ただ何か集中を要することをすればいい。クロスワードパズルをしてもいいし、テニスボール三個でお手玉をしてみてもいい。お手玉が第二の天性になるほど熟練しないかぎり、おそらくついたての向こうの魅力的な人について空想をめぐらすことはないはずだ。むずかしいのは、たいして何もしていないときにデフォルト・モード・ネットワークを黙らせることだ。たとえば、瞑想ホールで目を閉じてすわっているとき。呼吸に意識を集中するよう努めるのはそのためだ。意識にあてもなくさまよう習慣をやめさせるには、何か集中する対象が必要になる。

しかし、たとえ呼吸への集中という支えがあっても、私が瞑想合宿の前半におちいっていたのと同じ状況にみなさんもおちいるかもしれない。くり返し、頻繁に、どうしようもなく、経験モードからデフォルト・モードへ流されてしまう。自分が流されていたと気づくたびに、欲求不満なり、怒りなり、（私が得意とする）自己嫌悪なりに身をゆだねたくなる。しかし、標準的な教えは、そんなことで時間をむだにするな、だ。かわりに、意識がさまよっていたことを心にとめ、場合によってはどんな種類のさまよいだったか――仕事を恐れていたのか、昼食を楽しみにしていたのか、ゴルフのミスショットを悔やんでいたのか——も心にとめて、それからまた呼吸に意識をもどす。私の先生は、注意散漫という暗い状況にもかかならず一筋の希望の光がさすと強調するために、たったこれだけでいいと私を励まそうとしたにちがいない。

結局、これはいい指針であることが判明した。デフォルト・モード・ネットワークの働きをさえぎること、つまり「ぱっと切りかえ」て、意識がさまよっていたことを心にとめ、それから呼吸にもどることで、私はこのネットワークの支配力を弱めていった。呼吸に意識を集中するのがうまくなり、集中の時間が長くなるにつれて、このネットワークの活動はだんだん低下していった。そう推測してよさそうだ。脳スキャン研究でも、未熟な瞑想者にそのような推移が見られることがわかっている。こうした研究では、非常に熟達した瞑想家の結果も示されている。何万時間も瞑想を重ね、私などとはまるで次元がちがう瞑想家たちのデフォルト・モード・ネットワークは、瞑想中、劇的に抑制されていた。[*2]

デフォルト・モード・ネットワークが静かになったとき、つまり意識がさまようのをやめたときはとても気分がいい。おしゃべりな意識からの解放感を、心の安らぎを、さらには深い安寧《あんねい》を味わえることもある。だれもが瞑想するたびにこのような感覚を得られるわけではないにしても、一部の人にとってはたびたび起こり、翌日も瞑想のためにクッションにすわろうという意欲を引きだし、たゆまず実践をつづけるよう積極的にうながす役目をはたす。

しかし、いったんこの段階に達し、呼吸を使ってさまよう意識からのがれる方法を獲得すると、曲がり角にさしかかる。ここからは先へ進むことのできる道が二つあり、それぞれの道が異なるタイプの瞑想に相当する。

## 集中とマインドフルネス

一方の道は、呼吸に意識を集中し、長い、長いあいだ集中しつづけるものだ。集中は前の段階で定まったときからすでに心地よくなっている。もっと集中の度合いを強め、深めていくと、さらに呼吸に没入する。そしてそのままつづける。どんどん気分がよくなっていくのに気づくかもしれない。これを集中の瞑想という。集中する対象は呼吸でなくてもかまわない。瞑想の流儀によって、マントラでも、頭のなかでイメージした映像でも、反復音でもなんでもいい。

集中の瞑想はセレニティ（静謐《せいひつ》、安らぎ）瞑想とも呼ばれる。納得のいく呼び方だ。というのも集中は安らぎをもたらすからだ。もっといえば、集中は安らぎ以上のものをもたらす。十分な時間集中を維持すると、強烈な至福や恍惚《こうこつ》の感覚をもたらす場合もある。

強烈な至福や恍惚の感覚というのは本当だ。最初の瞑想合宿でのことだ。五日目の晩、私は呼吸に集中する標準的なテクニックに少し手を加えた瞑想法に挑戦していた。息を吸うときは呼吸に集中し、吐くときは音に集中した。音に集中するのは簡単だった。マサチューセッツ州の田舎《いなか》で、夏の暑い夜だったため瞑想ホールの窓もあいていたので、昆虫――セミだと思う――の合唱が高らかに響いていたからだ。瞑想するうちに、私の意識はますます呼吸とセミの合唱に集中していった。全神経を傾《かたむ》ければ傾けるほど呼吸も合唱もどんどん強くなっていくようだった。二五分か三〇分瞑想したどこかの時点で、私は強烈でドラマチックな体験をした。ことばで説明するのはむずかしい。もっとあとの章でなんとか説明するつもりでいるが、ここでは、とにかくとてもとても鮮烈な体験だったとだけいっておこう。

じつをいうと、前の文にはもう一つ「とても」をつけたいくらいだ。ＬＳＤを使ったあと口直しにヘロインを使うとどんな気分なのか、直接経験したことはないが、あの晩私が経験したのはそれに近かったのではないかと思う。幻覚かと思うほど極度に視覚的で、このうえなく幸福だった。とりわけ、あごに強い麻薬を注射されたようだったのを覚えている。私の全存在が喜びと幻《まぼろし》に酔いしれ、まるで何かの境界を越えてべつの世界にはいりこんでしまったように感じた。

その晩の私の経験が魅力的に聞こえたとしても、残念な知らせがある。このような絶頂体験をもたらす種類の瞑想――集中の瞑想――は本書のテーマではない。また、私が参加した瞑想合宿で教わることになっていた種類の瞑想でもない。合宿が終わるとき、ふたりの先生のうちのひとり、マイケル・グレーディに得意げに絶頂体験の話をしたところ、こちらがちょっとがっかりするくらい淡々《たんたん》と、「それはいいですね。ただ、それに執着してはだめですよ」と言われた。この合宿はマインドフルネス瞑想の合宿だった。二本の基礎的な瞑想の道のうち、二つめの道がマインドフルネス瞑想だ。

マインドフルネスと集中は仏教の重要な実践徳目で、熱心な仏教徒が進むべき八つの道、八正道《はっしょうどう》に含まれている。じつをいうと、マインドフルネスは七つめの道、集中は八つめの道だ。しかし、この二つが最後に到達すべき頂点というわけではない。八正道というと、八つの段階を順にのぼっていくと勘ちがいしそうだが、そうではない。けっして一つめの「正見《しょうけん》」を完全に体得したあと、二つめの「正思惟《しょうしゆい》」に移り、そのあと三つめの「正語《しょうご》」、それから……と進むものではない。八つの徳目は相互に強く依存していて、直線的に一つずつというわけにはいかないからだ。だから、たとえば七つめの「正念《しょうねん》」（正しいマインドフルネス）と八つめの「正定《しょうじょう》」（正しい集中）の徳目で実践を積めば、経験を通して仏教の中核の原理を深く理解する助けになり、ひいては、一つめの「正見」の修行にもなる。

さらにいうと――そして本章とさらに密接にかかわってくるのだが――八正道では正しいマインドフルネスが正しい集中より先にきているとはいえ、マインドフルネスをみがくには、まず集中力をみがく必要があるだろう。マインドフルネス瞑想の入門当初のセッションが、一般的に自分の呼吸や何かほかのものに意識を集中する内容になっているのはそのためだ。ある程度まで集中を高めることでデフォルト・モード・ネットワークから解放され、普段は心を奪われている内的なおしゃべりをとめることができる。

集中の瞑想で注意を安定させたあとは、マインドフルに観察しようと思うものに注意を移せばいい。普通注意を向ける先は、感情や身体感覚など自分の内面で起きていることだが、音など外界のことに意識を向けてもいい。そうするうちに、呼吸は背景にしりぞき、あなたをつなぎとめておく「アンカー（錨《いかり》）」の役割になる。ほかの何かに意識を向けているあいだも、あなたは呼吸をぼんやりと認識しつづけ、ときどき注意をもどす。重要なのは、何を経験しているにしろそれをマインドフルに経験すること、そして、私がカフェインをとりすぎた感覚をどう観察したか説明したように、対象に近づくことで最低限必要な距離をおくという逆説的な組みあわせをとり入れることだ。

不安やあせりなど、自分がかかえている感覚をマインドフルに観察するのは、マサチューセッツ州の夏の夜に集中の瞑想がもたらしたハイな恍惚ほど魅惑的には聞こえないかもしれない。しかし、マインドフルネス瞑想をつづける慰《なぐさ》めになることは複数あり、なかには魅惑的な慰めもある。

## 実生活でのマインドフルネス

まず、マインドフルネス瞑想はいい訓練になる。瞑想クッションにすわって瞑想しながら感覚をマインドフルに眺めることで、実生活でも普段から感覚をマインドフルに眺めるのがうまくなり、判断を誤らせるような感覚や無意味な感覚に支配されにくくなる。信号が青に変わったあと、（許しがたいことに、こちらが重要な約束に遅れまいと必死なことにも気づかず）アクセルを踏むのに二、三秒かかった運転手にキレることも減る。子どもでも配偶者でも、あるいは自分自身でも、あなたが大声をあげてしまいがちな相手に対してやたらに大声を浴びせることも減る。人から受けた屈辱的な仕打ちに腹を立てることも減る。そんな仕打ちをした相手に仕返しする空想にふけることも減る（とはいえ、そうした空想が楽しくないわけではない）。

マインドフルネス瞑想にはほかにも、美にもっと敏感になるという効能がある。瞑想合宿ではこれがとくにドラマチックにあらわれる。合宿ではひたすら瞑想するし、「現実世界」から隔絶されているため、何か気が気でないようなことも、待ちこがれてじりじりするようなことも、苦々しく後悔するようなことも、数がかぎられる。デフォルト・モード・ネットワークに新たな燃料が補給されないため、経験モードがたもちやすくなる。日常の感覚に深く没入することが意識をがらりと変えてしまう。鳥のさえずりがこの世のものとは思えないほど美しい。れんがやアスファルトや木やありとあらゆるものの手ざわりがうっとりするほど心地よい。合宿中に森を散歩していたとき、ふと気づくと、複雑な形をした木の幹《みき》を愛撫《あいぶ》していた――そう、まさに文字どおり愛撫していたことがある。しかも、信じてほしい。私は木に抱きつくようなタイプではない。もっといえば、私は立ちどまってバラの香りをかぐようなタイプでもない。典型的な平日、私の昼食はこんな具合だ。イワシの缶詰をあける。フォークを手にする。キッチンシンクの前に立ったまま缶から直接イワシを食べる。缶を捨てる。はい、昼食終了。ところが、最初の合宿でのこと。二、三日すぎたころ、食に向きあう自分の姿勢が正反対になっていることに気づいた。伝統的な水準からいっていかに簡素な食事だったかを考えると、驚きとしかいいようがない。厳しいベジタリアン食で、市販のスナックもなし。

なによりショックだったのはチョコレートが一週間おあずけになったことだ。

食事の時間にはじめて食堂に足を踏み入れたとき、なぜ食べながら目を閉じている人が多いのだろうと思った。まもなく事情が飲みこめた。視界を遮断することで、味覚への没入が一〇〇パーセントに近づくのだ。結果はあまりに崇高《すうこう》だった。ひと口のサラダをゆっくりと咀嚼《そしゃく》し、味はもちろん食感もじっくり味わう至福ともいえる一五秒間。そしてあの、バターを塗ったコーンブレッド！

瞑想合宿では、ありふれた視覚経験がドラマのような様相を呈《てい》することもある。古びた網戸をあけようと手を伸ばしたとき、いきなり映画を見ているような気分に襲われたのを覚えている。なんでもないものを超接写したショットがこれから起きる重大な事件を予感させる、そんなシーンのようだった。もちろん何も重大な事件は起きなかったが、ドラマチックな視覚経験ならつぎつぎ訪れた。最初の合宿でのことだ。宿舎の自分の部屋でメモ用カードに記録を書きとめていたとき、おろしたままの窓の日よけを見あげて、私はこう書き記している。「このカードを書いているあいだ、まだら模様の美しさに呆然とする。木々や網戸を透かして日の光があたっている。まるで麻薬だ」

薬といえば、起きる可能性のある「副作用」についても触れておかなければならないだろう。日々の関心事から解放してくれるまさにその静寂と隔絶が、ほかの関心事に没頭する時間をもたらすことがある。なかでも、日常生活でときにくり返しあらわれるものの、長くはとどまらない個人的な問題や家族の問題にふける時間ができる。そのうえ、心の実際の動きに普段よりぴったり密着しているおかげで、新しい、おそらくはすわりの悪い正直さでその問題と向きあうことになる。考えてみればかえって好都合ともいえる。なんといっても、仏教の要点は苦しみを避けることではなく苦しみと向きあうことではなかったか？ そして、苦しみと向きあうこと、臆《おく》することなく苦しみを見つめることで、徐々に軽くするのではなかったか？

私の経験では、これはたいてい効果がある。私は合宿中にたえずつきまとってくる問題を「乗りこえ」、新しい健全な見方ができる質《たち》だ。それでもやはり、乗りこえる部分はしばらく時間がかかることもあるし、過酷な場合もある。長期の瞑想合宿に行くのは激しい心のスポーツをするようなものだと人に説明することがある。崇高さと悲惨さをかねそなえているからだ。ありがたいことに、私の経験ではこの比率はだいたい四対一だ。

合宿中ではなく、朝の瞑想が三〇分にかぎられているときは（その日のうちに少し短い瞑想の時間をとることもあるが）、そこまでドラマチックな作用はあらわれない。近所の人に、他人の家の木を愛撫している男がいると緊急通報されたことはない。それでも日々の瞑想をつづけてさえいれば、犬を散歩しているときに足をとめて木の幹に見入ることは多い。それに、イワシをゆっくり味わう気にもなりやすいし、食べているあいだキッチンの窓からちゃんと木を眺めたりもする。

ここで、「この瞬間を生きる」とか「現在にいつづける」とか「今にとどまる」とか、「瞬間、現在、今」と「生きる、いつづける、とどまる」のこれ以外の組みあわせについて、くどくど説法するのはやめておこう。福音《ふくいん》主義の牧師からプロゴルファーまで、だれもかれもが現在に意識を向けることをほめたたえているなかで、いまさら私の出る幕はない。

だいたい、今を生きることを強調しすぎるのはマインドフルネス瞑想の可能性を軽んじることになるし、ある意味で仏教の教えの神髄《しんずい》について誤解させることにもなる。1章で書いたとおり、『サティパッターナ・スッタ』――『念処経《ねんじょきょう》』と呼ばれる古い仏典――には、今を生きよとの教えは何もない。それどころか、全文のなかに「今」や「現在」と訳される語は一つもない。[*3]だからといって、二〇〇〇年前の仏教の瞑想家が「現在にとどまる」経験をしなかったわけではない。自分の呼吸や身体感覚に意識を集中すれば、マインドフルネス（念）に関する古い文献に定められているとおり、現在こそが自分のいる場所になる。ちゃんとした仏教を目指すなら――赤い薬を飲みたいなら――現在にとどまることはマインドフルネス瞑想から切りはなせない部分ではあるが、修行の核心ではないことを理解する必要がある。目的を達成するための手段であって、目的そのものではないのだ。

## 悟りに向かう

この話は悟りともかかわってくる。仏教用語としての意味で悟りを開くには、人間が苦しめられがちな内外の錯覚を完全にとり去ることが必要となる。「内」（自分の内面）にあるものについての錯覚と、「外」（外界）にあるものについての錯覚をすっかり追い払わなければならない。[*4] そのような完璧な理解の境地という説明が魅力的に思えない人のために、悟りを説明するべつのことばも書きそえておこう。解放だ。悟りは苦しみ（あるいは、広い意味を持つ「ドゥッカ」の訳語としてあなたが選んだもの）からの解放を意味する。さらにこの境地をあらわすことばが、「ニルヴァーナ（涅槃《ねはん》）」だ。これは聞きおぼえがあるのでは？

悟りに到達できる可能性をめぐっては議論がある。すべての人にとって現実的な目標だと考える人もいる。到達するのは非常にむずかしく、そのためにはアジアの山奥にこもって、何年とはいわないまでも何カ月かのあいだ毎日二四時間休みなしで修行しなければならないと考える人もいる。なかには、実際に到達することは不可能だという人もいる。この観点からすると、純粋な悟りは数学者のいう漸近線《ぜんきんせん》のようなものだ。かぎりなく近づくことはできてもけっしてたどりつけない。

悟りを得た人は何人いるのか？　それをいうなら、ひとりでもいるのか？　この疑問に答える資格は私にはない。けれども、「内」にあるものと「外」にあるものについての錯覚を徹底的に追い払い、ある種の境界を越えたように見える人たちは存在する。通常の意識とは根本的に異なる――そして当人たちの供述によればきわめて心地よい――意識の状態を達成し、その後、多少なりともその状態を維持している人たちだ。

ここで当然つぎの疑問がわく。いったいどうやったのだろう？　いったいどう取り組めば、悟りを獲得できるのだろう。どうすれば悟りに十分近づいて、正真正銘の変容を自覚し、まったく新しい世界に足を踏み入れたと感じられるのだろう。

私たちはつい、こうした変容が突然で強烈なものだと考えがちだ。なんといっても、それが宗教上の偉大な悟りの開き方なのではないだろうか。燃える柴《しば》を見たモーセも、洞窟にいたムハンマドも、ダマスカスへ向かっていたパウロもしかりだ。ブッダでさえ、一大スペクタクルさながらの瞑想で光明を見たとされる。この瞬間がいかに鮮烈でドラマチックかを疑うなら、映画『リトル・ブッダ』（『マトリックス』と同じキアヌ・リーブスがブッダ役で出演している）の悟りの場面をチェックしてほしい。なんと壮大な視覚効果だろう！

瞑想をこのように考えるなら――瞑想の目的がドラマチックで圧倒的な啓示体験、啓発体験だと考えるなら――本章で説明した瞑想の二つの道のうち、集中の瞑想のほうが確実な道だろう。最初の合宿で私が意図せず経験した濃密な集中の瞑想もたしかにそれを示している。突然、自分がより根本的な真実に近い見方を獲得しつつあると感じ、突破口のようなものが開いたように感じた。そして、私自身はこの経験によって本当の悟りにほんの少しでも近づいたとは思わないが、なかには、集中の瞑想を通じて突然ドラマチックな形でその希有《けう》な領域にはいったり、少なくとも近づいたりする人がいると考えている。

しかし、最初の合宿以来信じるようになったことがある。あの経験がドラマチックで意味深く感じたのはたしかだし、それにくらべてマインドフルネス瞑想はぱっとしないように思えるかもしれないが、本当はマインドフルネス瞑想も集中の瞑想と同じ種類の場所、つまり強烈で鮮明なこれまでとは異なる景色が見える場所に導く力を持っているということだ。自分の内面と外界をとてつもない注意深さで観察するというマインドフルネスの一連の手順は、わずらわしい感覚をやわらげ、美の感受性を鋭くしてくれるだけではない。ゆっくりと、段階的に、ときにむらがあっても最終的には整然とした形で、「外」にあるものや「内」にあるものに対する見方を変容させる。もともとはストレスや不安をやわらげたり、怒りを静めたり、激しい自己嫌悪を少しおさえたりする手段として控えめにはじめたものが、やがてものの本質に対する深い理解や、それに呼応した深い解放感や幸福感をもたらしうる。あくまでいやしを求めて努力していたものが、深い哲学や精神性を求める努力に変わる可能性がある。これがマインドフルネス瞑想の三つめの効能だ。マトリックスの束縛から自由になる道を示してくれる。

できることなら、一つ前の段落はすべて私自身の経験にもとづいたものだといいたい。努力のすえにものの見方ががらりと変わる重大な節目《ふしめ》を経験したおかげで、自分がほぼ完璧に明晰にものごとを見ながら歩きまわり、至福からあまり遠くないところに暮らしていると表明したいが、残念ながらそういう生き方はできていない。とはいえ、瞑想の道をはるかかなたまで進んでいる非常に熟達した瞑想家からたくさん話を聞いたおかげで、前の段落で書いたことは正しいと確信している。本書でもこのあと何人かの瞑想家から証言を聞くことにしているので、みなさんにも同じように確信してもらえるのではないかと思う。

それに私自身、一瞬だけの場合もあるけれど、ものの見方がとてもドラマチックに転換する経験をしている。これまでに少し触れたとおり、不安とのつきあい方や、その前のカフェイン中毒とのつきあい方が不意に変容した瞬間があった。そして、非常に熟達した瞑想家と対話するなかで一つ気づいたのは、この二つやそのほかに私が経験したようなことを、熟達した瞑想家たちもどこかの時点で経験してきたということだ。それどころか、多くの場合、こうした経験がより包括的な悟りへの道を開いたようなのだ。悟りという大建造物の全容はまだ見えてきていないが、どうやら私も建物のブロックはいくつか見たらしい。

## 洞察の瞑想

厳密にいうと、建物のブロックを見せてくれたのはマインドフルネス瞑想だけではない。私が実践しているマインドフルネス瞑想は、ヴィパッサナーという瞑想の流派に含まれる。「ヴィパッサナー」とは、古代語で明視、明瞭に見通すことを意味し、英語では一般に「インサイト（洞察、内観）」と翻訳される。私が二〇〇三年に参加した瞑想合宿を主催したのはインサイト・メディテーション・ソサエティという団体だ。ヴィパッサナー瞑想協会といいかえることができ、まさに名が体をあらわしている。

ヴィパッサナーの教えがマインドフルネスにあまりに重きをおくため、この二つのことばを使いわけない人もいる。だが区別は重要だ。マインドフルネス瞑想は簡単なストレス軽減をはじめ、さまざまな目的で利用できる。しかし、伝統的なヴィパッサナーの枠組みでマインドフルネス瞑想をおこなう場合、もっと野心的な目的がある。究極の目的は洞察を得ることだ。察しがいいというような、普段使う意味での洞察ではない。現実の本質を見ぬくことがねらいであり、一〇〇〇年以上前の仏典にもその意味するところが記されている。それによると、ヴィパッサナーは「三相《さんそう》」というものを理解することだと定義される。

三相のうち二つは、理解するのがそれほどむずかしくなさそうに聞こえる。一つめは無常《むじょう》だ。永久に不変のものは何もないことをだれが否定できるだろう。二つめはドゥッカ——苦、不満足だ。苦しんだり不満を感じたりしたことがない人などいるだろうか。三相のうち無常と苦についていえば、ヴィパッサナー瞑想のねらいはそれを理解することではない。基礎的な理解はたやすいからだ。それよりはむしろ、無常と苦を新鮮な感受性で理解すること、非常に鮮明にとらえて、無常と苦がこの世にあまねく広がっていることをしみじみと知ることが重視される。一方、三つめの「無我《むが》」は話がちがう。無我の場合、理解することと自体が難題だ。*5 しかし仏教の教義によれば、ヴィパッサナー、すなわち現実を真の明晰さ、悟りへの道を開くだけの明晰さで見ることを目指すなら、無我を会得することがきわめて重要だ。

私の場合、無我の会得に向けて歩みはじめたのは最初の瞑想合宿といえそうだ。今にして思えば、さまよう心が呼吸への集中を邪魔しつづけると先生に訴えたころがはじまりだろう。自分の心がさまよっていると気づくのは、あまり深い洞察には思えない。まったくの話、いくら先生があたたかい拍手喝采をひたすら送りつづけてくれたとしても、あれは深い洞察ではない。しかし意義がないわけではない。先生との対話で私が語っていたのは、私――つまり私の「我」であり、コントロールをにぎっていると私が考えていたもの――が、私の精神生活のもっとも基本的な部分である「何を考えているか」を簡単にはコントロールできないということだ。

つぎの章で見ていくとおり、ブッダが無我を会得する重要性を説いたとき頭にあったことの一つが、このようなコントロールの欠如だ。また、もっとあとの章では、どんなに逆説的に聞こえても、自分が存在しないという感覚に取り組むことこそ、自分――あるいは自分が存在しないとすれば「自分」――がコントロールをにぎるための第一歩になることを見ていこう。

# 5　無我《むが》なるもの

西洋にヴィパッサナー瞑想に対する認識を広めるのに大きく貢献した二〇世紀のタイの僧侶、アーチャン・チャーは、「アナッター」――「無我《むが》」という仏教の概念を会得するむずかしさに注意をうながしていた。基本的な考えは、我《が》、すなわち自己というものはある意味で存在しないということだ。チャー師は、「無我を理解するには瞑想しなければならない」と忠告し、この教義を「知的な思索」だけで理解しようとすれば「頭が破裂するだろう」とたしなめた。*1

幸いなことに、頭の破裂についてはチャー師がまちがっている。瞑想もせず破裂の心配もなく無我の探究を試みることは可能だ。といっても、それで無我の探究に「成功」するわけではない。みなさんができるかぎり成功に近づけるよう私も努力するが、本章の終わりまでに疑問の余地がないほど明快には理解できなかったとしても大丈夫。それはあなただけではない。

ともかく、チャー師はここで、知的な思索だけで無我を理解するむずかしさのみを指摘しているのではない。仏教の中心となる概念を経験にもとづいて、つまり瞑想を通じて理解する重要性も強調している。無我の教義を抽象的にとらえることと、身をもってその意味を感じて本当に理解することには大きなちがいがある。とりわけ、無我の概念を理解するだけでなく実際に役立てたいと思うならこのちがいは重要だ。実際に役立てるというのは、無我を利用して今より幸せな人間、さらにはよりよい人間になること、同胞たる人類に対して連帯感や思いやりをあらためて感じることだ。仏教の教えでは、自己が存在しないという意味での「無我」をありのまま深く認識することで、我欲や私心がないという意味での「無我」になれる。

僧侶のワールポラ・ラーフラは、一九五九年に出版した影響力のある著書『ブッダが説いたこと』(岩波文庫)でこの問題を非常に印象的にとりあげている。「ブッダの教えによれば、自己という概念は想像上の誤った思いこみで、対応する実体を持たない。それは、『私』や『私のもの』という有害な考え、利己的な欲望、渇望、執着、憎しみ、悪意、うぬぼれ、傲慢、自己中心主義など、さまざまな煩悩、不浄、問題を生みだす。個人間の対立から国家間の戦争まで、この世のあらゆる紛争の元凶になる。ひとことでいえば、この世のあらゆる悪がこの誤った見方に端《たん》を発している」[*2]
もっと多くの人が自分に自己がないことを認識すればいいのに、と思わずにはいられない。しかし、ここで問題にぶつかる。本格的な無我を経験したと報告するのは、たいていとてつもなくたくさんの——まちがいなく、私などよりはるかにたくさんの——瞑想を重ねた瞑想家にかぎられる。もし世界を救えるかどうかが、相当数の人類がこの経験をすることにかかっているなら、私たちは長く待つことになりそうだ。
でもどこかではじめなければならない。ここでいい知らせがある。無我の経験は厳密な二元論ではない。たとえば何か境界のようなものがあって、なんとかして最終的にそこを越えれば変容をとげられるけれど、さもなければ永遠に無我には到達できずなんの啓発も得られない、などと考える必要はない。奇妙に聞こえるかもしれないが、ささやかな毎日の瞑想でも無我をほんの少し経験することは可能だ。時がたつにつれてもう少し経験できるようになっていく。そして——こればかりはなんともいえないが——ひょっとすると、いつの日か完全なる無我を経験して変容をとげることになるかもしれない。たとえそうならなくても、重要な進歩をずっとつづけていくことはできるし、その途上であなたにとっての、さらには人類にとっての功徳《くどく》や利益《りやく》を積むことができる。

それに、アーチャン・チャーが「知的な思索」と呼んだように、無我を概念として抽象的な形で理解しようとすることは、意外にもこのような瞑想上達の軌道に乗る助けになる。とくにやってみる価値があると思うのは、ブッダ自身が無我について展開した主張をじっくり吟味することだ。

吟味をはじめる前に、アーチャン・チャーの警告ラベルのそばにべつの警告ラベルを貼るべきかもしれない。ブッダは、もともと理解するのがむずかしい無我の概念をさらにとらえどころがないものに感じさせるような独特な論法を用いる。一般的な心理学者や、もっといえばみなさんや私がしないだろうやり方で人の心を分析している。本章のあと、もう少しあいまいでない現代科学の領域にもどるつもりだが、とりあえずブッダの見方にそって無我の全容を見ておくのは大いに役に立つ。

## 後代に影響をあたえる無我の説法

手はじめには、ブッダが無我について最初に説いた教えとされる原始仏典『無我相経《むがそうきょう》』がふさわしい。ブッダがこの説法をおこなったのは五人の修行僧に出会ったときだ。事態はこのような出会いによくある経過をたどる。ブッダがある教えの論理的な根拠を修行僧に説明すると、修行僧はただちに納得する。それどころか、このとき五人はただちに悟りを開いた。説法の最後には五人ともただの修行僧から「アラハント（阿羅漢《あらかん》）」、すなわち真に悟りを開いた者へと移行する。ブッダはべつとして、この修行僧たちはこの階位に到達した最初の五人とされる。

この歴史上の転換点が無我の会得によって訪れたことから、仏教思想におけるこの教義の重要性がわかる。また、無我についてのこのときの説法が功を奏したことで、『無我相経』は仏教の経典のなかでも特別な位置を占めている。さまざまな古代哲学や古代宗教のさまざまな教義のように、無我は多種多様に解釈されやすく、人々は無我の真の意味について論じるとき、その根拠として多種多様な仏典を持ちだす。しかし基礎となるのは『無我相経』だ。

この説法でブッダがとった作戦は、自己であるとする正当な理由を見つけられるのは具体的に人間のどの部分かと修行僧に問い、自己についての伝統的な考えに対する信頼を揺るがすことだ。ブッダは系統立てて検討していく。仏教哲学において人間や人間の経験を構成するとされる「五つの集合要素（五蘊《ごうん》）」を一つずつ調べていったのだ。その五つの要素を正確に説明するには、それぞれに別個の章をもうけることになるが、ここでは大ざっぱにつぎのように呼んでおこう。

1. 肉体とそれを構成する目や耳などの感覚器官、形あるもの（色《しき》）
2. 基本的な感覚、感受（受《じゅ》）
3. 姿かたちや音などの対象がなんであるかの知覚（想《そう》）
4. 意志をはじめ、複雑な感情、思考、好み、癖《くせ》、決断などを含む大きなカテゴリー（行《ぎょう》）
5. 意識、あるいは認識、とくにほかの四つの要素に対する認識（識《しき》）

ブッダはこのリストをはじめから順に追っていき、五蘊のなかに自己としての資格がありそうな要素があるなら、それはどれかと問う。五蘊のうちどれが、自己にそなわっているべき性質をはっきりと示すだろうか。

この問いには問いで返したくなる。自己にそなわっているべき性質とはなんだろう。もっと根本的には、ブッダにとって「我」という語は何を意味したのだろう。残念ながらブッダは用語の定義にあまり時間をさかなかった。それでも、自己に対するブッダの反対論に細心の注意を払えば、ブッダの言う「我」の意味が――ブッダにとって「我」という名が持つに値すると思われた性質が――ある程度はつかめる。

まず、ブッダは自己を「コントロール」、つまり「思いどおりになるかどうか」という概念と結びつける。ブッダが色《しき》（肉体）についてどう言っているか耳を傾けてみよう。「もし色が我なら、色がわずらいを引き起こすことはないはずだ。また、色について、『私の色はこのようであれ、私の色はこのようであってはならない』と思うがままになるだろう」。*3 ところが、とブッダは指摘する。われわれの肉体はわずらいを引き起こし、「私の色はこのようであれ」と命じるだけで魔法のようにそのとおりになるわけでもない。だから、色――肉体をつくっているもの――は、本当の意味でわれわれの思いどおりにはならない。したがって、とブッダはいう。「色は無我」にちがいない。われわれは、われわれの肉体ではない。

その後、ブッダはほかの四つの要素も一つ一つ検討していく。「もし受《じゅ》（感覚）が我なら、受がわずらいを引き起こすことはないはず」であり、「私の受はこのようであれ、私の受はこのようであってはならない」と命じれば感覚を変えられるはずだ。ところが、もちろん、感覚はたいてい思いどおりにならない。だから、私たちの思いに反して不快の感覚はえてして長引くことになる。*4 したがって「受は無我である」とブッダは結論をくだす。想《そう》（知覚）、行《ぎょう》（意志）、識《しき》（意識）についても同じ結論にいたる。五蘊のなかに、私たちが確実にコントロールできるもの――完全に思いどおりにできてけっして苦しみを引き起こさないものはあるだろうか。もし思いどおりにならないのなら、どうしてそれが自己の一部だといえるだろう。

この時点でキツネにつままれたように感じ、こんな疑問がこみあげてきた読者もいるかもしれない。「ちょっと待った。ブッダは、思いどおりになるものが自己だと言っているということ？ 個人的にはむしろ、自己は思いどおりにする側で、私という存在のCEO（最高経営責任者）みたいな気がするけれど」。当然ながら、こんなふうには考えない読者もいるだろう。このような疑問をいだく人がいること自体ぴんとこない読者もいるかもしれない。自己の話をするとき問題になるのは、「自我」が何を意味するかについての直観が人それぞれで異なることだ。しかし、この疑問がこみあげてきた人のために、いちおうの答えを示しておこう。

自己をCEOのようなもの、主導権をにぎっているものだとする考えをもっとはっきりと否定している仏典もある。この『無我相経』でもブッダはそのような自己の存在を暗に否定している、と議論をしかけることもできる。*5 いずれにせよ、CEO自己の存在——あるいは不在——についてはつぎの章で考えたいと思う。さしあたり、ブッダがここで展開する議論の微妙なニュアンスをいちいちくみとろうとしなくても大丈夫だ。肝心なのは、議論の手ざわりを感じることだ。というのも、議論の手ざわり、つまり人間を構成する要素をブッダが一つ一つ検討して自己の痕跡を探していく論の深め方は、どうすれば瞑想者が、たとえ瞑想初心者であっても無我の概念を利用できるか考えるとき重宝するからだ。人々が自己と結びつけがちな性質はコントロールだけではないし、ブッダがこの説法で吟味している性質もこれだけではない。自己について考えるとき思いうかぶのは、何か永遠に不変なものだ。私は一〇歳のころとはずいぶん変わってしまったが、内面の本質の部分――私のアイデンティティ、私の自己はもちこたえているのではないだろうか。たえず変化しつづけるもののなかにあって、これだけは不変なのでは？

当然ブッダはこの主張に懐疑的だ。ありとあらゆるものはたえず変化し、永遠に不変のものは何一つない、万物は無常だと考えているからだ。ブッダは『無我相経』のなかで、五蘊の一つ一つにこの疑念を向ける。「修行僧たちよ、これをどう考えるか。受《じゅ》（感覚）は無常か、無常でないか？」。修行僧たちは礼儀正しく答える。「尊師よ、無常です」。ブッダはつづける。「想《そう》（知覚）は無常か、無常でないか？」。では、意志（行《ぎょう》）は、肉体（色《しき》）は、意識（識《しき》）は――どの要素も無常だと、修行僧は賛同する。

このようにして、一般に自己と結びつけられる二つの性質、コントロールと不変性は存在しないことが明らかになる。人間を構成していると思われる五つの要素のどこにもそのような性質ははっきりとは認められない。ブッダが無我についてはじめておこなったもっとも有名な説法の議論の核心はこれであり、自己は存在しないという仏教の論理の核心として広く受けとめられている。

## 無我は本当に自己がないことか

自己は存在しないというこの画期的な議論には一つ奇妙な特徴がある。ときどき自己の存在がほのめかされることだ。説法の終わり近くに、ブッダは修行僧たちに今後の課題として五蘊を一つ一つおさらいし、「これは私のものではない、これは私ではない、これは私の自己ではない」と見るように説く。そして、この道理にはずれることなく教えに従う修行僧は「むさぼりをはなれる。むさぼりをはなれることで、その者は解放される」とブッダは言う。

なるほどけっこうだ。でも、もし自己がないなら、自己でないものがすべて否定されたあとに解放される「その者」とはいったいなんだろう。自己でないものを否定しているのは何者なのだろう。自分が存在しないなら、どうして五蘊の一つ一つについて「これは私のものではない、これは私ではない、これは私の自己ではない」と見ていくことができるのだろう。もし「自分のものでないもの」があり、「自分ではないもの」があると見ることに納得がいくとすれば、なにより先に「自分」があるはずではないだろうか。どうしてブッダは、一方で自己は存在しないといい、他方で「自分」や「私」や「あなた」や「彼」や「彼女」のようなことばを使いつづけられるのだろう。

この種の疑問に対する一般的な仏教徒の答えはこうだ。もっとも深い意味で自己は存在しないものの、人間の言語はもっとも深いレベルの現実を説明するのがあまり得意ではない。そのため、現実問題として——言語レベルでの慣例として——「私」や「あなた」や「彼」や「彼女」があるものとして話さなければならない。いいかえると、自己は「究極的」な意味では存在しないが、「慣例的」な意味では存在するということだ。

さあ、これですっきりしただろうか。たぶんしていないだろう。では、同じ基本的な考えをある仏教指導者がもう少しくだけた表現にしたつぎのことばではどうだろう。「あなたは現実だ。しかし、そこまで現実ではない」

まだ判然としない? ならばこの矛盾を解決するべつの方法をためしたほうがいい。ブッダにはこの有名な説法で自己の存在を否定する意図はなかったという可能性について考えてみよう。なぜここで傍点(、、、)をつけたかというと、これがいかに過激な考えか強調するためだ。少なくとも主流派の仏教思想家のなかでは過激とされる。それでも、少数の異端な学者からは真剣に受けとめられてきた。[*6] 検討する価値はあるだろう。

## 異説を検討する

こうした異端者がよく力説するのは、ブッダが無我について最初に説いた仏教思想の基礎をなすこの説法のどこにも、自己は存在しないとブッダが実際に口にしている部分はないということだ。五蘊の一つ一つが無我であるとは言っているものの、五蘊を調べることが自己をあますところなく捜索することだとはひとことも言っていない。ひょっとすると、人間には五蘊より多くの構成要素があるのかもしれない。

その可能性はある。だがその可能性を提起すれば、異端でない仏教学者から「それはちがう」と反発を受けることになる。たとえブッダがこの説法で言っていなくても、仏教哲学によれば、五蘊が人間をなりたたせるすべてだと言い返されるはずだ。五蘊の網羅性が仏教哲学の教義になっているのはたしかだ。でもそれをいうなら、自己が存在しないという概念も仏教哲学の教義になっている。私たちはそれが仏教哲学の一部かどうかを知りたいのではない。それがはじめから仏教哲学の一部だったかどうか、ブッダ自身がそう考えていたかどうかを知りたいのだ。そして重要なのは、ブッダがはじめてこの問題について語ったとされる意義深い発言のなかで、五蘊も無我もはっきりとは説明されていないことだ。

とにかくこの解釈は、ブッダが説法のなかで、五蘊を捨て、捨てたのちに解放される「自分」がいるかのように話したとき何を思っていたかを説明する一つの方法だ。ひょっとすると、ブッダの考えでは最初から、あなたを構成する要素は五蘊より多かったのかもしれない。

この解釈と関連があり、五蘊を捨てたあとに解放される「自分」が見つかる場所を説明しうる第二の筋書きもある。ひょっとすると、五蘊のすべてが平等につくられているわけではないのかもしれない。ひょっとすると、五蘊のうちの一つ――識《しき》（意識）――だけが特別なのかもしれない。ひょっとすると、「自分」が五蘊をすべて手放したあと解放されるのは、この意識なのかもしれない。ひょっとすると、意識だけが、ほかの四つとともに絡みあっていた束縛から解放されるのかもしれない。そして、ひょっとすると、これこそが自己という考えを手放したあとの「自分」――浄化された意識のようなもの――なのかもしれない。

この筋書きには、異端でない人がすぐ指摘するにちがいない明らかな問題がある。ブッダは無我についての最初の説法で、「自分」が五蘊を捨て去るとき、ほかの五蘊の要素と同じように意識も完全に捨て去るような言い方をしている。いいかえると、解放ののちに残る「自分」は、意識とだけ特別密接に結びついているわけではないかのように語っている。

もっともな指摘だ。だがその一方で、ブッダがわずかにちがう発言をしているように見える説法も、多くはないがいくつかある。ある説法を見ると、無我の教えを真剣に受けとめて五蘊への執着を捨てたあとに起きることを説明するなかで、ブッダは意識そのものが「解放される」といっている。そのうえ、この解放された意識の状態を説明しながら、ほとんどつぎめなく流れるように、解放された人の状態についての説明に移っている。「［識は］解放されれば安定する。安定すれば満ちたりる。満ちたりればその人は恐れない。恐れなければその人はおのずからニルヴァーナ（涅槃《ねはん》）にいたる」[*7]

意識をこのように表現したとき、つまり意識そのものが解放されると言ったとき、ブッダは意識と五蘊のほかの四要素との関係に興味深い表現を使った。悟りにいたっていない普通の意識はほかの四要素に「関与」しているとブッダはいう。意識は、感覚、意志、知覚、肉体とかかわりをもっている。

これは単に意識が知覚や肉体の感覚にアクセスできるというだけではない。なにしろ完全に悟りを開いた者の意識でさえ知覚や感覚にアクセスできるのだから（もしそうではなく、たとえば感覚にさえアクセスできないとすれば、悟りを開いた者が認識できるものはほとんど何もないはずだ)。関与とは、単にアクセスできるということだけでなく、ほかの四要素に対する「執着」をあらわしている。執着は五蘊への「貪欲《とんよく》」(むさぼり求める欲望)から生まれるとブッダはいう。人は五蘊にしがみつき、自分のものだと思ってしまう。いいかえると、「執着」がなかなか消えないために、五蘊が「無我」であることに気づけない。感情、思考などの五蘊があたかも自分のものであるかのようにしがみついてしまう。しかしそれは自分のものではないのだ。*8

この説法は、ありがたいほど単純なモデルを提案している。解放とは、自分の意識と、普通は意識の「中身」ととらえている自分の感覚や自分の思考などとの関係性を変えることと理解できる。そうしたものがすべて「無我」であることを理解すれば、自分の意識とそうしたものとの関係は執着ではなく静かな観察に近くなり、意識は解放される。そして残った「自分」――つまり最初の無我の説法でブッダが解放されると説明した「自分」――は、この解放された意識だ。

できることなら、この筋書きが私の持ちだした難問――五蘊が人をなりたたせるすべての要素だとすれば、最初の無我の説法で解放されたとされる「その人」はどこで見つかるかという難問に対する、そつのない最終的な答えだといいたい。残念ながら、この説法を掘りさげれば掘りさげるほど、また、あいまいさと見た目の一貫性のなさに向きあえば向きあうほど、翻訳の問題を考えれば考えるほど、古い注釈を比較すればするほど、このような単純な筋書きを自信をもって引きだすのはむずかしくなる。[*9] さらに、最初の無我の説法やほかの説法で、意識は無我であり、解放のために「自分」が手放さなければならないものだとブッダがくり返し言っていることも否定しようがない。これは、いったん意識がほかの四要素から自由になれば「自分」はめでたくその意識をすみかにできるという見方とは大きく食いちがう。

しかし、この解釈をあきらめるのはまだ早い。仏教哲学者のなかには、二種類の意識――あるいは、二様の意識でも二層の意識でも好きなとらえ方でかまわない――があるのではないかと言う人もいる。一つは自分が手放してそこから解放されるべき意識、もう一つは解放のあとに「自分」とともにいつづける意識だ。一つめの意識は、ほかの四要素とかたく結びつき、しっかり絡みあっている。二つめの意識は、もっと客観的に五蘊に気づいて観想している意識で、結びつきがこわれたあとも消えずに残る。

熟達した瞑想家は、いま説明した二つめの意識とだいたい一致するように見える「目撃者としての意識」を経験したと報告することがある。なかには長いあいだずっと経験しているという人もいる。ひょっとすると、二つめの意識が永遠につづく人が悟りを開いたと宣言できるのかもしれない。この「目撃者としての意識」こそ、解放されたあとに残った

「自分」がすみかにする場所なのかもしれない。[*10]

あるいは、無我の概念を「知的な思索」だけで理解しようとすれば頭が破裂するという
アーチャン・チャーのことばをそのまま受けとるべきなのかもしれない。そして、破裂の
可能性を踏まえて、このあたりで知的な思索をやめたほうがいいのかもしれない。
みなさんの頭は無事だとしても、まだ少し混乱しているだろう。でもいい知らせがある。
その混乱を今すぐ追い払う必要はない。何年かのあいだたっぷり瞑想して悟りの境地に達
するまで待てばいい。そして、無我をじかに理解したあかつきには、ぜひ私に説明してほ
しい。

さしあたりつぎのように提案しておこう。
みなさんがこれまでの人生でずっと心にいだいていたであろう信条、つまり自分のなか
のどこかに「私」と呼ぶに値するものがあるという考えを持ちつづけてかまわない。自分
の自己が自分自身であると考えているからといって、仏教の教義にそむく重い罪を犯して
いると感じる必要はない。ただ、心を広く持って、いちばん深い部分では自分の自己は自
分がいつも思っているものとまったくちがうかもしれないという過激な可能性にも柔軟で
いてほしい。もしブッダの教えに従って、これまでずっと自分に属するものだと考えてき
た心象風景をごっそり捨て去るなら、人間であることの意味についての考えが一変する息

をのむような経験をするだろう。もしブッダの勧める境地に到達すれば、それまでずっと自己を持っていたような形で自己を持つのとは、まったくちがう境地を開くことになるだろう。

いったいそれはどんな気分だろう。私はそれを教えるのにふさわしい人間ではない。心象風景をごっそり捨て去ったことがないからだ。でも2章で書いたように、瞑想で最初の「成功」は経験している。あのとき、カフェインのとりすぎで感じたあごの張り、歯ぎしりしたくなる感覚が、ふっと自分の一部でなくなった。そしてその瞬間、不快に感じなくなった。あごの感覚はまだ意識していたが、私の意識はもうその感覚が自分のものだという思いにとらわれていなかった。ブッダの教えのようにすべての感覚に対する執着を手放したわけではないが、この一つの感覚に対する執着は手放していた。その感覚が自分の一部である必要はないことに気づいたといってもいいだろう。その感覚を除外して自己を定義しなおしたともいえる。

当然、あごの感覚はまだ意識のどこかにあったが、私が今この文を書きながら窓の向こうで風に揺れる木を静観しているのと同じように、私の意識はそのときあごの感覚を静観していた。歯ぎしりしたくなるあごの張りが自分のものだという思いはまったくなく、だから冷静に淡々と眺められた。

## 歯痛から痛みをとりのぞく

歯といえば、二〇世紀の著名な仏教学者エドワード・コンズが歯を例に仏教の自己の概念について書いている。[*11]「歯があって、その歯に虫歯があるなら、それは歯と、歯につながっている神経に起きていることだ。私の『私』がその歯に接触して、それが『私の』歯だと納得し（そのために特別言いきかせる必要がなさそうなときもある）、歯に起きていることがきっと私に影響をおよぼすと『私』が確信した場合、ある種の思考の乱れをもたらす可能性が高い」。その意味で、「すべての仏教徒は、『自己』の存在を信じることが苦しみの発生する必須条件だと考えている」。いいかえると、あなたの歯の痛みは、そもそもあなたがその歯を所有していてはじめて、あなたに痛みをあたえるということだ。

じつをいうと、何時間も何時間も瞑想を重ねている知人のなかに、この説をたしかめてみた男がいる。虫歯を治療するとき、一種の実験として局所麻酔を使わないよう希望したそうだ。その経験を気に入ったとは言わなかったが、歯の治療のあと何時間も顔が部分的にしびれたますごすという、ありがちな経験よりはましだと言っていた。

個人的には顔が部分的にしびれるほうがいい。歯医者の治療椅子では、マインドフルネスの状態を深められそうにない。でも一度、二週間の瞑想合宿で一〇日ほどたったころ、似たような経験をしたことがある。一本の歯がものを飲むたびに痛みだした（のちに根管治療が必要だと判明した）。常温の飲みものでも耐えがたいほど鋭い痛みが走る。そこでものはためしと、自室で三〇分瞑想し、その後、水をがぶ飲みしてあえて歯に水があたるようにした。

結果は劇的かつ予想外だった。襲ってきたずきずきがあまりに強烈で、私はその波に飲みこまれたが、ずきずきはずっと変わらず不快だったわけではない。つらさと心地よさの真ん中を支点にして、シーソーのように二つのあいだをぐらぐらしていた。どうかすると畏怖《いふ》さえ感じた。その力強さと、もしかしたらその壮大さと美しささえ呼べそうなものに息を飲んだ。この経験といつもの歯痛の経験のちがいをわかりやすくいうなら、普段より「ううっ」が少なく、「わあ！」が多い、といったところだろうか。

合宿中でなければこうはいかなかったはずだ。日課の三〇分瞑想では、苦しみの大部分がとりのぞかれるほど客観的に歯の激痛を眺めるような状態にはなれない。それでもこの経験は、たとえ強烈な痛みでさえ、それを自分のものと思うかどうかはあくまでも自分しだいであることの証拠になる。

もちろん、歯痛は現代の歯科医術のおかげでブッダの時代ほど大きい問題ではなくなっている。大問題なのは不安だ。3章でも書いたように、メイン州カムデンで講演をした前の晩、私は不安をどこか自分とは関係のないものとして見ることができた。不安など、単なる感覚として観察しているだけのもの、淡々と経験しているだけのものに思えた。ブッダのことばを借りれば、私の意識は不安に執着するのをやめていたといえる。

見る角度を少し変えてみよう。自己の一角を手放す鍵となったのは、観察という行為を評価という行為から切りはなすことだ。不安はまだそこにあったが、もうそれはよいものでも悪いものでもなくなっていた。3章で見たとおり、感覚はものごとの判断、ものごとについての評価を示すために自然選択が設計したものだ。自然選択は私たちがものごとをよいものか悪いものかで経験することを「望んで」いる。ブッダは、ものごと――自分の心の中身も含めて――について判断しないようにすれば、それだけ明晰に見ることができ、妄念も少なくなると考えていた。

## 手放すことで主導権をにぎる

カフェインのとりすぎによるあごの張りや、歯痛や、不安などの不快な感覚が自分とは関係のないものに思えた経験から私が学んだことは、感覚のコントロールが逆説的だということだ。三つの感覚はどれも、最初のうちはしつこくいすわりつづけ、とうてい思いどおりにコントロールできる相手ではなかった。いやむしろ、感覚のほうが私を思いどおりにコントロールしていたといってもいい。ブッダの「自己」の概念によれば、思いどおりにならないのだから、この不快な感覚は私の自己の一部でさえないということだ。ところが、いったんこの論理に従って、思いどおりにならないものを自己の一部だと思うのをやめてみると、そうした感覚から解放され、ある意味で自分がコントロールをとりもどした。それともこういったほうがいいかもしれない。そうした感覚が思いどおりにならないこと、コントロールできないことが問題ではなくなっていた。

前の段落に「私」や「自分」がどれだけ出てくるかお気づきだろうか。たぶんこれは私がどれだけ無我の境地からほど遠いかを裏づけている。こうした経験をしていたときも、あとになって思い返したときも、もう少しで自己をすっかり手放せそうだったわけではけっしてない。ただ、なんらかの自己の概念にしがみついたままでもとても意義深い自己の再定義を経験できた。この再定義こそ、いつの日か正真正銘の無我を経験する最初の一歩でないとだれが断言できるだろう。

実際の話、今しばらくなんらかの自己の概念にしがみついておくのは役に立つかもしれない。しがみついていれば、自己が存在しないと信じるようになるところまで到達する助けになる。学者のピーター・ハーヴィーはつぎのように書いている。「そのため、自己は重力に逆らって積み荷を宇宙に押しあげるロケットに似た役割をはたすものととらえていいだろう。人間存在の要素［五蘊］への執着という『重力場』から心を追いだす力をあたえてくれる。その後、自己はそれ自体が根拠のない概念として『はなれて燃えつきる』[12]いずれにせよ、ハーヴィーによれば無我の教えは「熟考するものというより実践するものだ」[13]。ことによると、あるいはブッダの着眼点はここにあったのかもしれない。ひょっとすると、ブッダは教義を明確に述べようとしたのではなく、私たちに道を歩ませようとしていたのではないだろうか。そのためには、私たちが自己の一部だと思っているたくさんのものは、そんなふうに思う必要のないものだと示す必要がある。そう考えたブッダは、無我についての最初の説法で[14]、形而上学や心身問題などの純粋に哲学的な問題をとりあげることはしなかった。ただ、修行僧たちに解放へとつながる形で心について考えさせようとした。

そうであれば、自己をCEOだととらえる人にとっては奇妙に思える点――すなわち、ブッダがあなたの一部分を「それは自己ではない」と認定するさい、「コントロールをにぎっていないこと」ではなく「コントロールがきかないこと」を基準にすることについて、合点がいくのではないだろうか。ブッダの言う無我は、単に「自己の一部ととらえる意味がない」とか「自分と同一化するべきでない」という程度の意味だったのかもしれない。その場合、ブッダが言っていたのは基本的に、「いいかい、あなたのなかに自分の思いどおりにならない部分があって、それがあなたを苦しめるのなら、悪いことはいわないから、それを自分と同一化するのをやめなさい」ということだ。このように解釈すると、ブッダが説法の終わりのほうで、五蘊のそれぞれについて「これは私のものではない、これは私ではない、これは私の自己ではない」と考えるべきだと説いていることともうまくかみあう。

ある意味でふりだしにもどったといえる。冒頭でアーチャン・チャーが無我の教義について忠告したとおり、考えすぎるな――ただ実践しろ、というわけだ。ただみなさんには、ここまで考えてきたこともむだではなかったと思ってもらいたい。のちほど、無我について考えてきただけでなく実践も積んできたという人から話を聞きたいと思う。私たちが昔から自己だと考えているものを、自分のものではないとどんどん捨て去っていった結果、自己をすべて手放したという人物だ。しかしこの段階で瞑想初心者に助言するとすれば、無我の概念をあまり真剣に受けとらないようにということだ。瞑想の道を進んでいけば、いずれは正真正銘の無我の経験にいたり、そこに「私」は存在しないという深遠で形容しがたい確信に到達するかもしれない。

それまでは、あまりドラマチックではないがブッダの無我の説法から得られる教えに従うのがいいだろう。自分には本来、自分の感覚や思考や衝動や知覚との関係を変えられる力がそなわっていると考えることだ。自分にはそうした束縛から自由になる力、どこか自分とは関係のないものとしてそれを除外したうえで自己を定義しなおす力がある。なんらかの解放は実現可能だ、と。解放されるべき自己があるように聞こえることは気にしなくていい。それはたいしたことではない。

それはそうと、このいっさいの話からドラマチックさを奪ってしまうかもしれないが、私個人の意見では、ブッダが自己について実際にどう考えていたかをこうして議論することはいくぶん的はずれだ。仏典のなかでブッダが語ったとされることばがすべてブッダのものだという可能性はまずない。それどころか、まちがいなくブッダのことばだといえるものは、仏典のなかにほとんど、あるいはまったくないと言う学者もいる。「史的イエス」（信仰の対象としてのイエス・キリストではなく、歴史上の人物としてのイエス）と同じように、「史的ブッダ」を歴史の霧をすかして見つけるのはむずかしい。ブッダのことばとされる古代の記述は、福音書のイエスについての記述と同じく、時間とともに語り加えられ、書き加えられてきた進化の産物だ。たとえ記述の大半が実際にブッダの語ったことにもとづいていたとしても、何世代にもわたって受け継がれるうちに、意図的にせよ無意識にせよ改変されざるをえない。この見地に立てば、仏教の経典に一貫性を欠いた記述や明らかな矛盾があるのも当然といえる。

ブッダの語ったことやブッダの言わんとしたことについてさまざまな意見の相違があるなかでも、初期の段階から仏教の伝統の一部だったとだれもが認める題目がいくつかある。自己についての私たちの概念がひいきめに見てもはなはだしく見当はずれだというのもその一つだ。私たちは自己を支配力や時をつらぬく不変性と結びつけるが、つぶさに調べてみると、自分で思っているよりはるかに自分をコントロールできていないし、変わりやすいし、同一性もあやふやだ。

つぎの章からは、こうしたことについて現代の心理学がどう考えているか見ていく。心理学は仏教の見方を裏づけることになるのだろうか？　常識的な自己の概念、つまり自己はしっかりとした揺るぎのない核であり心身をコントロールしているという考えが錯覚だと示唆するのだろうか？　自己のかなりの部分を自分とは関係のないものと見なすこと――そして、いつの日かすべてを自分から切りはなすこと――で本当に真実に近づけるという仏教の思想に信憑性をあたえるのだろうか？　私の考えでは、答えは三つともイエスだ。

# 6　行方不明のCEO

どうやらブッダの有名な無我の説法は、だれもかれもをただちにブッダの考え方に転向させたわけではないらしい。仏典によると、この説法のあとしばらくして、ブッダはアッギヴェッサナという男と出くわした。自我についてブッダと討論して論破するところをおおぜいに見せようと、聴衆を引きつれてやってきたほら吹きだ。アッギヴェッサナは、五蘊のどの要素にも自己は見つけられないというブッダの主張に異議を唱えるところから審理にとりかかった。アッギヴェッサナは、「色《しき》（肉体）は私の自己、受《じゅ》（感覚）は私の自己、想《そう》（知覚）は私の自己、行《ぎょう》（意志）は私の自己、識《しき》（意識）は私の自己である」[*1]と言いはなつ。

これは露骨な挑発であり、ブッダの世界観に対する真っ向からの攻撃だ。しかしそこはやはりブッダだ。「それでは、アッギヴェッサナよ。反対にこちらから尋ねよう」と落ち着き払って応じる。

ブッダの説法をたくさん読んできた人なら、アッギヴェッサナの信念がこのあとの対話を耐え抜けるはずがないとわかるだろう。あとの問題は、ブッダがどの修辞技法を使って対話相手の疑念を晴らすかだけだ。この場合は「王」のたとえだった。

ブッダが尋ねる。「聖なる高貴な英雄王、たとえば、コーサラ国のパセーナディ王やヴェーデーヒー妃の息子であるマガダ国のアジャータサットゥ王は、自分の領土で権力を行使して、処刑されてしかるべき者を処刑し、罰金を科せられてしかるべき者に罰金を科し、追放されてしかるべき者を追放できるだろうか」

アッギヴェッサナが答える。「はい、尊者ゴータマよ。権力を行使するでしょうし、行使する資格があります」

「アッギヴェッサナよ、これをどう考えるか。あなたが『色は私の自己』というとき、あなたはその色に権力を行使して、『私の色はこのようであれ、私の色はこのようであってはならない』と命じられるか？」

アッギヴェッサナは答えない。ブッダは問いをくり返す。アッギヴェッサナはおし黙っている。

ここでブッダは奥の手を使う。「如来《にょらい》［ブッダ］に三度まで理にかなった問いをかけられて答えない者は、この場で頭が七つに割れてしまう」ことをアッギヴェッサナに思いださせる。

そのときアッギヴェッサナが顔をあげると、不吉にも、鉄の金剛杵《こんごうしょ》を手にした天部の神（執金剛神《ヴァジラパーニ》）が見える。神は口を開き、もし「世尊《せそん》［ブッダ］に三度まで理にかなった問いをかけられて答えないなら、この場で頭を七つに割ってやる」とアッギヴェッサナに警告する。

このようにけしかけられたアッギヴェッサナは、ブッダの問いに「いいえ、尊者ゴータマ」と答え、自分の肉体を完全に支配する力が自分にないことを認める。するとブッダは、感覚、知覚など五蘊のほかの要素についても順に尋ねる。アッギヴェッサナは、王が領土に対して持っているような思うままにする力を自分が五蘊のどれに対しても持っていないことを理解する。

こうしてブッダは主張を通した。自分、すなわち感覚や知覚を経験したり、思考をめぐらせたりする「自分」は、感覚や知覚や思考を完全に思うままにはできない。自分の頭のどこかに最高主権者や代表取締役のようなものがいると考えると、それがいったいどこで見つかるのかという疑義が生じてしまう。

二五〇〇年後、心理学がブッダのことばを理解しはじめた。いや、正しくはブッダのことばそのものではない。心理学者が、あなたは自分の個人領域の王ではない、という言い方をすることはあまりない。心理学者が、あなたは自分の領土に実権を行使する王などめったにいないからだ。心理学者はもっと現代的な用語を使う。ペンシルベニア大学の心理学部教授ロバート・クルツバンはこんなふうに言っている。「『あなた』は大統領でも、首相でも、主席でもない」[*2]

これは心理学者のあいだでほぼ意見の一致をみる見解だ。意識ある自己、すなわち自我は、全能の行政機関のようなものではない。そればかりか現代の心理学によれば、自我の持つ力は、ブッダとの対話で考えを明確にしたあとのアッギヴェッサナが考えていたよりさらに小さい。アッギヴェッサナは内省のすえに、人間のさまざまな構成要素は完全にはコントロールできないと認めたにすぎない。その後ブッダが指摘したとおり、もしコントロールできるものなら、それほどの苦しみをもたらすはずがないからだ。現代の心理学はさらに踏みこんで、つぎのように主張する。アッギヴェッサナのように内省すれば、自分がすべてをコントロールしているわけではないという結論にいきつくことはできるけれど、じつをいうと、実際に掌握できている主導権はそれよりさらにかぎられている。

ただし、「内省」が「一週間におよぶ沈黙の瞑想合宿が終わりに近づいたころにするような内省」の場合、話はちがってくる。合宿が目的どおりに機能していれば、そのころには普段よりはるかに心が穏やかになっているため、普段よりはるかに客観的に心の中身を眺められる。そしていつもなら自分が生じさせているように感じる意識の一部が、自分ではない何かから生じているように思えてくる。「思考はみずからを思考する」と瞑想指導者が発言するのを何度か耳にしたが、不思議なことに、合宿が終わるころには納得がいくようになっている。

では、意識ある心がコントロールをにぎっていないなら何がにぎっているのか。これから見ていくとおり、「とくにない」と答えるしかないかもしれない。心をまじまじと見れば見るほど、心はたくさんの異なる主体《プレイヤー》からなっているように思えてくる。主体たちは協調することもあるが、コントロールを奪いあうこともあり、ある意味でもっとも強い主体が勝利する。いいかえると、心のなかにジャングルがあり、あなたはジャングルの王ではない。よい知らせは、皮肉にも自分が王でないと気づくことが、いくらかの実権をにぎるための第一歩となりうることだ。

自分が王でないと認めるのがむずかしいのは当然だし、その理由は単に王でいるのがすばらしいことに思えるからだけではない。自分が王でないと認めにくいのは、私たちが自分こそ王だと感じているからだ。自我が自分の行動をコントロールし、いつ何をするか決めていると感じるからだ。ところが、過去数十年にわたる多くの実験はこの直観に疑問を投げかける。

## 二つの心

なかでも特別に印象的なのは、有名な「分離脳」実験だ。左脳と右脳を連絡する線維の束（脳梁《のうりょう》）を手術で切断した人たちが被験者となった（手術のおもな目的は重度の癲癇《てんかん》患者の発作をおさえることだった）。この手術は行動にほとんど影響をおよぼさないことがわかっている。普通の状況であれば分離脳の人は普通に行動する。しかし、一九六〇年代に神経科学者のロジャー・スペリーとマイケル・ガザニガは、分離脳の患者が不思議な行動をするように仕向ける巧妙な実験を考案した。

その鍵は患者の視野の片側半分にだけ情報を提示して、片側の大脳半球にしか情報が届かないようにすることだった。たとえば、ある文字を左視野にだけ提示すると、それは右脳で処理され、左脳にはまったく入力されない。右脳と左脳が手術で分離されているからだ。

大多数の人では左脳が言語をつかさどっている。そのため、右脳に「木の実」という文字を提示された患者はそんな提示には気づかなかったと報告する。ところが、さまざまなものを入れた箱を左手（右脳がコントロールしている）でかきまわして調べてもらうと木の実を選びだす。

この発見一つとっても、「自我」に対する従来の観念に疑問がわいてくる。つぎの発見はどうだろう。右脳が起こした行動について左脳に説明させようとすると、左脳はもっともらしい話をでっちあげようとする。右脳に「歩け」という指示を送ると、患者は立ちあがって歩きはじめる。ところが、どこへ行くのかと質問すると、答えはその指示を知らされていない左脳から返ってくる。しかも左脳は、左脳なりの視点から見て筋が通る答えをひねりだす。患者のひとりはいかにももっともらしく、飲みものをとりに行くところだと答えた。そのうえ、とっさにそのアドリブをひねりだしている当人、あるいは当人を代表して話している左脳だけはその話を信じきっているようなのだ。

ある実験では、ニワトリの足の写真を患者の左脳に見せ、雪景色の写真を右脳に見せた。その後、両方の大脳半球に見えるように写真を何枚も並べて提示し、そのうちの一枚を選ばせた。患者の左手はスコップを指さした。おそらく、左手をつかさどる右脳には雪景色を見せたため、雪かきをするスコップを選んだのだろう。患者の右手はニワトリを指さした。ガザニガはこのあとのできごとについて詳しく書いている。「そこで、なぜその二つを選んだか尋ねた。患者の左脳にある言語中枢が答えた。『それは簡単ですよ。ニワトリの足とくればニワトリですからね』。左脳は知っていることをやすやすと説明した。左脳はニワトリの足を見た側だ。そのあと、左手がスコップを指さしているのを目にすると、患者はなんのためらいもなく言った。『それに、ニワトリのふんを片づけるにはスコップがいるでしょう?』」。*3 この場合も、言語をつかさどる脳の領域が行動についてまちがってはいるものの筋の通った説明をし、しかもどうやらその説明が正しいと確信しているらしかった。

分離脳の実験は、つぎの事実を強烈な形で証明してみせた。自我は、采配を振ってなどいないのに振っていると確信する能力をそなえている。しかし、これでは一般的な脳の持ち主ではない人たちで証明されたにすぎない。右脳と左脳が分離されていないそのほかの人たちではどうなのだろう。私たちの脳は本当に自己欺瞞の能力を用いているのだろうか。

答えがイエスであると信じるにたるもっともな理由がある。たびたび引きあいにだされる実験だが、心理学者のリチャード・ニスベットとティモシー・ウィルソンは、買いもの客に四つのパンティーストッキングを見くらべてもらい、もっともいいものを一つ選ばせた。すると、右端のストッキングを選ぶ傾向が強いことがわかった。ところが、なぜそれを選んだかと尋ねると、「それが右端にあったからだ」と答える人はいなかった。ストッキングの品質を理由にあげる人が目立ち、織り方や感触などを詳しく説明する人もいた。しかし、あいにく四つのストッキングはまったく同じものだった。

心理学者は、なぜそうしているのか本人に気づかせずに行動させるさまざまな方法を考案してきた。よく用いられるのは、潜在意識に働きかけるサブリミナルの手法で情報を提示するやり方だ。たとえば、文字や画像をほんの一瞬、映ったと認識できないほど短い時間だけ画面に映しだす。

イギリスでおこなわれた研究を紹介しよう。被験者にグリップを何度かにぎってもらう実験だ。[*4]被験者には、にぎった強さに応じて金銭による報奨をだすこと、報奨の基準が毎回変わることを事前に伝えてある。グリップをどれだけ強くにぎったかが表示される画面を見ながら、被験者がにぎる指示を待っていると、画面に一ペニー硬貨か一ポンド硬貨が一瞬だけ映しだされる。硬貨はサブリミナルの手法で提示されたが、それにもかかわらず被験者がグリップをにぎる強さは報奨の基準に影響されることがわかった。

この実験には第二の側面がある。被験者の脳スキャンをおこなったのだ。動機づけや感情に関連し、報奨についての情報を記号化すると考えられる脳の領域に注目したところ、報奨金が高いほどこの領域が活性化されることがわかった。しかも、報奨についての情報がサブリミナルに一瞬だけ提示された場合も、意識にのぼるほど長く画面に映しだされた場合も、結果は同じだった。研究者は、「サブリミナルによる動機づけも意識的な動機づけも、一貫して同じ前脳基底部が支えていた」と書いている。

ところで、「意識的な動機づけ」というのは本当にふさわしい用語だろうか。これでは動機づけが意識的な決断によって生じるという意味にとられかねない。ところが、この実験からは異なる筋書きが導きだされる。報奨金を動機づけに翻訳する実際の脳の働きは、報奨金が意識にのぼっているかどうかや、その翻訳を自覚しているかどうかにかかわらず同じだということだ。意識にのぼることはこのプロセスにとってなんの足しにもならないのかもしれない。「意識的な動機づけ」というより「動機づけに対する気づき」というべきではないだろうか。自覚していてもしていなくても、動機づけという身体機能が力仕事をしているように見える。[*5]

たしかに、報奨金を意識するからこそにぎる手にも力がはいると思う気持ちもわかる。しかし、この実験はそれが錯覚である可能性を示している。ほかに解釈のしようがないわけではないが、これがめぼしい解釈であり、おそらくブッダが共感をよせる解釈だろう。私たちは映画を監督しているつもりでいるが、実際にはただその映画を見ているにすぎない。あるいは、みなさんを言いくるめられないことを承知であえてたとえるなら、映画が私たちを監督している。なんとかして自分自身を解放しないかぎりこれは変わらない。

現在では、意識ある心がどれだけコントロールをにぎっているかについて、さまざまな実験から疑問が投げかけられている。一九八〇年代にベンジャミン・リベットがはじめた一連の有名な実験では、被験者が行動を起こすことを「選択する」ときの脳の活動をモニターした。[*6] 研究者は、行動を起こそうと「決意」したことを本人が自覚する前に脳が行動を起こしていると結論づけた。

こうした研究はまだ統合の途上にある。実験がくり返されるなかで、すべての研究結果が長期にわたってもちこたえることはないだろう。リベットの研究も含め一部の研究では、解釈についての疑問が未解決のまま残っている。[*7] それでも、行動を導くという点で自我がはたす役割は、長く考えられていたほど大きくないとだけはいえそうだ。この役割が実際より大きいと考えられていたのは、意識ある心がとても強力なものに感じられるからだ。いいかえると、意識ある心はみずからの性質について生まれつき妄想にまどわされている。

## ダーウィン説から見た自己欺瞞の恩恵

みなさんが仏教哲学者なら、正しさが立証されたと感じるだろう。しかし、同時にとまどいを覚えるかもしれない。自然選択はなぜ、人間が自分自身について妄想にまどわされても放っておくような脳を設計したのだろう。一つの答えは、自分自身について何かを信じこんでいれば、それが事実だとほかの人を納得させやすいことだ。矛盾やブレがなく、事態をコントロールできている人物だと周囲を納得させられれば、自分のためになるし、もっと正確にいえば狩猟採集民だった祖先の遺伝子のためになったはずだ。

先ほどの、歩けという指示を右脳だけが受け、どこへ行くのか聞かれて、左脳が飲みものをとりに行くと答えた男の話を思いだしてほしい。正しい答えとはいえないが、男に自信のようなものをあたえているのはまちがいない。ちゃんと自分を管理できていて、理由もないのにふらふら行動したりしない人に見える。もっと真実に近い説明をする男とくらべてみよう。「自分がどうして立ちあがったかも、どこへ行こうとしているのかもわかりません。ときどき、自分にもわけのわからない理由で何かしてしまうことがあるんです」。狩猟採集民の村で近所にこのふたりが住んでいたら、どちらといっしょに狩りに出かけたいだろう。どちらと友だちになりたいだろう。人類の進化の過程ではこの問いに対する答えは重要だった。協力したり交友を結んだりするに値しない人物と判断されれば、遺伝子は窮地に立たされた。

要するに、自然選択の見地からは、自分についてつじつまの合う説明をすること、理性的で自分というものを知っている人物として自己演出することがプラスになる。そのため、世界と意思疎通をする脳の領域が、本当の動機づけにアクセスできないたびごとに動機づけについて話をでっちあげるのもうなずける。

もちろん、動機づけに矛盾がないことは友人や協力者としては望ましい資質だが、それだけでは決め手にならない。一貫性のあるはっきりした目標を持っている人でも、いつも目標を達成できなかったり、チームの活動に貢献できなかったり、約束を守れなかったりすれば、その人はあまり多くの友人や協力者に恵まれることはないだろう。だから、自分について語るとき、矛盾がないだけでなく、うぬぼれぎみな話をする（しかも、それを信じこむ）のは当然といえる。

そして、私たちはたいていそうしている。一九八〇年、心理学者のアンソニー・グリーンワルドは「ベネフェクタンス」という造語（beneficence〔善行〕とeffectance〔有能感〕を合わせた語）を使い、人間が生まれながらにして、自分は世のため人のためになるし有能であるというイメージを他人に対して打ちだすことを説明した。*8 以後たくさんの実験がおこなわれ、人間はこのような自己アピールをするだけでなく、自分でもそれを実際に信じていることが明らかになっている。

そして、みんなが信じているとおりなのかもしれない。たしかに世のなかには、世のため人のためになる有能な人がいる。しかし、大多数の人が平均以上に世のため人のためになり有能であることはありえない。ところが研究につぐ研究が示すとおり、大多数の人は、運動能力から社交術までさまざまな面で自分が平均以上だと考えている。しかもこのような自己評価は反証を示されてもまったく揺るがない。五〇人を対象にしたある研究では、総じて自分の運転技術が全体の分布のなかで「熟練者」のほうの端に近いと考えていることがわかった。[*9] これだけでは特筆するほどのことはないと思うかもしれないが、この五〇人は全員がつい先ごろ自動車事故に巻きこまれ、そのうち三分の二は加害者側であると警察に判断された人たちだ。

私たちが自分の能力よりもっと自画自賛するものがあるとすれば、それは自分の道徳心だろう。それを痛感させる研究結果はたくさんある。平均的な人が、自分は平均的な人よりよいおこないをたくさんするし、悪いおこないはあまりしないと信じているというのもその一つだ。[*10] モンテーニュによる「私は自分を平均的な人間だと思っているが、ただ一つ平均的でないのは自分を平均的な人間だと思っていることだ」という発言はおそらく謙遜《けんそん》しすぎだが、死後四〇〇年以上を経て、科学はこの発言の背後にある論理を立証したわけだ。

私たちは、漠然と思いうかべた人間の集団とくらべて自分が平均以上だと思っているだけではない。少人数のチームにいると、平均的なチームの仲間にくらべて自分のほうが有用だと思いこみがちだ。ある研究では、共著論文を書いたことのある研究者にチーム全体の成果のうち自分の働きがどのくらいの割合を占めると思うか尋ねた。[*11]平均的な四人チームの場合、おのおのが自己申告した功績を足すと一四〇パーセントになった。ここでのキーワードは「功績」だ。チームの努力が水泡に帰した場合は、結果に対して自分が関与した度合いは低く見積もられる。

人は往々にしてこうした形の自己欺瞞に気づいている。少なくとも、他人の自己欺瞞には気づいている。あるアメリカの研究では、人々に共通して見られる八種類のバイアスをあげている。[*12]「成功の功績は自分のものとするが、失敗の責任は他人に押しつけがち」や「自分の成功はやる気や能力など個人の資質の結果だと考えるが、自分の失敗は不当な仕事の要求や不適切な指示など外的な要因の結果だと考えがち」などだ。八つのバイアスすべてについて、平均的な人は、平均的なアメリカ人が自分よりそのバイアスの影響を受けやすいと答えた。クルツバンはこの結果をつぎのようにまとめている。「私たちは、『自分が平均より上だと考えるバイアスが自分にはかかっていないから、自分は平均より上だ』と考える」[*13]

こうした自己中心性バイアスを助長するのは記憶のしくみだ。[*14]ある種のつらいできごとは——おそらく、それを招いたあやまちをくり返さずにすむように——記憶に焼きつけられるが、自分にとって不名誉なできごとより、自分にとって好ましいできごとのほうが結局は記憶に残りやすい。また、いやな経験よりよい経験のほうが細かいところまで覚えている。あたかも、よいできごとは世間の人にこと細かに語りきかせられるように、あらかじめ用意されているかのようだ。ほかの人に起きたできごとの場合、よいことと悪いことの記憶の細かさにこれほどの不均衡は見られない。

さらに、他人に経験を物語ると、物語るという行為そのものが経験の記憶を変化させる。だから人に話すたびに——不都合な事実を省略したり都合のいい事実を誇張したりして——話を少しずつつくりかえていけば、起きたできごとについて自分が実際に信じていることを時間とともに変容させることも可能だ。おそらくそうすることで、自分の話が本当だと他人を納得させやすくもなる。

もちろん、人間はいつでも誇張した自己概念をいだいているわけではない。一方では低い自己評価というものもある。ある種の経験が低い自己評価をいだかせることがなぜ進化論的に理にかなっているかについては、推論ながら納得のいく説明もある。自分をどんなふうに人に語り、どんな人間だと思いこむかに影響をおよぼしうる個人の特性はほかにもある。ある研究では、外向性尺度で上位に位置する人と、神経症尺度で上位に位置する人に、日々経験する感情について日記をつけてもらった。*15 あとになって思いだしてもらったところ、外向的な人は実際に経験した以上によい経験を多く覚えていたし、神経症の傾向がある人は実際に経験した以上にいやな経験を多く覚えていた。これは、自己肥大が人類の標準ではあっても鉄則ではない証拠だ。しかし、注目すべきはどちらのタイプの人もまちがっていることだ。それぞれの性格によってちがう種類の錯覚へと導かれるが、どちらの場合も「錯覚」にはちがいない。

自分についてどんなふうに語るかは文化によっても異なる。アジア人のほうが西洋人よりおおむね自己肥大の傾向は低いが、とくにグループへの忠誠心といった集団の一員としての美徳などの側面では、アジア人のほうが西洋人より自己が肥大しがちになる。[*16] それでも自己肥大の基本的な傾向は世界共通であり、とりわけ正直さをはじめとする道徳上の美徳にあてはまる。人は総じて自分が平均より道徳的だと考える。これはうぬぼれのなかでもとくに重大な影響を持つ。ひとりよがりに油を注ぎ、口げんかから戦争にいたるまでさまざまな争いをはじめたり長引かせたりしかねない。

したがって、全部で最低でも二種類の錯覚がある。一つは自我の性質についての錯覚で、私たちは自我が実際よりもものごとをちゃんと掌握できていると考える。もう一つは自分がどういう人間かについての錯覚で、私たちは自分自身を有能な正直者と考えている。この二つの勘ちがいは、いうなれば自分の自我についての錯覚と、自分自身についての錯覚だ。両者には相乗作用がある。一つめの錯覚は、自分が矛盾やブレのない人物だと世間を納得させるのに役立つ。理由もなく行動することはないし、行動する理由も筋が通っている。私たちの行動が称賛や非難に値するなら、その称賛や非難を受けるべきは内なる自分だ。二つめの錯覚は、自分にふさわしいのが称賛であって非難ではないと世間を納得させるのに役立つ。私たちは平均的な人より道徳的で、平均的なチーム仲間より成果をあげている。私たちはベネフェクタンスを持つ、世のため人のためになる有能な人間だ。

宣伝を担当する装置を脳に組みこむとすれば、まさに自我のようなものになるだろう。人類学者のジェローム・バーコウはつぎのように書いている。「自我のおもな進化上の役割は（素朴心理学のいうような意思決定機関になることではなく）印象操作機関になることだといっていい[*17]」。一つだけつけ加えるなら、素朴心理学自体にも進化上の役割があるかもしれない。自分を有能な正直者だとアピールするには、自分の自我の力を信じていなければならないからだ。

## たくさんの心

自我がCEOなどではなく、監督しているつもりの行動をすべて監督しているのでないなら、行動はどのように監督されているのだろう。意思決定はどのようになされるのだろう。

心理学、とくに進化心理学の分野で一般的になりつつある答えは、心が「モジュール」的な構造をしているというものだ。この考え方では、人間の心はたくさんの専門化されたモジュール――状況を判断して対処するための機能単位――からなっていて、人の行動を決定づけるのはこうしたモジュールの相互作用だ。そして相互作用の大半は本人が意識することなく起きている。

心のモジュール仮説はまだ生まれてまもなく十分な肉づけもできていないが、かなり有望だ。まず、進化の観点から筋が通っている。心は少しずつひとかたまりごとにつくられ、人類が新しい試練に直面するたびに新しいかたまりが追加されてきたということだ。また、これから見ていくとおり、この理論は、浮気をするかどうか、依存性薬物に手をだすかどうか、粉砂糖がけドーナツをもう一個食べるかどうかといった、人生における大きな心の葛藤の意味を理解するのにも役立つ。おそらく本書にとってもっと重要なのは、心をモジュール化されたものと考えれば、仏教の瞑想指導者の「思考はみずからを思考する」といったことばや、この事実を知ることで自由になれるといった発言を理解できるようになることだ。

しかし心のモジュール仮説には一つ大きな問題がある。名前だ。モジュールということばはみずから誤解を招いている。そこで、モジュール的な心のしくみの話にはいる前に、モジュールということばから誤った印象を受けないように注意点を三つあげておこう。

1. **このモジュールは、宇宙ステーションの居住モジュールや実験モジュールといった物理的な区画のようなものではない。**脳のある部分を指さして、「これは、人の話したことばやボディーランゲージや顔の表情からその人が考えていることを推測するのに役立つモジュールだ」ということはできない。心理学者はそのようなモジュール、すなわち「心の理論」モジュールがあると考えている（自閉症はこのモジュールの欠如と関連づけられている）。しかし、科学者が脳スキャンでこのモジュールのあらましを描こうとすると、モジュールは広範囲に拡散した脳のさまざまな領域を活用していること、ある領域に頼っている場合もあればべつの領域に頼っている場合もあることがわかる。

2. **各モジュールはアーミーナイフの刃やスマートフォンのアプリのようなものではない。**モジュール仮説の主唱者がこのとおりのたとえを用いることがあるため、そう言い切るのは若干のためらいがある。しかし本当のところ、それぞれの心のモジュール間にはアーミーナイフやスマートフォンにさえ見られないような多くの相互作用や重なりがある。

たとえば、信頼できる人間を見わけるのに役立つ「裏切り者検知」モジュールがあると言う心理学者がいる。このモジュールは「心の理論」モジュールを活用しているようだがおそらく総動員しているわけではなく、たぶん脳のほかの部分も活用している。たとえばある種のラベルづけモジュールと交信している可能性があり、裏切り者テストに合格するかどうかでその人にプラスかマイナスの評価をつけているかもしれない。

さらに複雑なのは、検知すべき裏切り者の種類がいろいろあることだ。取引での裏切り者（悪徳な中古車セールスマン）もいれば、性に関する裏切り者（不貞な配偶者）もいる。この二種類の検知を単一のモジュールが担《にな》っていると考えるのは理にかなっているだろうか。両者に共通する部分がある可能性は高い。どちらの場合も、うそではないかと疑うようなことを相手が口にしているとき、こちらの目をまっすぐに見ているかどうかを見さだめるかもしれない。しかし二つが完全に重なっているわけではない。というのは、裏切り者検知の機能を作動させる動機づけシステムがそれぞれの場合で異なるからだ。私が中古車セールスマンの表情に細心の注意を払うのは嫉妬心からではないし、信用できない相手だと結論をくだしたからといって、嫉妬で怒り狂うこともない（売られた車が動かなくなってから信用できない相手だったと結論をくだす場合なら、嫉妬なしに怒り狂うかもしれないが）。そんなわけで、心のモジュールの分業体制も輪郭線もモジュールということばが示すほど明確なものではまるでなく、モジュール間の相互作用はことばが示す以上に盛んだ。そのため、ネットワークやシステムといったことばを使うほうがいいと思うなら遠慮なくそうしてほしい。

3. **モジュールは会社の組織図における部署のようなものではない。**たった今モジュールがいかに柔軟に相互作用をし重なりあっているかを書いたばかりだし、この章全体が私たちの心にCEOがいないことを話題にしているのだから、とり立てて言う必要はないかもしれない。それでも、心の働きが会社の理想的な機能とはまったく異なっていることをくどくど述べておく価値はある。モジュールには従順さと調和という特性が欠けていることが多い。たしかにモジュールはときに協調するが、ときには競争し、しかも激しく競いあう。以前ジョークとしていろいろな大企業の組織図を絵にした人がいたが、内部抗争で知られるマイクロソフト社は、各部署が互いに銃を向けあう形に描かれていた。私たちの心はそこまで激しい内部抗争によって分裂しているわけではないが、マイクロソフト社の公式な組織図くらいにはなる場合がある。分離脳研究の先駆者ガザニガはつぎのように書いている。「モジュール内部では階層的な処理がおこなわれる一方で、モジュール同士にはなんの階層もないように見える。どのモジュールも部門の長に報告していない。やりたい放題の自己組織システムだ[*18]」

この最後の文は少しぎくしゃくしている。「やりたい放題」と「自己組織システム」が異なるニュアンスを持つからだ。とはいうものの、この二つを同時に心にあてはめる必要はない。やりたい放題のときもあれば、やりたい放題がおさまってもっと組織的になるときもある。さらにいうと、組織という語は誤解を招きやすい。やりたい放題は潜在意識のレベルで起こり、潜在意識のレベルでおさまりうるからだ。「ある特定の瞬間にたまたま意識にのぼる考えは、どれであれ浮かびあがってきたもの、優勢になったものだ」とガザニガは言う。「脳内では食うか食われるかの世界がくり広げられ、異なるシステムがなんとか表面に浮上して意識に認識されるという褒美を勝ちとろうと競いあっている[*19]」

ガザニガの言う頭のなかの「食うか食われるかの世界」は、ドーナツを食べたい（あるいは、いっそドーナツをくすねたい）あなたと自粛をうながすあなたとのあいだでくり広げられる、ジキル博士とハイド氏ばりの明らかな内面的葛藤のことだけではない。というのも、そのような葛藤では抗争そのものが意識にのぼっている場合が少なくないからだ。この種のモジュール間の葛藤については、あとの章でいわゆる「自制」の問題をとりあげるときに詳しく触れたい。それよりもここでガザニガがいっているのは、無意識かほとんど意識しないレベルでおさまる葛藤のことだ。私が注意を向けるもの、注意を向けるものについて私が話すこと、自分について私が話すこと――すべてがくだされた選択の結果であり、「私」、意識ある「私」、つまり自分の自我だと私が考えているものは、ほぼその選択をくだしていない。

自分の自我だと考えているものがその肩書きにふさわしいかどうか、自信がなくなってくる。クルツバンがつぎのように書いている。「もし脳が本当に、それぞれ異なる機能を持つ多数の小さなモジュールからなっているなら、そしてもしごくかぎられたモジュールしか意識できないとしたら、一部のモジュールを『自分』や『本当の自分』や自分の『自我』やそのほかの何か特別なものと考える理由はこれといってないのかもしれない」[*20]。クルツバンが著書『だれもが偽善者になる本当の理由』（柏書房）でこのように述べたのは、仏教の無我の概念に通じていたからではない。無我の概念の誕生から二五〇〇年を経て、科学がクルッバンをこの概念へと導いたのだ。

意識ある心が「特別」ではないというクルッバンの意見には反論しておきたい。意識ある心はなんといっても意識があるのだから特別だ、というのが私の考えだ。特別だからこそ喜びや痛み、楽しみや悲しみも感じられる。感じる能力、もっと広い意味で主観的な経験ができる能力は、人生に意味をあたえ、道徳観を方向づける。主観的な経験をする能力を持たない人間ふうロボットだらけの惑星があったとして、ロボットを破壊するのは明らかにまちがったことといえるだろうか。ロボットをもっと生みだすのは明らかにすばらしいことといえるだろうか。

とはいえ、私たちが一般的に考えるような心の特別さという意味で、意識ある心、つまり「自我」が特別だというのではない。自我は私たちが思うほどあれこれ采配を振ってはいない。大統領というより下院議長のようなもので、票決をとって結果を発表するものの票決そのものをコントロールすることはない。もちろん、下院議長が裏工作をして票決に多少の影響力をおよぼすことはありうる。意識ある心があちこちにちょっとした工作をはかる可能性は無視できない。

そのようにわずかな工作をはかる心をたくさんの工作をしかけることのできるものに変

容させ、さらには下院議長というより大統領のようなものにさえ変容させる道のりとして瞑想をとらえるといいかもしれない。変容を可能にするには、そのときどきで指揮をとるモジュールを脳がどうやって決めているか理解することが役に立つ。つぎの章ではこの問題に注目する。

# 7　人生を振りまわす心のモジュール

大学一年生のとき、自分に異時点間効用関数があることを知った。そう診断されたわけではない。「異時点間効用関数」は病気ではないし、だれもが持っている。ひらたくいうと、どれくらい満足を遅らせる気持ちがあるかをあらわす方程式だ。今は我慢してでも、あとで自分の好きなものをもっと多く手に入れたいという意志を示す。

たとえば、きょう一〇〇ドルの賃金をあきらめれば一年後にかならず一二五ドル手にはいるなら、私はきょうの一〇〇ドルを我慢する。でも異時点間効用関数がちがうふうに調整されている友人は、きょうの一〇〇ドルをあきらめる見返りとして一年後の一五〇ドルを要求する。

これは「時間割引」ともいう。一年後に一〇〇ドル手に入れるのは、きょう一〇〇ドル手に入れるほどすばらしいことではないと感じるという意味で、人は未来を「割り引く」傾向がある。先ほどの例でいうと、友人は私より未来を大きく割り引いている。

ともかく、経済学の講義で教わったこのモデルによると、私の異時点間効用関数がどう調整されているとしても、つまり私の時間割引の幅がどれくらいでも、それはあすも来週も来月も来年も一定のまま変わらない。私の時間割引率は永久不変の私の心理的特徴だという話だった。

ブッダならこの主張に疑いをいだいたことだろう。ブッダはものごとが不変だとは考えない傾向があった。人の心理であればなおさらだ。ブッダが大学の友人だったら、経済学の講義中に立ちあがり、「修行僧たちよ、これをどう考えるか。行《ぎょう》（意志）は無常か、無常でないか？」と言っただろう。

本当のところ、ブッダはそこまで規律を乱すようなタイプではなかったかもしれない。しかし仏典によれば、ブッダはべつの状況でまさにこの発言をしている。無我について説いたとき、それも、5章にも出てきたもっとも有名な最初の無我の説法でのことだ。5章と6章では、基本的なブッダの無我論のうち一部にのみ注目した。「五蘊《ごうん》」が自分の思うままにならないという部分だ。ブッダがのちの説法でたとえを使って説明したとおり、あなたとあなたの五蘊との関係は、王とその領土との関係とはちがう。

ブッダの無我論のなかでもう一つ重要なのは、先ほど少しだけ触れたが、たえず変化することすなわち無常についての部分だ。ブッダが「行は無常か、無常でないか？」と尋ねたあと修行僧から返ってくるのは、予想どおりの答えだ。「尊師よ、無常です」では、とブッダはつづける。無常のものに対して「これは私のもの、これは私、これは私の自己である」とみなしてよいだろうか？

「尊師よ、よくありません」

ブッダはさらに残りの四つの要素で同じ反復練習をする。一つ一つについて、変化にさらされるものを自己の一部だと考えるべきではないと強調する。ブッダはその理由を明らかにしていない。*1 詳しく説明するには、当時広まっていた自己についての考えを深く掘りさげなければならない。しかしそのころの知的文脈はともかくとして、ブッダの主張には常識に挑戦するところがある。私たちは自己、つまり内面の本当の自分を永遠に不変なもの、自分が子どもから大人、そして老人になってもずっと残りつづけるものと考えがちだ。

しかし実際には、私たちはあたりまえに変化する。それも子どもから大人へ変化するというような変化のしかただけではない。一瞬一瞬の単位で変化する。普通は一定不変と考えられている側面でも変化することがある。

ここで異時点間効用関数の話にもどる。心理学者は、男性に好みの女性の写真を見せると男性の異時点間効用関数――つまり未来を割り引く割合――が変化すると報告している。[*2] 近い将来の現金（そのとおり、この実験では本物のお金を使った）をあきらめて、もっと先の将来により多くの現金を手にしようという意志が弱まったのだ。

女性の写真を見ただけで金銭面の基本方針が変わるというのはどういうわけだろう。これからその話にはいっていくが、その前に一つ手がかりがある。どうやら前の章で見た心のモジュールがかかわっているらしい。さらに広げて考えると、仏教思想において自己の存在に疑問を投げかける「心理の流転《るてん》性」つまり無常は、こうしたモジュールの働きとして説明できる部分がある。そのような視点でものごとを見ることは、仏教の瞑想を実践するうえで核となる矛盾を解明する助けになる。自己がコントロールをにぎっていないこと、そしてある意味で自己が存在しないかもしれないことを受け入れれば、自己（あるいは自己のようなもの）にコントロールをにぎらせることができるという矛盾だ。

この時間割引の実験は、心理学者が人の心理状態を操作してその人の性向がどう変化するかを調べる実験分野に分類される。この分野で得られる結論は時間割引の実験と同じ場合が多い。人の心の確固たる特徴だと思われたものが実際はそれほど確固たるものではないという結論だ。

例をあげよう。あなたは多数派に従うタイプだろうか、あまり人の行かない道を進むタイプだろうか。正しい答えは「その場によりけり」だ。『ジャーナル・オブ・マーケティング・リサーチ』に発表されたある研究では、広告の売り口上をその広告が出る文脈（番組など）に合わせることで効果をあげる方法を提案している。[*3] 研究者は、ホラー映画『シャイニング』か、ロマンス映画『恋人までの距離《ディスタンス》』（のちに『ビフォア・サンライズ』に改題）からとった一場面を被験者に見せた。その後、どちらの映画を見たグループも、ある美術館を宣伝する二種類の広告のうち一方を見た。一方の広告のうたい文句は「毎年、百万人以上が訪れる」で、もう一方のうたい文句は「異彩を放つ孤高感」だった。

事前に『シャイニング』を見ていた人は、一つめのうたい文句が流れたときのほうが美術館に好印象を持ち、行ってみたいと感じた。おそらく、恐怖におびえているときは群衆が安全な避難所に見えがちだからだろう。事前に『恋人までの距離』を見ていた人は反対の反応を示した。おそらく、ロマンチックな気分のときはふたりきりになれる環境に気持ちが傾くからだ。

べつに世界を揺るがすようなことではないと思うかもしれない。気分がちがえば自分の行動もちがってくることはだれでも知っているし、だからロマンチックな気分になって行動が変化するのも理屈に合っている。しかしこの研究をした人たちは、「気分」という枠組みをここでもちだすのは適当ではないと考えた。この研究を共同でおこなった心理学者ダグラス・ケンリックとヴラダス・グリスケヴィシウスは、私たちひとりひとりが複数の「下位自己」——あるいは、ケンリックがときに言うように「モジュール」を持っているという。この実験の場合、事前にどの映画を見ているかによって、広告に対するあなたの反応をコントロールする下位自己（つまりモジュール）が決まる。ロマンス映画はあなたの「配偶者獲得」モジュールに主導権をにぎらせる。ホラー映画はあなたの「自己防衛」モジュールに主導権をにぎらせる。

ブッダはきっとこの種の弁舌を気に入っただろう。「気分」がちがえば「自分」の行動もちがってくるというもう一方の説明では、ブッダが問いつづけてきたであろう質問をはぐらかすことにしかならない。瞬間ごとに好みが異なるなら、どのような意味でそのつど同じ「自分」がたもたれていることになるのか。ある気分をやめてべつの気分に交換するというイメージは、単にきょうの自分とあしたの自分が本当は同じ自分でないことをごまかす手段なのではないか。

これについては一日じゅうでも議論できそうだ。しかし注目すべき点は、過去二〇年にわたって少なからぬ心理学者が、ケンリックとグリスケヴィシウス、そして前章のクルツバンやガザニガと同じく、心の力学がモジュール仮説によってうまくとらえられているという考えに賛同するようになっていることだ。この観点からすると、人間の脳のように働く脳を持つロボットをつくり、コンピュータ科学者にそのしくみを説明してもらうとしたら、そのロボットの脳は部分的に重なりあったたくさんのモジュールやモジュール内のモジュールからなり、ロボットをとりまく環境によってどのモジュールがその瞬間に主導権をにぎるかが決まると話してくれるだろう。コンピュータ科学者は、ロボットのプログラムの一部を指さして「この部分がロボットの自己だ」ということはできないはずだ。

自己にもっとも近いものは、どの環境でどのモジュールが主導権をにぎるかを決定するアルゴリズムだろう。そして、そのアルゴリズムは私たちの言う人間の「自我」、つまりCEO自己と同じものではありえない。人間はロマンチックモードにしようとか、おびえモードにしようなどと意識的に決定していないからだ。もし心理学者が実験の被験者に、映画に対するみなさんの反応は広告のうたい文句の受けとり方のちがいにあらわれていたとか、女性の写真に対するみなさんの反応は時間割引率の変化にあらわれていたと説明したら、被験者たちは驚くことだろう。

では、自我が私たちのチャンネルを切りかえ、新しいモジュールに主導権をにぎらせているのでないなら、何がそうしているのだろう。じつはモジュールの活性化は感覚と深く結びついている。『シャイニング』があなたに恐怖を感じさせ、その恐怖の感覚が自己防衛モジュールを活性化させ、人ごみのなかに避難所を求めるというモジュールの性向を高めるのにひと役買っているように見える。『恋人までの距離』がロマンスの感覚を活性化させ、その感覚が配偶者獲得モジュールを呼びさまし、ふたりきりでいたいというモジュールの性向を高めているように見える。

モジュールが感覚に触発されるという考えは、仏教に欠かせない二つの概念、感覚に執着しないという概念と、無我の概念の関連性に新たな光を投げかける。関連性の一つについてはすでにとりあげた。感覚をマインドフルに眺めることでその感覚を手放すとき、それまで自己の一部だと考えていたものを手放していることになる。自己を少しずつ少しずつそぎ落としているといってもいい。しかし、モジュールが感覚に触発されることを思えば、これをただ「そぎ落とす」と呼んだのでは、あなたがやっていることのすごさを控えめにしか表現できていないことがわかる。感覚はあなたが自己だと考えていたもののほんの小さい部分ではない。自己の核に近い。感覚がやっているのは、「あなた」がやっていると思っていたこと、つまり采配だ。どのモジュールがさしあたり主導権をにぎるかを「決定」するのは感覚であり、その後、あなたが実際にとる行動を決定するのはそのモジュールだ。そう考えると、なぜ感覚への執着をなくすことが無我に思えるような地点まで到達する助けになるのかが、少しだけはっきりする。

## 嫉妬——心の暴君

感覚とモジュールの関係が非常に強力でまちがえようのない場合もある。感覚そのものが圧倒的で、呼びさまされるモジュールが明らかな変容を生じさせるときだ。レダ・コスミデスとジョン・トゥービーが分析した性に関する嫉妬について考えてみよう。[*4] コスミデスとトゥービーは一九八〇年代、九〇年代に進化心理学の基礎にだれよりも貢献した。心にモジュール性があるという考えを早くから提唱し、影響力も大きい。ふたりは考えを発展させるなかで、心のモジュールが感情とどうつながっているかという問題をとりあげた。そして、感情がしていること、つまり感情の役割は、ダーウィン説の観点からその瞬間にふさわしいモジュール機能を活性化し調整することだと結論づけた（いうまでもなく、道徳の観点からふさわしい機能とはかぎらないし、あやつられている本人のためになる機能ともかぎらないが、祖先が遺伝子を拡散するのにだけは役立っていた）。コスミデスとトゥービーは嫉妬を例に説明している。

　性に関する嫉妬の感情は、心理的メカニズムを制御するプログラムを戦略的に動員するために特別に設計された組織的な動作モードだ。制御プログラムを動員することで、露呈した不貞に対処する態勢をそれぞれの心理的メカニズムが整える。生理的プロセスが暴力……などへのそなえをかためる。ライバルを思いとどまらせる、痛めつける、殺すなどの目標が明確になる。パートナーを罰する、思いとどまらせる、捨てるなどの目標が生まれる。もっと他人に負けない魅力を身につけてべつの恋愛相手を引きつけたいという願望が生まれる。記憶が活性化して過去を分析しなおす。自信のあった過去の評価が疑いに変容する。異性（というより人間）全般への信頼性や頼りがいの評価がさがる場合もある。関連する不名誉プログラムが起動して、（想像であれ現実であれ）社会にあたえた弱者という印象に逆らうためにおおやけの場で暴力や制裁の行動に出る機会を探そうとさえしかねない。あげればきりがない。

これは相当なものだ。あまりにすごくて――本人の態度、目標、性質があまりにも変わってしまうせいで――まったく新しい自己があらわれて心のコントロールを奪いとったといってもいいくらいだ。一七世紀にジョン・ドライデンは「嫉妬――心の暴君」という詩を書いているが、言いえて妙とはこのことだろう。嫉妬は少なくとも一時的に心の絶対的な支配者になる。嫉妬に怒り狂ったことのある人ならきっと証言できるだろうが、そのとき自分の行動を統率していたのが何者だとしても、けっして普段の自分ではなかったはずだ。

嫉妬の感覚はあまりにも強烈で、あらがうことなど想像できないかもしれない。しかし厳密にいえば、あらがうのは嫉妬に対するマインドフルな対処法ではない。むしろその感覚がわきあがってくるのをマインドフルに観察し、完全にとらわれてしまうことがないようにするというのが仏教の発想だ。もし嫉妬に執着しないなら――ブッダのいうように、意識がその感覚にしがみつかないようにすれば――おそらく嫉妬モジュールは活性化されない。執着することなく感覚を観察することが、意識に対するコントロールをモジュールに奪わせない方法だ(口で言うほどやさしくはないことは私も承知しているが)。嫉妬への執着を断ち切ることに成功したからといって、状況に対処できないまま放っておかれるわけではない。パートナーの不貞という事実をじっくり検討し、パートナーとの関係を終わらせるべきかどうか決断することもできる。嫉妬にとらわれずにいられれば、不貞が事実かどうか判断するのも賢明な方策を立てるのもよりうまくできるだろうし、何はともあれ、だれかを殺してしまう可能性も減る。

先ほどもいったとおり、嫉妬はモジュールが心のコントロールを奪いとるひときわドラマチックな例だ。だれかがものを投げたりわめいたりしていれば、それは脳が新しい管理下におかれている徴候だ。たとえ嫉妬が激しい怒りの段階にいたっていなくても、嫉妬には目立って偏執的な性質があり、心を特定の思考パターンにしばりつけて堂々めぐりさせる。

しかしこれほど明らかな影響力のないもっとささいな感情でさえ、いくつもの小さい変化をもたらしてまったく新しい心理状態を呼び起こしうる。もう一度、ロマンス映画を見ることで人ごみ嫌いになった実験を思いだしてほしい。この反応それだけでは変容を生じさせるようなものではないが、考えてみればこの反応は「それだけで」起こるものではない。人ごみ嫌いという反応は、ケンリックとグリスケヴィシウスが「配偶者獲得の下位自己」と呼ぶものが引き金になって呼び起こされたさまざまな変化の一つだ。

ここでまた異時点間効用関数、とくに、好みの女性を見た男性がほんの一瞬前の自分より未来を割り引くようになる傾向に話をもどそう。いったい何が起きているのだろう。これも配偶者獲得モジュール仮説で説明できるだろうか。

この時間割引研究をおこなった（そしてトゥービーやコスミデスと同じく進化心理学の先駆者でもある）マーゴ・ウィルソンとマーティン・デイリーは、人類の歴史をかえりみることでこの実験を思いたった。進化の過程を通じて、食料などの資源が入手でき社会的地位が高い男性のほうがうまくパートナーを魅了できたと考えるのにはしかるべき理由がある。だから、もし本当に配偶者獲得モジュールがあるなら、そのモジュールにはつぎのようなアルゴリズムがそなわっているはずだ。近い将来の求愛チャンスのしるしを見た男性は、近い将来のあらゆる資源獲得チャンスを活用する。もっと未来にあるチャンスをあきらめることになってもかまわない。資源が欲しいのは今だ。そして現代において資源とは現金のことだ。

もちろん、この実験では男性は実際の性交チャンスにめぐりあったわけではない。女性の写真を見ただけだ。しかし、祖先の暮らした環境には写真などなかったため、本物そっくりの女性の肖像は女性が実際にそこにいることを意味した。だからこそ、この実験の男性は意識レベルでその女性が手にはいらないことを「知って」いながら、心がただの写真に「だまされ」たわけだ。なによりこの実験からは、モジュールが誘発されるとき、自我は引き金を引いていないばかりか、その背後にある進化論の理屈にも気づいていないことがあらためてわかる。

配偶者獲得モードのとき、想像以上に移ろいやすいものだったことが明らかになる心理的特性は、時間割引だけではない。出世欲はたしかに時間とともにいくらか変化しうるだろうが、瞬間ごとに変動するものには思えない。ところがどうやらわずかのあいだに変動するらしい。ある研究では、男性にキャリアプランについての調査票に記入してもらった。[*5] 女性と同じ部屋でいっしょに調査票に回答した男性もいれば、全員が男性だけの部屋で回答した男性もいた。その結果、女性がいる部屋に割りあてられた男性のほうが、財産をたくわえることを重要な目標と評価する傾向が強いことがわかった。

これはこの人たちの野心が実際に変化したことを意味するわけではない。おそらく、配偶者獲得モジュールは長期計画そのものを変化させたのではなく、「自己宣伝」下位モジュールをわずかな時間だけ活性化させたのだろう。つまり、異性愛の男性の心は女性の存在に影響されて、計画がどれだけ現実的かや大胆さがいつまでつづくかにはかまわず、大胆な貯蓄計画を披露して女性の歓心を得ようとする。しかしそうだとしても、男性の自我は背景にあるそのような戦略には気づいていないように見える。女性が調査票に目を通すと信じるにたる根拠が何もないにもかかわらず、回答を通じて自分の大胆な計画を伝えようとしていたのだから。

分離脳の実験でわかったことを思いだしてほしい。人には自分がとった行動の理由についてどんな話も自分自身に信じさせる能力があり、どんな話だろうと他者に話すことが自分の利益（というより自然選択が定義するその人の「利益」）になる。ただ一点、今回は分離脳の患者ではない。解剖学的に普通の人間で、自然な働きをする心に統率されている。少なくとも、その瞬間に主導権をにぎっている心の一部分に統率されている。

性交チャンスを感知した人に起こりうる変化がこれで三つ明らかになった。1．人ごみが嫌いになり、ふたりきりになれる環境を急に好むようになる場合がある。2．異時点間効用関数が再調整される場合がある。3．キャリア目標が少なくとも一時的に物質主義に傾く場合がある。[*6] この三つの変化では、性交モードの人の心に起こりうる変化のリストをまったく網羅できていない。しかし、自分にとって魅力的なパートナー候補が目の前にいるときに、モジュール――あるいはケンリックとグリスケヴィシウスのいう「下位自己」――が心の主導権をにぎると考えたくなる理由はわかってもらえたと思う。

## 乱雑なモジュール

その一方で、心が乱雑であることは心にとめておくべきだし、モジュールのたとえに夢中になりすぎないように注意するべきだ。ケンリックとグリスケヴィシウスはときどきかなり夢中になっているように見うけられる。ふたりは心を七つの「下位自己」にきれいに分割している。それぞれの下位自己は、自己防衛、配偶者獲得、配偶者保持、協力関係（友人をつくり維持する）、親族養育、社会的地位、病気回避という任務をおびている。この分類法にはそれなりの取り柄がある。この七種類の心の機能は自然選択が心を設計するときに大いに重点をおいた領域であることはまちがいない。それでもやはり、このリストをじっくり眺めるまでもなく、モジュール間にはっきりした境界線を引くむずかしさに気づかされる。

たとえば、先ほどのキャリア調査票を使った研究で男性が自分のキャリア目標を大胆に粉飾したのは、パートナー候補の歓心を得ようとしたと説明することもできるが、パートナー候補の目に映る自分の地位をあげようとしたとも説明できる。さらに、パートナー候補ではないほかの人の目に映る自分の地位をあげるための行為とも見なせるかもしれない。だとすれば、配偶者獲得モジュールが「社会的地位」下位モジュールを持っていると考えるべきだろうか。それとも、ケンリックとグリスケヴィシウスが別個の「社会的地位」モジュールにあたえられていると仮定した機能の一部を配偶者獲得モジュールが借りていると考えるべきだろうか。この種の難問は、心をアーミーナイフやスマートフォンと考えるべきではないと釘を刺した理由の一つでもある。

スマートフォンのたとえにはべつの問題もある。モジュールからモジュールへの移行はアプリからアプリへの切りかえほど明らかではないことだ。配偶者獲得モードというと、ずいぶんしっかりしたもののように聞こえるが、このモードの引き金になる感覚はかならずしも嫉妬の引き金になる感覚ほどドラマチックではない。愛や欲望の気配さえない場合や、単に強い魅力や興味を感じているだけの場合もある。あとにつづく心理状態も普通は嫉妬の心理状態ほど神経を逆なですることはない。それでもはっきり区別できる心理状態であり、感覚によって引き起こされることはたしかだ。

「コントロールをにぎったモジュール」という言い方より、たった今使った「心理状態」のほうがいいとみなさんが思うならそれでかまわない。どちらにしても重要なポイントが二つある。1．これは「自我」が「選択する」ことで生じる心理状態ではない。心理状態は感覚が引き金になって導かれる。「自我」はたてまえとして感覚にアクセスできることになってはいるものの、その感覚に気づかないこともあるし、いつのまにか新しい心理状態になってはじめて気づくこともある（自我がCEOだという考えはあっさりくつがえされた形だ）。2．心のさまざまな部分がいかに移ろいやすく、いかに無常かをブッダが強調した理由、そしてこの移ろいやすさが無我の議論と密接に関係していると考えた理由は明らかだ。自己が不変の本性のようなものだと想定してしまうと、心理状態がつぎからつぎへとたえず移り変わっていくただなかで、その自己がいったいどこにあるのか想像するのは至難のわざになる。

むしろ、もし変遷のただなかでずっと変わらないと見なされるもの、時を経てもしっかり持ちこたえ本質的に不変なものがあるとすれば、錯覚こそがそれだ。CEOや王がいて、意識ある「私」がそのCEOや王だと感じる錯覚はしぶとい。前章でこの錯覚が進化論的に筋が通っていることを見た。意識ある私とは、話をする私、世界と意思の疎通をする私であり、だから世のなかに伝えてもらいたがっている見方にアクセスできる。取締役の自己がいて、しかもそれがとんでもなく有能で正直な取締役だという見方もその一つだ。この章では、意識ある心がこのしぶとい錯覚を住まわせているだけではないことを見てきた。意識ある心は、どの感覚がどのモジュールに主導権をにぎらせ、そのモジュールがどんな見方を世のなかに伝えたがっているかによって、もっと一時的な錯覚、たとえば出世欲にまつわる錯覚にもアクセスできる。

その程度の錯覚にめくじらを立ててなんになるのかと思うかもしれない。男女がお互いにいいところを見せようとして自己欺瞞にふけったところでなんの問題があるだろう。たぶん問題ない。錯覚といっても無害のものもあるし、なかには有益なものさえある。みなさんを説得してすべての錯覚をやめさせようというつもりは毛頭ない。おおむね私の哲学は「自分は自分、他人は他人」だ。みなさんがマトリックスを楽しんでいるのなら存分に熱狂してくれればいい。

ただし、錯覚が自分の人生にかかわる人たちに害をおよぼしたり、世界のもっと大きな問題を助長するようなときはべつだ。しかもそれはけっしてありえないことではない。たとえば自己防衛モードのときは人ごみに引きつけられるだけではない。ある研究では、男性に怖い映画（『羊たちの沈黙』）の一部を見てもらい、その後その人と異なる民族集団の男性の写真を見せたところ、怖い映画を見た男性は見ていない男性にくらべて、写真の表情がはるかに激しい怒りだと判定した。[*7]

いうまでもなく、危険を誇張するこの種の錯覚が重宝するだろうことは想像がつく。よく知らない地区に足を踏み入れたら、用心に用心を重ねてその地区から立ち去ることが功を奏する場合もないとはいいきれない。その一方で、特定の種類の見知らぬ人の敵意を誇張するこのような傾向は、民族性の異なる人と前向きに友好な交流をする妨げになりうる。さらに、その代償はよく知らない地区に足を踏み入れたひとりの人間の運命より大きい場合もある。政治家はこれと同じ心の傾向を刺激して、戦争や民族対立につながりかねないような脅威を私たちに過剰に読みとらせようとする。

また、配偶者獲得モジュールは私たちに人ごみを避けさせたり人目につかない小さな居酒屋を探させたりするだけでない。その居酒屋でかわされる会話さえ組み立てる。たとえばテーブルをはさんで向かいあっている人への好意から、ライバルになるおそれのある人を中傷するようなことを言わせるかもしれない。このようなライバルへの誹謗中傷が、この会話でやはり優先度の高い議題である自己肥大より真実に近いということはない。しかしこの中傷には真心がこもっている。私たちは自分が口にしたライバルの悪い評判を信じてしまう傾向がある。*8 信じているほうが広めやすいからだ。

ブッダもこの心理力学をはっきりととらえていたらしい。ブッダのことばとして、つぎのように仏典に残されている。

見たこと、学んだこと、思索したこと
そういうものに頼って
他者を軽蔑し、
ひとりよがりに自分は正しいと思いこんで、
自分に敵対する者をひとりのこらず
「おろかで無能なやつだ」と言う。*9

それではいったいどうするか。心がさまざまなモジュールに掌握されつづけ、それぞれのモジュールが異なる錯覚を持ちこんでくるなら、私たちはどうやってこの状況を変えるのか。答えは簡単ではないが、ここまででですでにわかっているのは、状況をもっとコントロールできるようになることに感覚が絡んでいるということだ。感覚と錯覚のつながりは3章で少し出てきた。一部の感覚はなんらかの意味で「うそ」であり、だから感覚と最低限必要な距離をおくことでものごとが明快になると指摘した箇所だ。しかし、感覚にとらわれないほうがいい理由は、感覚と錯覚との関係性をべつの形で説明できると気づいてはじめて見えてくる。感覚はつかのま特定の錯覚をもたらすだけではない。それまでとちがうマインドセットをまるごと呼び起こし、よくも悪くもさまざまな知覚や性向をしばらく変えてしまう可能性がある。

仏教思想と現代の心理学はつぎの点に意見が収束している。人生には采配をとる単一の自我やCEO自己は存在しない。一連の自己たちが順番に采配をとり、ある意味でコントロールをにぎっている。自己たちがコントロールをにぎるのに感覚を利用しているなら、状況を変える一つの方法は、日々の生活で感覚が演じている役割を変えることだ。マインドフルネス瞑想ほどそれにふさわしい方法を私はほかに知らない。

## 8 思考はどのようにみずからを思考するか

座禅、チベット瞑想、ヴィパッサナー瞑想についての古い言いまわしを知っているだろうか。たぶん知らないと思う。仏教の三つの瞑想伝統のちがい——ヴィパッサナーはマインドフルネスに主眼をおき、チベット瞑想は心像の視覚化を重視し、座禅は公案《こうあん》（禅問答）という謎めいた語録に思いをめぐらせながらおこなう場合がある——をとらえているはずの言いまわしがこれだ。座禅は詩人向き、チベット瞑想は芸術家向き、ヴィパッサナー瞑想は心理学者向き。

ステレオタイプというのはたいていそうだが、この言いまわしも差異を誇張している。それでも大事なポイントをついている。ヴィパッサナー瞑想から派生したマインドフルネス瞑想は人間の心について学ぶよい方法だ。少なくともひとりの人間の心、つまり自分の心について学ぶよい方法といえる。腰をおろし、心が落ち着くのを待ち、それから自分の心の働きを観察する。

もちろん厳密にいえばこれは心理学者がしていることではない。心理学は科学であり、科学はたてまえとしてだれもが参照可能なデータを実験結果として発表することになっている。それにひきかえ、自分の心を観察して見えるものは自分以外の人には見えない。厳密な意味でのデータではなく、だから瞑想しているときのあなたは実験心理学者になっているわけではない。瞑想状態から出たあなたが自己は存在しないと宣言したとしても、それは自己が存在しないという科学的な証拠とはいえない。

科学と瞑想の関係はどちらかといえばそれとは逆向きに働く。瞑想による自分の心の観察が理論を実証するのではなく、むしろ理論が瞑想による心の観察結果を実証する助けになるということだ。心のしくみについての科学モデルに符合するものが瞑想中に見つかれば、瞑想がたしかに自分の心の力学を明晰に見る助けになっていると信じる根拠が少し増える。

たとえば心のモジュール仮説を考えてみよう。この仮説は真剣に受けとめるにたる科学的な根拠が十分にある。このモデルが心を本当に正確に描いているとすれば、そしてヴィパッサナー瞑想（洞察の瞑想）がたしかに心の働きについての洞察をあたえてくれるとすれば、この種の瞑想によって心のモジュールが働いているところを垣間見ることができるかもしれない。

私はそう思う。マインドフルネス瞑想中に人々が経験することのなかには、心のモジュール仮説に照らして考えるとよく理解できるものがある。しかも、ここでいう経験とは、けっして何カ月にもおよぶ隠遁《いんとん》と瞑想のすえ自己が存在しないことを突如として悟るといった壮大な経験のことだけではない。瞑想の道を一歩ずつ進むなかで、やがてはそのような悟りにたどりつけるかもしれないけれど、もっとずっとありきたりな一つ一つの経験にも同じことがいえる。

なかでもとくに幅広く見られる共通の瞑想経験が一つある。それは、心が一カ所にとどまろうとしないせいで瞑想するのが本当にむずかしいということだ。すでに見たとおり、心がさまよっているのに気づくことは、従来の自己についての考え方に異論を唱えたときブッダが言わんとしていたことをいくらか理解することでもある。CEO自己が存在するなら心はその命令に従って言われたとおり呼吸に集中するはずだからだ。ここで私たちはもう少し先へ進むことができる。この無秩序な段階の心を観察すること、つまりデフォルト・モード・ネットワークの勢いが増していくようすを見ようとすることで、意識ある「自分」に主導権がないことを感じとれるだけではない。心を観察すれば、だれが主導権をにぎっているかを浮き彫りにし、心のモジュール仮説と驚くほど一致する心の姿を明らかにすることもできる。

このことを理解してもらうために、つぎの簡単な四つの手順を踏んでみてほしい。1.クッションや座布団にすわる。2.呼吸に意識を集中する。3.（これはいちばん簡単だ）あまり時間がたたないうちに呼吸に集中しそこなう。4.どんな種類の考えが集中を妨げたのか認識する。妨げになる考えは年齢などいろいろな要素によって変わってくるが、よくある心のさまよい例をいくつかあげてみよう。

1.職場の魅力的な男性なり女性なりとデートするところを想像してしまう。どんな気のきいた台詞やぐっとくるような台詞を言おうか、どうやっていい印象をあたえようかと考える。

2.きのうその男性なり女性なりと出くわしたときのことを思いだし、相手のことばにこちらの期待どおりの含みがあったかどうか思いめぐらす。

3.ライバルにそれとなくばかにされたことを思いだす。

4.そのライバルがみんなのまえで卑劣さと愚劣さをさらけだして大恥をかくところを想像し、仕返しした気分をしばし味わう。

5. ライバルたちが消える空想にふける大変な一日を終えて帰宅したあと、がんばった自分への褒美としてビールを飲むところを想像する。
6. きのう一八番ホールで打ったすばらしいアプローチショットを追想し、いっしょにコースをまわった人たちが当然ながら感心していたことを思い返す。もちろん、自分が発したさりげないジョークと、それが巻き起こした笑いもありありと思い出す。
7. あすに控えた大きなプレゼンについて心配する。
8. 幼稚園にいる娘のことを心配したり、きのう自分の母親に電話しなかったことを後悔したりする。
9. 自分ならいつでも聞いてやるような頼みごとを友人であるはずの人が聞いてくれなかったことにいらつく。
10. その「友人」へのうっぷんを聞いてくれるべつの友人との食事会を楽しみにする。

などなど。

このなかにはくり返し出てくるテーマが三つある。第一に、どれも過去か未来がかかわっていて、現在についてのものはない。今あげたようなことを考えているとき私たちがしていないのは、現実の世界でこの瞬間に実際に起きていることに注意を向けることだ。第二に、どの考えにも自分がかかわっている。私たちはもともと自分に関することをおもに考えるようにできている。私たちが自分の利益（というより自然選択が定義する私たちの「利益」）に集中するよう自然選択が脳を設計したことを考えれば不思議でもなんでもない。第三に、ほとんどが他人にかかわる考えだ。人間がどれだけ社会的動物かを考えれば、これも不思議ではない。それどころか、デフォルト・モード・ネットワークと、脳スキャンによって特定された「心の理論ネットワーク」――他人が何を考えているかを考えることに関連する脳の領域――とにはかなり重なる部分があることがわかっている。*1

さらに四つめのテーマもある。このような心のそぞろ歩きのほとんどに共通することだ。気づいただろうか。

ヒントを出そう。この前の二つの章は何についての話だっただろう。そのとおり！　モジュールだ。思考の列車はみなさんを経験そのものから遠ざけさまざまな場所へ連れていくかもしれないが、どの場所もほとんどこれまでに説明した心のモジュールのどれか一つの領域内にあるように見える。どのモジュールも進化の観点から完全に筋が通る。パートナーの気を引くモジュール、そのパートナーを保持するモジュール、自分の地位を高める（そして場合によってはライバルをおとしめる）モジュール、身内の世話をするモジュール、友人との関係に気を配る（ちゃんと持ちつ持たれつの関係であり、相手につけこまれることがないよう注意することも含む）モジュールなどがある。

先ほどのリストのなかに一つだけ、まぎれもない例外がある。おもなモジュールのどれにもすんなりあてはまらないその例外は、5番のがんばった自分への褒美としてビールを飲むのを楽しみにすることだ。どうやら進化は私たちに「ビール飲みモジュール」を組みこまなかったらしい。しかし、ほかの気晴らしのための「薬物」にもいえることだが、ビールは進化の論理を出し抜く発明品だ。私たちの祖先が遺伝子を拡散するのに役立ったようなおこないを必死でやらなければなかなか活性化されないはずの報酬中枢に直接働きかける。

心がさまよっているとき、あなたは心が本当にさまよっているように感じているかもしれない。心がモジュールの風景のなかを散歩しながらふと一つのモジュールに立ち寄り、しばらくそのモジュールの好きにさせたあと、やがてつぎのモジュールに移っていく。しかしこれをべつの形で表現すると、実際には異なるモジュール同士があなたの注意を勝ちとろうと競争しているともいえる。そして、心がモジュールからモジュールへと「さまよって」いるとき実際に起きているのは、あなたの意識に対する主導権を一つめのモジュールからもぎとれるだけの力を二つめのモジュールが獲得したということだ。

心のさまよいのとらえ方として二つのうちどちらを受け入れるべきだと主張するつもりはまったくない。ここでは二つの指摘をするにとどめたい。1．心のモジュール仮説を信奉する心理学者は二つめの見方をする傾向がある。自我はモジュールを選んではいないし、むしろ、6章でガザニガが言ったように「意識に認識されるという褒美を勝ちと」ったモジュールに服従させられていると考える。2．ヴィパッサナー瞑想の合宿に参加して、呼吸に集中するのがゆっくりとたどたどしくも上達していくと、おそらくだんだん二つめの見方に気持ちが傾いていく。心がみずからの領地内をさまよっているというより、侵入者にハイジャックされているとしだいに感じるようになるだろう。

そしていつか、ハイジャックというより未遂のハイジャックと感じるようになる。考えは浮かんでくるがあなたの注意を長く引きつけておくことはできず、あなたはすぐ呼吸に意識をもどす。思考があなたをさらっていくことはない。列車は駅にやってくるが、あなたは乗車することなくそのまま列車を見送る。

じつをいうと、一つ前の文をこんなに威厳をもって、あたかも思考の列車が駅にはいってきて出ていくのをいつも超然と眺めているかのように書くべきではない。私がたいてい経験するのは、列車に乗り、列車が駅を出てスピードをあげたあと、乗っていたくないと気づいて飛びおりるような感じに近い。

これにはちょっともどかしさを感じている。一方で、自分の感覚をある程度客観的に眺めるのはまあまあうまくなった。まるで役者が舞台にあがるのを目にしているかのように、感覚があらわれるのを実際に見ている（少なくとも瞑想しているあいだだけはうまくできるようになった。日々の生活ではできたりできなかったりする）。しかし自分の思考を超然と眺めるのには苦労している。べつのいい方をしよう。ガザニガが、ある特定の瞬間に意識にのぼる思考は「浮かびあがって」きたものだといったのを覚えているだろうか。私が苦労しているのはこの「浮かびあがって」くるところを見る部分だ。だから、この部分についての鮮明な描写を望むなら、私以外の人から話を聞いたほうがいい。たとえばジョセフ・ゴールドスタインだ。

ゴールドスタインは、一九七五年にシャロン・サルツバーグ、ジャック・コーンフィールドと共同でインサイト・メディテーション・ソサエティを設立した。二〇〇三年に私がはじめて瞑想合宿に参加した場所だ。三人とも青年期にアジアを訪れ、三人ともヴィパッサナーの教えと出会い、三人とも西洋仏教の重鎮として精力的に指導と執筆をおこなっている。一九七六年に『洞察の経験（*The Experience of Insight*）』という画期的な著書を発表したゴールドスタインは、洞察の経験について尋ねる相手としてまさにうってつけだ。

私は以前、自分の思考を超然と（ゴールドスタインが好むいい方をすれば、執着せずに）

眺めるとはどんなものか説明してくれとゴールドスタインに迫ったことがある。

## 自分の思考を眺める

どんなものかを知る一つの方法は、「心に浮かぶどんな考えもとなりの人からきていると想像する」ことだとゴールドスタインは言った。それでは自分はそうした考えとどうかかわっているのだろう。ゴールドスタインによれば、要はそうすれば考えを自分と同一化しないだろうということだ。「考えはそれ自体が音のようにあらわれたり消えたりしています。それを自分と同一化するのはわれわれが加味していることにすぎません」

「ということは、瞑想では、考えがどこからともなくあらわれてくるように感じうるということですね。たとえば人の声か何かのように？」

「そうです」

私は正気な人の発言が狂気じみて聞こえないよう手をつくすことをいとわない。そこでこう聞きなおした。「そうはいっても、文字どおり何かが聞こえるというわけではない……ですよね？」

「ええ、ちがいます」

この先どうなるか、がぜん楽しみになってきた。普通私たちは自我が思考を生みだすと思っている。だがゴールドスタインが言うには、思考は実際には私たちが自我だと思っているものに向けられたものであるらしい。私たちはその思考を自我に属するものとして受け入れているということになる。これも、モジュールが意識の外で思考を生みだし、なんらかの方法でその思考を意識に注入するという考え方と一致するように見える。そこでこの点を追及した。

「ちゃんと理解できているかどうか確認させてください。瞑想中にわかっていくということですよね……生まれてからずっと自分が――つまりあなたが『自分』だと思うものが思考していると考えてきたのに、それよりむしろ、思考が自分を――あなたが『自分』だと思うものをとらえようとしているというほうが近いと」

「そのとおりです」

「思考は体のどこか、脳のどこかからやってくる？」

「そうです」

ここまでは順調だった。しかしここで私は、ゴールドスタインにはぶしつけと映るほどしつこく迫った。「でも、脳や体のどの部分を自分だと思っているにしても、その部分は思考のとりこになっているようなものですよね。思考がそこに手をのばしてつかもうとするというか」

「それはなかなかおもしろい説明のしかただし、たしかにそんなふうにも感じます。でも、私なら少しちがった言い方をします。要はただ思考が生起し、心にはそれをみずからと同一化してしまう強い習性があるということです。思考が意図的に手をのばしてわれわれをとらえようとしているというより、とても強い同一化の習性をわれわれが持っている。われわれはそうやって生きてきたわけですから、この条件づけを断ち切り、思考に没頭するのではなく思考に気を配ってマインドフルでいようとするには練習が必要なわけです」

この最後の点、自分の思考を自分自身と同一化するのは「条件づけ」によって生じる習性だという意見にはひとこと言っておきたい。私たちのもっとありふれた錯覚――これにはたぶん、「自分」が思考を生みだしていると思うことも含まれる――は、自然選択によって私たちの深いところに組みこまれているのだと思う。人生経験に影響は受けても、結局は悪い習性というより本能に近いもので、だから根こそぎにするのがとてもむずかしい。

余談はともかく、ゴールドスタインが私の言い方に修正を加えた真意はわかる。私も思考が文字どおり私たちの注意を引こうとしていると言いたかったわけではない。

それどころか、心のモジュール仮説のおかげで、思考が持つ作用は一部の瞑想指導者が言うよりさらに少ないと考えるようになった。瞑想指導者たちは「思考はみずからを思考する」と言いがちだが、私なら正確に、モジュールが思考をめぐらすと言う。というより、あるモジュールが思考を生みだし、その思考が競合するべつのモジュールの生みだした思考より「強い」のであれば、「思考される」思考になる——つまり、意識にはいりこむ。しかし、瞑想中に心を観察している人にとってはまるで「思考がみずからを思考する」ように見えるだろうことは想像がつく。モジュールは意識の外で仕事をするため、意識ある心の知るかぎりでは思考はどこからともなくやってくるからだ。

いずれにせよ、瞑想指導者たちが強調していることは、心のモジュール仮説の要旨と変わらない。自我は思考を生みださない。よそから受けとっている。そしてどうやら、この「受けとる」という部分こそ、私なんかよりはるかに優れた客観性と明晰さでゴールドスタインが観察した、思考が意識にはいってくる部分、思考が「浮かびあがって」くる部分らしい。

私はけっして思考が実際に私たちの注意を引こうとたくらんでいると言いたかったわけではない。そうゴールドスタインに伝えたあと、私はなおも食いさがって、思考を能動的なもののように感じることがないか尋ねてみた。「つまり、思考は自分の意識のなかにいてつきあっていくしかない役者のようなものですよね。みんなその役者と仲よくするのが習性になっているけれど、そうする必要はないと？」

「まさしく。そしてその役者たちをあるがままに見るとき、役者たちの活動はにぶります。映画館に行くのと少し似ています。映画館に行くと夢中にさせられる物語があり、われわれは物語に引きこまれ、たくさんの感情……興奮、恐怖、愛を感じる。……でもちょっと身を引いてみると、それはスクリーンに映しだされた単なる光の画素の集まりでしかないわけです。起きていると思っているできごとはどれも本当に起きているわけではない。自分の思考にも同じことがいえます。われわれは物語に、思考の劇につい夢中になって、それが本質的には空虚であることを忘れてしまいます」

この劇から抜け出し、自分の思考は自分から生じるものではなく自分の前をただ通りすぎていくものだと見なすことで、無我の経験に近づくことができる。思考したり何かほかのことをしたりする「自分」などいないことを目のあたりにする瞬間、きわめて抽象的でとらえがたいものに見えていた真実から覆いがとりはずされる瞬間に近づくということだ。しかし5章で見たとおり、無我についてのブッダのもともとの教えは、抽象的な真実としてではなく、実用的な戦略ととらえるのがいちばんだという人もいる。自己が存在するかどうかに関係なく、自分が自己だと思うものを部分的に放棄することで、世界を見る目が明晰になり、よりよい人間、より幸せな人間になれる。このような実用的な戦略としての無我も、抽象的に発見する無我と同じように、ゴールドスタインが描写した見方をすることで深まっていくと考えられる。

ゴールドスタインも言っている。「思考の本質についてそのような知恵が基盤にあれば、選択する力が高まります。よし、この思考は健全だ……こっちの思考はあまり健全じゃない——これは手放していいという具合にね」

これまでのところ、心のモジュール仮説に照らしてヴィパッサナー瞑想を考えることはうまくいっているようだ。それも瞑想の道の異なる二つの段階でうまく符合しているように見える。一つは、はじめてクッションに腰をおろし、呼吸に集中しようとするのに思考が邪魔をするせいでとうてい無理に思えるとき。もう一つは、道をはるか先まで進んでから、ゴールドスタインのように、思考が意識のなかに浮かびあがり、不活性のままそこにとどまり、やがて心を連れていくことなく消滅するようすを眺める能力を身につけたとき。一つめの場合は集中しようともがきながらも思考が自分をとらえているのを感じ、二つめの場合は思考が自分をとらえそこねるのを感じるわけだが、どちらの場合も思考が「自分」、つまり自分の自我から出てくるのではないという気づきがある。だからどちらの経験も、自覚されないところでモジュールが思考を意識まで押しあげているとすれば納得がいく。いいかえれば、もしモジュール仮説が正しいなら、瞑想がもたらしてくれる思考についての見方は、思考がCEO自己から発せられているという、日常的な浅はかな見方より真実に近いということだ。

モジュール仮説が立証するヴィパッサナー瞑想の正当性はこれだけではない。この仮説に照らせば、思考をマインドフルに眺めるのが理にかなっているのと同じように、感覚をマインドフルに眺めるのも理にかなっていることがわかる。これまで見てきたとおり、モジュール仮説では、感覚はモジュールに一時的な主導権をあたえるものだ。ときめく感覚を呼び起こすような人を目にするだけで、私たちはいきなり配偶者獲得モードになり、人目のないくつろげる雰囲気を求め、やけに思いやり深くなり、もしかすると見栄っぱりになり、そのほかいろいろな意味でべつの人間になる。憎いライバルを目にしただけで、その後にわきあがる感覚が、くつろげる雰囲気とはべつのものを私たちに求めさせる（状況にもよるが、見栄っぱりになる点だけは同じかもしれない）。ときめきや好意、敵対心や反感といった感覚がはじめから足場を得なければ、対応するモジュールがコントロールをにぎることもないというのは理にかなっている。だから、自分の感覚と最低限必要な距離をおくことで、どの自分がその瞬間の自分なのかをもっとコントロールできるようになるというマインドフルネス瞑想の考え方も、心のモジュール仮説に照らせば十分に納得がいく。

## 思考を押しあげる燃料は何か

感覚をマインドフルに見つめることと心のモジュール仮説とのあいだには、もっとささやかな、もっときめ細かい、そして白状すると推論の域を出ない関係がある。それをたしかめる第一歩は、瞑想しているときに注意深く観察することだ。じつは「瞑想に失敗しているときに注意深く観察することだ」と書きかえたほうがいい気がしている。というのも、これから話すのは瞑想のなかでも、思考が邪魔しつづけて呼吸に集中できないときの瞑想だからだ。しかし、もし瞑想に「失敗」していることを注意深く観察しているとすれば、それはもちろん、瞑想に失敗していることにならない。なんであれ今起きていることを注意深く観察することこそ、マインドフルネス瞑想だからだ。

それはともかく、私が呼吸に集中しようとしているとき邪魔をしてくる思考について、気づいたことがある。その思考には感覚がはりついていることが多いのだ。そのうえ、思考が私の注意を引きつける力、いいかえると、私をとりこにし、注意が引きつけられていることにも気づかせない力は、その感覚の強さに左右されているようだ。信じられないなら、すわって、目を閉じ、呼吸に集中し、それから呼吸に集中するのに失敗しはじめたら

（長くはかからないはずだ）、呼吸に集中するのを妨げているものに集中してみてほしい。注意をそらす原因になっている思考に集中するだけではなく、その思考とつながりのある感覚を見きわめられるかためしてみてほしい。

なかには、感覚がとても強いとか原始的であるために思考と感覚のつながりがはっきりわかるものもある。隣人の配偶者と寝ることを考えていたり、自分の配偶者が隣人と寝ているのではないかと気をもんだり、その隣人によその家の配偶者と寝ている報いを受けさせる空想にふけったりしているなら、その思考に関連する感覚――欲望、嫉妬、復讐――はあまりに露骨であまりに強力なため、見落としようがない。

しかしそこまでけだものじみていない、もっと「人間」らしい心のそぞろ歩きにも、感覚との結びつきが目につきやすいものがある。仲間うちで鼻を高くしたできごと、たとえばジョークがみんなに大受けしたことを思い返し、気分がいいのでひとしきり反芻《はんすう》してから、気のきいた締めのことばの一つも言えばよかったと思いつき、つぎはかならずそうしようと誓う。とても間に合いそうにない重要な締め切りについてあれこれ考えて不安になり、不安のあまり迫りくる大失敗のことしか考えられなくなる。やがて、打開するための行動計画を思いつくか、それほど重要な締め切りではないと自分を納得させるかすることで不安が消え、それとともにその考えが消える。

高度に理性的な心のさまよいともいえる思索にも、それについてまわる感覚があるように思う。腰をおろして瞑想をしているうちに、自分が何かへの好奇心を満たそうとしていること、いいかえると難問をじっくり考えていることに気づいてそれを注意深く観察すると、じっくり考えるということがどこか心地いいのがわかる。難問が解決するまでの道のりをふらふらと進んでいくために、小わけにした餌を道中ずっとあたえられているような感じだ。そして解決策を発見すると、褒美としてこのうえない達成感が一気にわきあがる。一九世紀にジョン・ラスキンもつぎのように言っている。「好奇心は天賦《てんぷ》の才であり、知ることを喜べる能力である」

好奇心がそのように感じられることはある。あまりに純化されていてほとんど気づかない喜びのような感じだ。しかし、一八世紀にサミュエル・ジョンソンは好奇心にべつのひねりを加えてつぎのように書き記している。「好奇心を満足させることは、喜びをもたらすというより、むしろ居心地の悪さから自由になることだ。われわれは知識をうれしがるというより無知に心を痛める」

たしかにそういう場合もある。何かを知るための探究が、ときに切迫した衝動や心をかき乱す渇望のように感じられる。生涯のたくわえを投じた株式市場がきょうもこのまま急落をつづけるかどうか知りたくてたまらないのは、一九二九年の株価大暴落がなぜ起きたのか考えるのとはわけがちがう。配偶者が隣人と寝ているかどうか知りたくてたまらないのは、隣人の配偶者がべつの隣人と寝ているのではないだろうかと考えるのとはわけがちがうし、なぜ不倫に走る人がいるのだろうと考えるのともちがう。それをいうなら、なぜ鳥は鳴くのだろうとか、なぜ星は輝くのだろうとか、なぜ○○は××するのだろうと考えるのともちがう。好奇心がおさえがたい渇望のようなものになるか、ただ興味をそそるものになるかは、自然選択の定義する利益にどれだけ直接かつ切実に結びついているかに左右されるようだ。つながりの直接性と切実さが弱いほど、感覚はささやかで心地よいものになる。

しかし重要なのは、がむしゃらで精力的な探究から思索の小道を気持ちよく進むそぞろ歩きにいたるまでどんな種類の好奇心にも、たしかに感覚がかかわっているように見えることだ。だとすれば、脳スキャンの結果から、好奇心旺盛な心理状態にドーパミン系（動機づけと報酬、欲望と快楽に関与する神経系）の活動がともなっていることが明らかになっているのも意外ではない。[*2]

そんなわけで、何時間にもおよぶ瞑想の失敗体験（というか、何時間にもおよぶ瞑想の失敗と、失敗をマインドフルに観察することにときどき成功した体験）から私が導きだしたのはこういうことだ。私の心をつかんでいっしょに連れていってしまう思考には、本当にささいな場合もあるがなんらかの感覚がともなっている。うれしいことに、このような感覚と思考とのつながりは瞑想による内観の力が私などよりはるかに発達している人たちも観察している。二〇一五年六月、この本の草稿を編集者に送ったすぐあと、私は自分への褒美として二週間の瞑想合宿に参加した。フォレスト・レフュジー（森の避難所）というインサイト・メディテーション・ソサエティの附属施設でおこなわれた、熟達した瞑想家を対象にしたものだ。心理療法士で元僧侶のアキンチャノ・マルク・ウェーバーが指導役をつとめた。ある晩、法話の時間に先生が言った。「どの思考にも推進燃料があります。それは感情です」

推進燃料ということばは、ある重要な疑問への答えを連想させる。心がさまよっているとき、つまりデフォルト・モード・ネットワークが采配を振っているとき、ある特定の瞬間にどのモジュールが思考を意識に押しあげるかを、そのネットワークはどうやって決めているのかという疑問だ。モジュール間のある種の主導権争いについては6章にも少し出てきた。意識にのぼらないところで「食うか食われるかの世界」がくり広げられているという話だ。しかし、何が食う側と食われる側を決めるのだろう。食う側が食われる側よりも強くなる決め手はなんだろう。

## 分類整理《ファイリング》のための感覚《フィーリング》

私の知るかぎり決め手の第一候補は感覚だ。ある瞬間に地下でひそかにしのぎを削っている思考のうち、もっとも激しい感覚と結びついている思考が意識に侵入するのを許される。[*3]

これはまったくの憶測でまちがっている可能性も十分あるが、自然選択が心を編成する方法としては筋が通っている。なにしろ感覚は、生物にとっての進化論的な利益にさまざまなものごとがどう関連しているかの判断を示している。だから自然選択の観点から、感覚は思考につけるラベルにぴったりだ。「優先度‐高」「優先度‐中」「優先度‐低」という具合だ。自分の社会的な地位に大きく影響するだろうイベント、たとえば大事なプレゼンや自分が主催する大きなパーティまであと一日だとすれば、準備に関係のある思考は優先度が高く、そのため不安感も強い。しかしイベントまでまだ何週間もあれば、準備関連の思考は優先度が低く、不安もそれほど感じない。親友と大げんかしたあと、どうしよう、なんと言おう、と思案するのはかなり重要なことだ。単なる顔見知りを怒らせてしまったかもしれないと考えるより重要度が高い。そのため感覚にも精神的動揺と少し気がかりというちがいがあらわれる。

どの場合も、思考に結びついている感覚の強さは、自然選択の定義する重要性から見たときの思考の重要度に比例している。デフォルト・モード・ネットワークが優位になったとき――だれかと話す、本を読む、スポーツをする、そのほか夢中になれる課題をするといったことに集中していないとき――優先される思考は、もっとも「重要」な思考、つまりラベルとしてもっとも強烈な感覚がはられた思考だ。

もちろん、意識への立ち入り許可をめぐる争いで「もっとも重要な思考」の地位を得た思考が、まるで重要でない場合もありうる。緊急の処置が必要な問題が何もないというありがたい時期もときにはあるからだ。その場合、デフォルト・モード・ネットワークを介して意識にはいってくる思考に結びついている感覚はあまり強くないかもしれない。しかし十分に注意を向ければ、とくに瞑想中であればずっとらくに、ぱっと意識にのぼった思考に結びついている感覚が肯定的な調子をおびているのか否定的な調子をおびているかはたいてい感知できるだろう。もし思考にそのような感覚がくっついていなければ、そもそも注意を引くこともないはずだからだ。感覚は脳が思考の重要度をラベルづけするおもな手段であり、(自然選択のいくぶん原始的な意味で)重要度の大きい思考が意識にのぼる。

くり返しになるが、これが心理学界の一致した見解だと言うつもりはない。それどころか、私が説明したような心のモジュール仮説を受け入れている心理学者だけに限定しても、どのモジュールが勝利をおさめるかを決めるものがなんなのかについては意見がわかれている。しかしこれは世に出ている仮説のなかでもっとも妥当だと私が思う仮説だ。ダーウィン説の見地からも納得がいくし、瞑想による内観の結果ともぴったり合う。内観は科学的なデータではないとはいえ、どの仮説がさらに深く探求するのに値するかを適切に決める助けとなる。

この仮説は瞑想上達の道のりについての説明にも役立ちそうだ。前にも言ったとおり、私にとっては思考を超然と眺めるより、感覚をいくらか超然と眺めるほうがたやすい。これは私が例外というわけではない。多くの瞑想者が思考より感覚とうまくつきあっているように見える。もし本当に感覚が私たちの意識に思考をくっつける接着剤で、私たちにその思考は自分のものだと無分別に思わせる役割をはたしているとすれば、それも納得がいく。私たちはそう簡単に接着剤を分解できるようにはならないし、したがって思考と距離をおくこともできないからだ。明晰に見ることを学び、感覚をいくらか客観的に眺めることを学んでやっとできるようになる。

それどころか、この筋書きでは、本当にささいな感覚まで客観的に眺められるようにならなければ、多種多様な思考を客観的に眺めることはできない。だから当然ながら、思考が意識にはりつきそこねるところを明晰にありありと見るには——思考が生まれ、心のなかに足場を見つけることなく消えていくようすをはっきりと目撃するには、ジョセフ・ゴールドスタインのようなかなり熟達した瞑想家でなければならない。

感覚は心が思考に優先順位のラベルを貼るおもな手段であるというこの仮説は、ここ数十年におよぶ心理学の潮流と一致している。心に独立した区画があるかのように「情動過程」や「認知過程」を話題にするのをやめ、それがいかに精巧に絡みあっているかを認める潮流だ。さらにこの潮流は、現代の心理学が古代の仏教に先まわりされていたまたべつの例でもある。ブッダは有名な『愛尽大経《あいじんだいきょう》』のなかで、「心の対象」（思考も含まれる心の認識対象）は味や香りのようなものだと説く。[*4]「舌で味を味わう」にしても「鼻で香りをかぐ」にしても「心で対象を認識する」にしても、その人は「好ましいものなら渇望する」し「いやなものなら嫌悪する」。

これから何章かかけて見ていくとおり、情動と認知の精巧な絡みあいは、仏教の教えのなかでも不可解に聞こえる概念を理解するのに役立つ。私たちが外界で知覚するものは、樹木も飛行機も小石もすべて、少なくとも私たちがあたりまえに考えているような意味では存在しないという概念だ。さらに、つぎの章で見ていくとおり、情動と認知の絡みあいは、もっと前の章で少し触れた難問——自我が存在しないなら、俗にいう「自制」にはどのような力が働いているのか——と取り組む助けになる。仏教は自制、すなわち「自己」

のコントロールについて何を教えてくれるだろうか。

# 9　自制

一八世紀にスコットランドの哲学者デイヴィッド・ヒュームは、人間の理性が「情念《パッション》の奴隷」だと書いた。[*1] ヒュームが「情念」ということばを今日の意味で用いたのだとしたら、この発言は注目に値しなかっただろう。いわれるまでもなく、欲望や復讐といった激しい感覚にとらわれたとき、主導権をにぎるのは私たちの理性ではない。しかし、ヒュームは「情念」をべつの意味で使い、広く感覚全般を指した。ヒュームが言っているのは、理性的な思考は人の動機づけに重要な役割をはたすものの、けっして座をとり仕切ることはないということだ。何かをしようと決めるとき、私たちは感覚にもとづいて決めている。

ヒュームはどうしてこのように考えたのだろう。おそらく内観、つまり自分の心の働きを注意深く見つめることで考えついたにちがいない。いってみれば、マインドフルネスがはやりだす前から、ヒュームはマインドフルだったわけだ。それどころか、西洋の哲学者のなかでいうと、ヒュームはかなり東洋的だった。仏教思想と不思議なくらい一致する見解がたくさんある。自己の存在を否定する論を展開したこともあった。これは偶然ではないという学者もいる。仏教がアジアから西方へかろうじて伝わりはじめたばかりだった当時、なんらかの方法でヒュームが仏教の考えに出会っていたのではないかというのだ。[*2]たしかに、私たちが気づいている以上に感覚が采配を振っているという考えは仏教の精神そのものだ。

ヒュームが仏教に追いついてから二五〇年後の現在、科学がヒュームに追いつこうとしている。科学は動機づけのしくみをのぞきこむ道具を開発し、私たちが意思決定をするとき脳のどの部分が活性化するか観察するようになった。理性と感覚の関係についてのヒュームの考えは長いあいだ急進的だと見なされていたが、じつはかなり優れていることがわかってきた。

何かを買うかどうかという単純な意思決定の場合を考えてみよう。いかにも理性的に熟考する訓練のように思える。あなたは品物と価格を見てつぎつぎ自問する。この品物をどのくらい使うだろう。かなりの浪費になるだろうか。そのぶんのお金で何が買えるだろう。こうした自問自答のあと、あなたは買うべき要素と買うべきでない要素を冷静に比較検討し、みずからの意思を決定する。

しかしスタンフォード大学、カーネギーメロン大学、マサチューセッツ工科大学の認知科学者がおこなった実験によると、要素を比較検討するのはどうやらそれほど冷静なことではないらしい。*3 研究者は人々に本物のお金をわたし、それで買える品物をいろいろ用意した。ワイヤレスヘッドホン、電動歯ブラシ、『スター・ウォーズ』のDVDなどだ。それぞれの品物を見せ、つぎにその価格を見せながら、その人たちの脳をMRI（核磁気共鳴画像法）でスキャンした。すると、脳のどの部分の活性が高くなりどの部分の活性が低くなるかを見ることで、その人がどの品物を買うかをかなりの精度で予想できることがわかった。しかもその脳の領域はどれも、理性的な熟考におもに関与する部分ではなく、なんと感覚に関与する部分だった。たとえば側坐核《そくざかく》はその一つで、快感をあたえる役割をはたし、報酬を期待したり好きなものを見たりすると活性化する。ある品物を見ているとき側坐核が活発になるほど、その人がその品物を買う傾向も高かった。反対に、島皮質《とうひしつ》は痛みなどの不快なことを予期したときとくに活発になる。価格を見せられたとき島皮質が活発になるほど、その人がその品物を買う可能性は低かった。

購入のよい点と悪い点を比較検討するのはあくまで理性的で、機械的な行為とさえ思える。しかしこの実験によると、脳が実際に比較検討する方法は、競合する感覚同士にきそわせることのようだ。純粋に定量的な指数であり、コンピュータの意思決定アルゴリズムに簡単に入力できる種類のものである価格という要因でさえ、最終的には嫌悪の程度という感覚の形で方程式に組みこまれる。そして、引きつけられるか避けたいか、どちらか強い感覚が勝つ。

もちろん、こうした感覚は理性から情報を得る場合もある。もし前に買った電動歯ブラシを使わなくなってしまったことを思いだし、つぎに買う電動歯ブラシも同じ運命をたどりそうだと思えば、新しい電動歯ブラシに感じた魅力は色あせるかもしれない。もし電動歯ブラシの二〇ドルという価格がこの前の金曜日のディナー代より安いことを思いだせば、価格に対する反感（と、島皮質の活動）が減るかもしれない。

## なぜ感覚が思考を支配するのか

理性が人の最終的な行動に関与しているのはたしかだ。それでもやはり、この実験からわかるのは、おそらく理性は究極の動機因子である感覚に影響をおよぼすことでしかその役割をはたせないということだ。ヒュームも「理性だけでは、意志のいかなる働きにとっても、その動機にはなりえない」と書いている。[*4] 品物を買うということは結局のところその買いものに満足しているということだし、少なくとも買うのをやめるよりましな気分でいられるということだ。もちろん、買うのをやめたことをあとで悔やむ場合もある。「買わなかった後悔」は「買ったあとの後悔」に劣らず現実のものだ。

しかしどちらの場合もキーワードは後悔だ。すぎたことをあれこれ思うのが感覚の形をとるのは、もともと渦中にあるときあれこれ思ったのも感覚の形をとっていたからだ。進化論の見地から考えるとすべて納得がいく。なにしろ感覚は当初からの動機因子だ。生物は好ましい感覚と好ましくない感覚に従って、ものごとに近寄ったりものごとを避けたり、ものごとを手に入れたりはねつけたりする。自然選択がそう仕向けたのだ。好ましい感覚は食べることなどに割りあてられ、好ましくない感覚は食べられてしまうことなどに割りあてられた。長い時間をかけて生物は少しずつ賢くなったが、自然選択の観点からすると賢さの核心は感覚のかわりを見つけることではなく、感覚がもっと情報を得られるようにすることだ。知性のおかげで生物は何に近寄り何を避けるべきか、何を手に入れ何をはねつけるべきか——いいかえると、何を好ましく感じ何を不愉快に感じるべきか判断するという、もっと複雑な仕事ができるようになる。こうして、感覚に情報をあたえる計算は進化の長い時間をかけてだんだん精度を増してきたものの、最終的に私たちの人生をあやつっているのが感覚である点は変わらない。私たちは徹底的にオンライン検索し、じっくり考え抜いてよさそうだと思った裏地つきのダウンジャケットを買うかもしれないが、最終的にそのダウンジャケットを買う理由は、十分におこなった理性的な分析がその買いものを好ましく感じさせるからだ。

ついでにいえば、そもそもその理性的な分析をはじめた理由は、冬に寒いままでいることが不愉快に感じるからだ。感覚が私たちに何を考えるべきか教え、すべて考えおえると、今度はどうすべきかを教える。私たちの進化の歴史を通じて、思考が行為にあたえる影響はどんどん大きくなってきたが、思考が感覚にはじまり感覚に終わる点はずっと変わっていない。

ほかに進化の長い時間をかけて起こった可能性があるのは、感覚がいろいろなものとどんどん結びつくようになったことだ。人類がより複雑な社会性を発展させていくなかで、食べものやセックスの機会を得られるかどうかは、社会情勢をうまく乗り切れるかどうかで決まるようになり、そのなかには同盟を結んだり尊敬を得たりといった目標も含まれる。だから友人ができたり一目おかれたりするのは好ましく感じるようになり、拒絶されるのは不愉快に感じるようになった。それが今度は思考の新たな道を開いた。友人がなぜ敵意を示したのか考えたり、人にいい印象をあたえる方法を想像したりしはじめた。とはいっても、このように成長をつづける感覚と思考の網《あみ》は、進化が最初から私たちに組みこんだ基本的な価値体系、つまり生きのびることと遺伝子を拡散することを高く評価する体系をそのまま拡張したものだった。

自然選択は節約しようとするため、こうした感覚と思考の背後にある生物学も、もともとの二つの価値を体現した生物学をそのまま拡張したものだった。肉体的な苦痛に関係する脳の領域が社会的に拒絶されたときの苦痛にも関係することが、脳スキャン研究によって示されている。モルヒネなどの鎮痛剤が社会的な挫折の苦痛をやわらげる理由もこれで説明がつく。市販の解熱鎮痛薬であるタイレノールでも、一定期間服用することで社会的な拒絶を受けたことによる苦痛が軽減したという研究報告もある。*5

## 理性とチョコレート

ここで話題はチョコレートに移る。というのも、さっきの買いもの実験で使われた品物の一つがゴディバのチョコレートバーだったからだ。しかしそうでなかったとしても、たぶんここでチョコレートの話を持ちだしただろう。これから話の矛先を自制に向けたいのだが、自制といえば、チョコレートは私の努力目標リストのかなり上位にランクインする。上位で肩をならべているのは、粉砂糖がけドーナッツと、この本を書かずにテレビでスポーツ観戦をすることだ。

自制は理性が感覚より優位に立つことだとよく説明されてきた。プラトンは御者（理性的な自己）が馬（手に負えない感情）を制御するたとえを引きあいにだした。この基本的な考え方は二五〇〇年近くほとんど変わることなく生き残っている。それどころか、脳科学がその御者を突きとめたという人もいる。額《ひたい》のすぐ内側にある前頭前皮質《ぜんとうぜんひしつ》は、ヒトをヒトたらしめるものだとして高校の教科書や博物館の展示でもてはやされている。前頭前皮質は脳の「実行中枢」とされ、広範囲にわたる推論や計画立案や自制の能力を私たちに授けている。私たちの祖先であるアウストラロピテクスにこの部分が欠けていたことは明らかだ――額がうしろにひどく傾斜しているのを見ればわかる！

前頭前皮質が重要なのはまちがいない。私もみなさんと同じように自分の前頭前皮質を自慢に思っている。それだけでなく、私たちが自制ととらえているものに脳のこの領域がなんらかの重要な役割をはたしていることを示す十分な証拠がある。誘惑が大きいほど、それに抵抗する人の前頭前皮質が活発になることが研究でわかっている。[*6]

しかし、もしヒュームが正しいなら、この前頭前皮質の活動は、理性が「誘惑に打ち勝つ」とか見事に「感覚をはばむ」というような通常の枠組みでとらえるべきではない。理性は感覚を直接押し返すのではなく、その感覚を押し返すまたべつの感覚を補強することで影響力を発揮する。たしかにあのハーシーのチョコレートバーはおいしそうだし、食べることを想像すると気分がよくなるが、この前読んだ高血糖が体にあたえる弊害についての記事を思い返すと、ハーシーのチョコレートバーを食べる想像は罪悪感のもとになる。このときチョコレートバーを食べたい衝動と直接闘うのは記事を思い返すことではなく、罪悪感だ。「理性のみでは……意志の方向へ向かう情念にけっして対抗できない[*7]……情念の衝動に対抗したりそれを妨害したりできるのは、正反対の衝動[*8]」以外にない、とヒュームは論じた。

この観点からすると、前頭前皮質は、私たちが単なる動物からヒトに昇進したとき進化が発明した司令モジュールのようなものではない。手に負えない感覚をついに飼い慣らして理性の制御のもとにおくというようなものとはちがう。前頭前皮質に組みこまれた理性の力は、それ自体が感覚の支配を受けている。感覚に組みこまれた価値体系――自然選択から見て何がよくて何が悪いか、私たちが何を求め何を避けるべきか――は、程度の差はあっても、現代でも優勢な価値体系のままだ。

自然選択は特定の種類の味がする食べものを求めるよう私たちをつくったが、同時にすこやかに長生きすることを求めるようにもした。少なくともこの場合、自制しようとする葛藤は、この二つの価値のあいだの、そして二つの価値に結びついている感覚のあいだのだ。理性がこの葛藤で役割をはたすとすれば、二つの価値の代理をつとめることだけだ。砂糖の摂取と長寿との関連に私たちの理性的推論を集中させるのは、すこやかに長生きしたいという願望であり、理性的推論の結果がチョコレートを食べたいという願望に打ち勝てるのは、この願望のおかげだ。この意味で、理性はヒュームが言うとおり情念の「奴隷」でありつづけるし、したがってすべてに先んじる自然選択の価値体系の奴隷でありつづける。

脳の機能が明らかになるにつれ、ヒュームの見方はいっそう意味をなしてくる。ハーバード大学の神経科学者ジョシュア・グリーンは、背外側前頭前皮質《はいがいそく》（DLPFC）と呼ばれる前頭前皮質の特定の領域についてつぎのように書いている。「抽象的な推論の中枢であるDLPFCは、ものごとや行動に価値をあたえる責任を負うドーパミン系と相互に緊密に結びついている。神経と進化の観点からすると、われわれの理性的推論システムは独立した論理機構ではない。報酬が得られる行動を選択するためのより原始的な哺乳類のシステムから派生したものであり、冒険的な精神をもつ哺乳類のための認知補装具だ」。要するに、グリーン自身も書いているとおり、ヒュームは正しく理解していたといえる。[*9]

長いあいだ単純化されすぎてきたのは前頭前皮質だけではない。大脳辺縁系《だいのうへんえんけい》という脳の領域もあたりまえのように「感情の中枢」と見なされてきたが、その説明は誤解を招きかねないことがわかってきている。神経科学者のルイス・ペソアはつぎのように書いている。[10]「一方で『情動』脳の領域は認知に関与し、他方で『認知』脳の領域は感情に関与している」。ペソアは著書『認知 - 情動の脳（*The Cognitive-Emotional Brain*）』のなかで、心理学の歴史における多くの著者たちと同じようにプラトンの御者と馬のたとえを引きあいにだしているが、大半の著者とはちがい、その目的はプラトンのたとえを却下するためだ。

## 内なる裁判官は本当に判決をくだすのか

完全に理性的な御者というプラトンの見方がこれだけ長いあいだ幅をきかせてきたのも不思議はない。というのも、たとえばチョコレートを心ゆくまで食べるかどうか決めるとき、その問いをじっくり考えている理性的な自分、つまりそのチョコレートを買うことに賛成する意見と反対する意見に耳を傾ける裁判官のような存在がいるように感じないだろうか。一方では、最近ちょっと体重が増えているし、こんな遅い時間にチョコレートを食べると眠れなくなるかもしれない。他方では、このチョコレートを食べれば元気が出てもう少し仕事が進められるかもしれないし、きのうあんなにがんばったんだから（もしかしたら、そのとき食べたチョコレートのおかげ？）自分に褒美をあげてもいい気がする。

両方の意見を検討し、あなた——裁判官——は判決をくだす。厳格な裁判官であるあなたは、だめ、きょうはチョコレートはなしと判断する。あるいはべつの日なら、寛大な裁判官であるあなたが、ちゃんとチョコレートバーに見合うだけの働きをしたと判断するかもしれない。こうして閉廷となる。というより休廷となる。今度は、チョコレートを買ったあと、家に着くまで食べるのを我慢するかどうかという問題を裁きはじめることになるからだ。

どちらにしても、自分が判断をくだしている瞬間があるように感じる。ならば、理性的な「自分」が事件を裁いていると言いあらわすことのどこが問題なのだろう。私はこの疑問をロバート・クルツバンにぶつけたことがある。クルツバンは自己が存在しない可能性を提唱した心理学者のひとりなので、なんらかの理性的な「自分」を裁判官に見立てずにチョコレート判決を説明する方法を知っているにちがいないと思った。

案の定、私が「賛否両論を検討してからチョコレートを食べるかどうか判断した」というような言い方のどこがまずいのか尋ねると、クルツバンは、厳密にはつぎのように表現したほうがいいと言った。「きみの頭のなかに高カロリーのものを食べる動機をあたえるよう設計された特定のシステムがあり、そのシステムは特定の種類の動機や信念や表象を持っていた。そして頭のなかに長期的な健康にかかわる動機づけを持つべつのシステムもあって、そのシステムはチョコレートについてなんらかの信念を持っていた」。最後には、二つめのタイプのモジュール、つまり長期的なことに特化したモジュールが「短期的なモジュールによってうながされた行動を抑制した」。いいかえると、どちらのタイプのモジュールももう一方にくらべて「理性的」ということはなかった。単にちがう目的を持ち、たまたまその日に強いほうが勝っただけだ。

「強いほう」とはいったいどういうことかと思う人もいるかもしれない。もしヒュームが正しければ、そしてあの買いもの実験の真意が正しければ、つまるところ感覚は互いに抗争していることになる。長期モジュールはあなたがチョコレートバーに手をのばしたとき罪悪感を起こさせる。そしてあなたがチョコレートの魅力に耐えたら自尊心を生じさせるかもしれない。抗争のもう一方の側では、短期モジュールがチョコレート欲をいだかせる。しかし短期モジュールにももっと巧妙な作戦がある。チョコレートの抗酸化力に長期的なメリットがあるという記事の記憶を引っぱりだしてきたのは、もしかすると短期モジュールのしわざではないか？　長期モジュールがこの記事に興味を持つかもしれないと踏んだのか？

こうしてみると一つ疑問がわく。なぜ私たちの意識ある心は理性のプレゼンテーションをこうして目撃すること、つまりこの「審議」に出席することにわざわざ時間をさくのだろう。これがただの見せしめ裁判なら、つまりそれぞれの論拠をかためるためになんでもいいから理屈をかき集めたモジュール間の権力抗争にすぎないなら、すべて潜在意識のレベルでやってしまうことはできないものだろうか。そうすれば意識ある心が自由に何か建設的なこと、たとえば心身問題に取り組むようなこともできる。でも思いだしてほしい。意識ある心は世のなかと意思の疎通をする部分であるため、宣伝担当者のようなものだ。クルツバンの考えでは、意識ある心が討論を見守り、勝利をおさめた理由づけまで見届けるのは、「だれかに説明を求められたり、なぜ○○や△△や××をしたのか尋ねられたりしたとき」、もっともらしい理由づけを引っぱりだすためだ。

だから、一〇〇グラムのチョコレートバーを口にくわえたまま店から出てきたとき、通りがかりの人が怪訝《けげん》そうな顔をしたら、「これを食べて午後はもっとがんばろうと思ったので」と言える。おそらく、「おさえきれなかったんだ。悪いか？」と言うよりは高く評価されるだろう。

通りすがりの他人にどう思われるかより社会的な代償が高くつく場合もある。もし不倫をしていることが知りあい全員にばれたら、「自然選択によって遺伝的遺産を最大化するように設計された性的衝動にかられた」と言ってすますことはできない。そんなことをいえば、みんなはあなたが不倫をするような人間だと触れまわるだろう。もちろん、あなたは断じてそんなタイプの人間ではない！　だから、「でもわかってほしい。パートナーとは心を通わせることができなくなっていたし、夫婦としての親しい関係や深い関係を求めてもこたえてもらえなかった」というようなことを言えるようにしておく必要がある。そうすれば、あなただけを責めるわけにもいかないと言ってもらえるだろう。つまり、浮気をしようと決断する前に、こういう意見を聞いておくことや、その意見が勝利をおさめるところを見ておくことは助けになる。それで準備が整う。

といっても、理性的推論のプロセスを私たちが意識しているのは、そうすればだまされやすい大衆に自分の行動の理由づけを吹きこめるからというだけではない。慎重に検討したうえで大きな決断をくだすとき、どうするべきか友人や家族に相談することがある。そんなときも、決断についての賛成意見と反対意見をあらかじめ知っているほうが実りのある相談ができる。いうまでもなく、ここにも自己アピールの意図はありうる。「相談」は、自分の人生で重要な人たちを敵にまわすようなことをしようとしているのではないと前もって確認する方法だったり、決断によってほかの人を敵にまわすことになる場合にそなえて人生で重要な人たちから支持の約束をとりつけておく方法だったりする。もちろん、自分のためを思ってくれる人と話しているときはとくに、「相談」が、意見を求めるという本当の意味の相談になることもある。

いずれにしても、意識ある心が、競合する複数のモジュールからつくりだされる複数の理由づけと連絡をとっている利点の一つは、自分で決断する前にほかの人にその理由づけを伝えて意見をもらえることだ。しかし厳密にいえば、つぎのように表現したほうがいいだろう。ほかの人にその理由づけを伝えることができるし、もらった意見にもとづいて、二つの選択肢がどれだけ好ましくあるいは不愉快に感じるかも再調整される。

みなさんはもうこの章の傾向に気づいているのではないだろうか。理性と感覚のつながりを考えれば考えるほど、自分の行動を真に理性的に制する見こみはますます暗くなっていくように思える。最初にわかったのは、どうやらヒュームは正しかったらしいということだ。私たちの「理性的推論機能」は実際に指揮にあたっているわけではない。この機能の意図するところ、つまり機能が推論することは感覚によって決められ、この機能は私たちの感覚に影響をあたえることでしか行動に影響をおよぼせない。つぎにわかったのは、理性的推論機能という表現さえ、人間の心によくある状態よりもっと整然とした審議を連想させるということだ。私たちは理性的推論機能といえるほどの理性的推論機能を持ちあわせていないことがここで見えてきた。モジュールはおのおの目的に利するように理由づけを集めてくる能力があるように見える。

これは逆に、「理性的推論」では「理性的推論機能」のはたらきを遠まわしにしか表現できない場合があることを意味する。たしかに、一つのモジュールがたとえば「そのチョコレートを食べると眠れなくなる」というような、本当に理性的で裏づけも十分なことを言うかもしれない。しかしべつのモジュールは、「そのチョコレートを食べればもっと仕事がこなせる」というようなことを言いかねない——たとえ実際には仕事をせずにいつも以上に熱心にすべてのSNSをチェックするだけだと歴史が証明していても関係ない。しかも、妥当な理由づけと不適当な理由づけを見わけるのはむずかしい。いちばん妥当性を欠く理由づけが好ましく感じられることがあるし、感覚は勝利をおさめがちだからだ。

でも大丈夫。この劇の立役者が感覚だからといって、私たちに介入する力がないわけではない。私たちには一つ手段がある。マインドフルネス瞑想だ。これは感覚の段階で介入してその影響を変質させるのに適している。だから、古くから「自制」と結びつけられてきた課題——さまざまな種類の欲求にふけりすぎること——に対処できる望みはあるはずだ。

それどころか、タバコ依存などの課題に取り組む人の助けになる特定の瞑想法があることがわかっている。しかしその話をする前に、そもそも欲求がなぜどうやって支配的になるのか、欲求が心のなかで力をたくわえていく背景にどんな進化の論理があるかを理解しておくのがよさそうだ。

## 「自己鍛錬」は本当に問題なのか

みなさんがタバコを吸うなら、あるいはヘロインからポルノ、チョコレートにいたるまでなんらかの依存があるなら、おそらくその快楽にふけるかどうか長々と熟慮したことが少なくとも一度はあるだろう。ひょっとすると、数回ためしてその魅力に気づき、そのうち自分を支配するようになるかもしれないとうすうす感づいたころのことだったかもしれない。いずれにしても、そのときの熟慮はどこかの時点で短期の満足を支持するほうへ向かったにちがいない。時がたち、満足のチャンスがくり返しやってくるにつれて、熟慮する時間はどんどん短くなっただろう。即座に得られる満足への衝動があまりに強くなり、あらがうことができなくなる。これが依存のしくみだ。

高校のフットボール部のコーチはこの力学を説明する方法を持っている。コーチたちにいわせると、自己鍛錬は筋肉のようなものだ。使えば強くなるし、使わなければ弱くなる。この自明の理は大まかなパターンをとらえているように思う。あなたのなかの享楽反対派が数回優勢になれば——反対派にうまく「運動」させることができれば——次回も成功する可能性が増える。ところが数回つづけて負けてしまうと、おそろしく長い連敗に向かってまっしぐらだ。

じつをいうと、この「筋肉」のたとえはとてもうまいたとえで、こうした研究をしている心理学者のなかにも研究の結論を説明するのに用いている人がいる。そうした心理学者たちが考えようとしない興味深い問いは、筋肉のたとえがなぜふさわしいかということだ。はじめに何度か自己鍛錬に成功するとその先もっと成功することにつながるのに、はじめに何度か失敗するともっと失敗することにつながるのはなぜなのだろう。もし本当に自己鍛錬が生物のためになるなら、はじめの数回の失敗でそんなに簡単に自己鍛錬がくじかれるような設計を自然選択がするとは思えない。にもかかわらず、数回のヘロイン注射が充実した生活に終止符を打つ可能性があることは否定できない。なぜ人間はこうした設計になっているのだろう。

この問いに答える一つの方法は、「自己鍛錬は筋肉」という、役には立つが限界のあるたとえをやめることだ。モジュール仮説の用語で問いなおしてみよう。享楽に賛成するモジュールが数回議論に勝つと、そのモジュールは力を増していき、対抗するモジュールがわざわざ反対意見をかき集めようとさえしなくなるレベルまで強化される。なぜ自然選択はこんなふうに、勝ったモジュールがどんどん強くなるよう設計したのだろう。

二万年前の祖先——みなさんのひいひいひいひい（中略）ひいおじいさんを思い浮かべ

てほしい。若い男性だ。彼の心の一つのモジュール――ざっくりいえばフロイトが「リビドー」と呼んだもの――が女性を口説けと彼をけしかけている。べつのモジュールは用心しろと忠告して、こんなことを言う。「でももしかしたら彼女にはねつけられて恥をかくかもしれないし、それにおまえをふったと触れまわられてもっと恥をかくかもしれない」。あるいはすでにパートナーがいる女性なら、慎重なモジュールは「おまえがよけいなちょっかいを出してきたとたくましい夫に告げ口されて、ライオンの餌にでもされたらどうする?」などと言うかもしれない。

では一つめのリビドー的なモジュールが勝って、祖先が女性を口説いたとしよう。モジュールが言うとおりうまくいき、ひじ鉄を食うことなくセックスにいたり、たくましい夫にもばれなかったとする。さて、つぎにこの二つの声――口説けとすすめる声と、自粛をすすめる声――が対立した場合、一つめの声を大目に見るのは当然のことではないだろうか。なにしろ前回は言うとおりにしてうまくいったのだから。ここからわかることが二つある。女性にとってこの祖先は魅力的に映ると考えてもそう突飛ではないこと、そして、この祖先の脳が女性からの気のあるそぶりに気づくのに長けていたことだ。

反対に、祖先がひじ鉄を食い、恥をかいたうえ狩猟採集民の村で笑いものになったとしよう。さらに悪いことに、笑いものになる前にたくましい夫に痛めつけられたとする。こうなると事情は変わってくる。つぎがめぐってきたとき、リビドー的なモジュールにあまり力を持たせないのは当然に思える。自粛を勧めたモジュールにもっと力を持たせるのもうなずける。前回もそのモジュールの言うとおりだったからだ。

重要なのは、自然選択がモジュール的な心をこのように設計したとしても納得がいくということだ。しかも注意したいのは、「勝った」モジュールは判断の正しさが立証されるとさらに力をたくわえる。少なくとも一部の例では、性的な満足によって正しさが立証されることだ。リビドー的なモジュールが性愛表現を勧め、それがオーガズムにつながれば、次回はそのモジュールの勧めがより重みを持つ。

いうまでもなく、現代の環境ではこの力学は異なるあらわれ方をする。ポルノサイトを見るよう勧めるモジュールは性的満足に導いてくれるため、この勧めは次回にも重みをもつ。ポルノサイトに時間をついやすことが、繁殖の見通しを高めることとなんの関係もないばかりか逆効果にさえなりうることは問題にならない。あるいは、モジュールがコカインを吸うように勧めれば、それで自尊心を一気に高めることができる。しかし狩猟採集民の環境では、自尊心の高まりは仲間を感心させたことへの褒美だったため、コカインを吸うようながすモジュールではなく、仲間を感心させた行動をくり返すようながすモジュールが強化されたはずだ。このように現代の環境では、強化するよう設計された種類の行動とはまったく異なる行動が満足によって強化されてしまいかねない。

自制の問題を、「自己鍛錬」という多目的の筋肉が弱くなっていくことにたとえるかわりに、あるモジュールが強くなっていくことだととらえる利点は二つある。一つには、自制がなぜこれほどあてにならないのか説明する助けになる。自然選択が「自己鍛錬」という「筋肉」を組みこむとき、最初の数回の失敗で永遠にその筋肉が使えなくなるように設計する理由があるとは考えづらい。しかし、自然選択がモジュールを組みこむとき、成功のたびに強くなるよう設計する理由や、成功を求める意味づけとしてなんらかの満足を利用する理由は想像しやすい。

## 新しいアプローチ

自制の問題をモジュール仮説の用語でとらえる二つめの利点は、この問題に取り組む新しい方法が見えてくることだ。自己鍛錬筋肉をきたえることを目標とするのと、支配的になってしまったモジュールを弱体化することを目標とするのとではちがいがある。

筋肉をきたえるやり方だと、誘惑と闘うことになりがちだ。タバコを買いたい衝動にかられ、その考えを心から追いだそうとする。「自己鍛錬」というくらいだから鍛錬が必要だ。その考えを闘いの場に引きずりだして敵を克服しなければならない。

しかし、自制の問題をなんらかの強固な習慣をつくりあげた特定のモジュールの問題だと考えたとしよう。みなさんならどうやって問題を乗り越えるだろう。マインドフルネス瞑想のような方法をためすのは一つの手だ。わかってもらうには、依存を克服するためにマインドフルネス瞑想を用いる最先端のアプローチを見てみるのがよさそうだ。

このアプローチを私に説明してくれたのは、イェール大学医学大学院でこの研究をおこなった(そして、瞑想がデフォルト・モード・ネットワークを静かにさせることを示す中心的な研究の一つもおこなった) ジャドソン・ブルーワーだ。ブルーワーによると、基本的な考えは、衝動、たとえば喫煙の衝動と闘わないことだ。といっても、衝動に負けてタバコに火をともすということではない。衝動を心から追いだそうとするなということだ。不安、うらみ、憂鬱、憎しみなどのやっかいな感覚に対処するときと同じマインドフルネスの手法に従えばいい。落ち着いて(その状況で可能なかぎり落ち着いて)その感覚を検分する。体のどの部分にその衝動があると感じるだろうか。その衝動はどんな感触がするだろう。鋭いだろうか。鈍く重たいだろうか。調べていくうちに、その衝動はだんだん自分の一部ではないように思えてくる。マインドフルネス瞑想の根本的な矛盾をたくみに逆用したわけだ。感覚に十分近づいてじっくり眺めることが、感覚から最低限必要な距離をおくことになる。感覚の束縛がゆるむ。束縛が十分にゆるめば、その感覚はもう自分の一部ではなくなっている。

この手法をあらわすことばがある。RAINだ。[*11] まず、感覚を認識する（Recognize）。つぎに、感覚を追い払うのではなく受け入れる（Accept）。そして、感覚や、感覚と自分の体との関係を詳しく調べる（Investigate）。最後に、同一化しなくなる（Nonidentification）、すなわち執着しなくなる（Nonattachment）。いい終わり方だ。なぜなら、ものごとに執着しないことは、あらゆるわずらいに対するブッダの万能処方箋だからだ。

この療法の目的は喫煙の衝動に「餌づけ」しないことだとブルーワーは言う。「餌をやらなければ、野良ネコは家に立ち寄らなくなる」

なかなかいいたとえだと思う。自分のなかのどこかに飼いならすべき動物がいるというのがいい。モジュール仮説の考えでは、心にはある意味でたくさんの動物――モジュール――がいて、それぞれある程度の独立性をたもち、ときに優位性をめぐって対立しているからだ。さらに、先ほど言ったとおり、モジュールの行動は動物と同じように正の強化によって方向づけられる。おこないに対して褒美をもらいつづければ何度もくり返す。おそらくこれこそが依存にちがいない。ネズミは、レバーを押せば餌が出ると学習する。私たちのモジュールは、タバコに火をつけたい衝動を生じさせればニコチンが得られると学習する。

この比較は、喫煙の衝動と闘うことと、その衝動にマインドフルに対処することとのちがいをより鮮明にする。衝動と闘うのは、ネズミがレバーに近づくたびに追い払うようなものだ。短期的にはうまくいく。レバーを押せなければ餌は出てこないし、しばらくすればネズミもレバーに近づくのをあきらめるかもしれない。それでも、レバーに近づくことを許されれば、いつでもレバーを押すだろう。レバーを押しても餌が出ないことをうかがわせるものは何もないからだ。

衝動にマインドフルに対処するのは、私にいわせれば、ネズミがレバーを押しても餌が出ないようにすることだ。衝動（レバーを押すのに相当する）は完全な形であらわれることを許されるが、強化されることはない。私たちがマインドフルに検分することで衝動の力は失われ、欲求と報酬のつながりが断たれるからだ。時がたち、衝動が何度もわきあがりながら満足を得られないことがつづくうちに、衝動は二度と起きなくなる。

これはマインドフルネスの手法がうまくいった場合だ。ブルーワーがおこなった喫煙研究では、この手法は米国肺協会が推奨するべつのアプローチより効果的だった。[*12]

## 依存としての注意欠陥

ほとんどの自制の問題は、ニコチンやコカインのような古典的な依存症ほど劇的でもないしわかりやすくもない。私たちの生活にあまりに巧妙に編みこまれていて、それが自制の問題だとは認識されていないものもある。たとえば、私は集中力のない子どもだった。じつをいうと今もそうだ。ただ、最近は集中力がないという言い方はしなくなっている。注意欠陥障害という。この二つの言い方に共通するのは、問題を特殊な形で特徴づけている点だ。まるで、人間には集中力と呼ばれる機能がそなわっていて、どういうわけか私の集中力の機能には、それをうまく機能させるための何かが欠けていると言っているように聞こえる。しかし、自分の注意欠陥障害が作動するのをじっと見つめ、注意散漫の力学を注意深く観察すると、そのような特徴づけはまちがいだと思えてくる。集中が切れる問題は、むしろ感覚のとり扱い方の問題のように思える。

例をあげよう。私は今この文を書くことに集中しているし、この文を書くのはいい気分だ。ものごとに成功するのは好きだし、この文がコンピュータの画面に少しずつ姿をあらわしつづけるかぎり、私は何かに成功しているわけだ。でも、つぎにどんな文をつづけるか決めかねるところまできてしまうと、ちょっと落ち着かない気分になってくる。もしそれが、つぎの文をどうことばで表現するかという問題ではすまない場合、つまりつぎの文で何を言うべきか、さらには文章をこの先どの方向へ進めるべきかというもっと大きな問題にぶつかった場合、本当に落ち着かなくなる。文をあれこれいじるのは好きだが、構成の問題を考えるのは大嫌いだからだ。

いやちょっと待て。まだ書かれていない、書けるかどうかわからない文に立ち向かって不快になるだけが道ではない。インターネットブラウザは開いたままだし、そういえば買いたいものがあった。新しいスマートフォンを買おうと思っていたのだ。まあたしかに、新しいスマートフォンがどうしても必要なわけではないが、今のスマートフォンは変な動作をすることがあって、ヘッドホンプラグがささっていないのにささっていると認識してしまう。だから電話がかかってきたら、ヘッドホンをつなぐかスピーカー通話に切りかえるかしないと相手の声が聞こえない。こんな重荷を背負って生きるつらさを想像できるだろうか。今から数分かけてインターネットでスマートフォンを探すべきだとみなさんも思うはずだ。賛同してもらえるかどうかはべつとして、私は新しいもの好きだから、インターネットで検索することを考えると気分がよくなる。つぎにつづけるべき文を探すことを考えるより、はるかにいい気分だ。というわけで、ちょっと検索してくるとしよう。

どのモジュールが私の心にこの「スマートフォンを検索してみたら？」という考えを吹

きこんだのかはよくわからないが、どうも所有物を増やすのが好きなモジュールらしい。なんにせよ、そのモジュールは思考にふさわしいタイミングをはかり、執筆中に気分が落ち着かなくなりはじめたちょうどそのときをみごとに選んだ。モジュールはそれほどにずる賢い。

とにかく、重要なのは注意散漫の問題をタバコをやめる問題になぞらえて考えることができるという点だ。注意散漫の問題をそのように考えれば——仕事からあなたの気をそらしたがるモジュールを弱体化することを目標と考えれば——問題への対処法も変わるかもしれない。

仕事をしたくないという強い願望があるにもかかわらず、仕事に集中しようとかたく決意している場合、スマートフォンを検索しようという考えをとがめるのが普通の反応だろう。だめだめ、スマートフォンのことは考えるな。執筆にもどれ。しかしマインドフルなアプローチをするならこうだ。いいから、気のすむまでスマートフォンのことを考えてごらん。あなたは目を閉じ、最新のスマートフォンについての最新の商品レビューを検索したときの気分を想像する。最新のかっこいいスマートフォンが欲しいという感覚や、インターネットでそれを検索したいという感覚をじっくり観察する。観察しているうちにやがてその感覚が力を失う。これで執筆にもどれる!

一般にはニコチン依存と集中力のなさにそれほど共通点があるとは考えないが、実際はどちらも衝動制御の問題だ。原則としてどちらの場合も、衝動と闘わず、衝動があらわれるにまかせ、ただ注意深く観察することで衝動を弱体化できる。これは衝動を生じさせたモジュールから正の強化をとりあげることになるため、つぎがめぐってきたときもモジュールがさらに強くなることはない。

## 依存としての憎しみ

原則的に、ほとんどのマインドフルネス瞑想は、モジュールに力をあたえていた正の強化をとりあげることだといっていい。感覚をマインドフルに観察しているときは、感覚を生じさせたモジュールがなんらかの褒美にありつくことを防いでいる場合が多いからだ。だれかに対する憎しみの感覚を観察し、その感覚をただ観察しつづけると、憎しみの感覚は、普段ならしてしまうこと——たとえば、あなたの憎しみを買った相手のふるまいに復讐する方法を考えさせるようなこと——をやらかさない。もし本当に復讐を想像して仕返しした気持ちを味わえば、さぞいい気分だろう。不倶戴天《ふぐたいてん》の敵に降りかかるおぞましい運命を想像すること以上に楽しいことがあるだろうか。そしてこれがいい気分なのは、おそらくこういうことを私たちにさせるように、つまりライバルをおとしめ、敵を痛めつける方法を想像させるように自然選択がモジュールを設計したからだ。だから、自然選択の観点からすれば、復讐の空想にふけるよう仕向ける任務をやりとげたモジュールは褒美を得て当然だし、つぎがめぐってきたときはその褒美によってモジュールはさらに強力になっている。

憎しみが遂行するべく設計された任務はこれだけではない。憎しみは嫌いな人にひどいことを言う（したがって、仏教の八正道《はっしょうどう》と呼ばれる八つの実践徳目の一つ「正語《しょうご》」の実践に失敗する）よう仕向けることにも長けている。憎しみをこめたことを言うのも気分がいい。しかし復讐の空想に対する正の強化と同じように、憎しみの感覚がわいてくるのがわかったら、それに身をゆだねずにマインドフルに観察すればこの正の強化は起こらない。

まとめると、私たちは自制ということばから、ヘロインを注射する、チョコレートをばか食いするなど、明らかな自堕落を一般的に連想するが、こうした顕著な例から得られる教訓はそれをはるかに超えてさまざまに適用される。憎しみや集中力のなさも自制の問題であり、マインドフルネスを通じて対処できる。

「自制」はいささかあいまいなことばだ。自己を制することを指すと考える人もいれば、自己によって制することを指すと考える人もいる。どちらにしても、仏教が主題の本で用いるにしては奇妙なことばだ。というのも、仏教の教えによれば自己は存在しないからだ。そしてもし自己が存在しないなら、どうして自制の話などできるだろう。理性の御者がいないなら、私たちはどうやって意思決定を、たとえばマインドフルネス瞑想をするかどうかの判断をするのだろう。

とりあえず今のところは、前にも言ったことをくり返してこの疑問をやりすごすことにしよう。「自己」なるものが存在するかどうかにこだわる必要はない。無我の教義の役に立つ部分、具体的には、私たちのどの感覚も――タバコを吸いたい衝動も、スマートフォンを検索したい衝動も、人を憎みたい衝動も――本質的に私たちの一部ではないという考えだけを利用すればいい。こうした感覚をあるがままに、モジュールが力をあたえようとしていることをそのまま観察する。感覚をこのようにマインドフルに観察すればするほど、感覚の力は弱くなり、だんだん「自分」の一部ではなくなっていく。

デイヴィッド・ヒュームも自己の存在に異議を唱えていたが、私たちが自制と呼ぶものは可能だとたしかに考えていた。ヒュームは復讐や憎しみといった「激しい」情念と、美への愛といった「穏やかな」情念を区別して、つぎのように述べている。「一般的にいって、激しい情念は意志に対してより大きな影響をおよぼす。しかし、しばしば見られるように、穏やかな情念が熟考に裏づけられ、決意に支持されれば、もっとも激烈な状態にある情念も制御できる」。穏やかな情念が「心に対する絶対的な支配」を獲得することさえ可能だとヒュームは言う。[13]

何にも増して、マインドフルネス瞑想は穏やかな情念にはもっと力をあたえ、激しい情念にはあまり力をあたえないようにする試みだ。ヒュームは仏教哲学と遭遇していた可能性を指摘されてはいるものの、マインドフルネス瞑想については知らなかったようだ。しかし、穏やかな情念に権限をあたえる利点を説くヒュームはさながら、今を生きる美徳をほめちぎる現代の瞑想指導者だ。穏やかな情念に権限をあたえられなければ、つまり激しい情念に勝利をおさめさせてしまえば、「人生のありふれたできごとのなかのおもしろみ」を見のがしてしまうとヒュームは書いている。[14]

自制の問題をかかえる人を助けることは、純粋に治療的な行為ととらえられることが少なくない。たしかにタバコをやめたりヘロインを断《た》ったりするための支援は一般的な意味での治療といえる。しかし、自制の議論がいかに途切れなく憎しみを克服する議論につながったか、それどころか「人生のありふれたできごとのなかのおもしろみ」に美しさを見る議論にまでいきついたかを思えば、治療と道徳的高揚のあいだの境界や、治療と精神的高揚のあいだの境界がいかにぼんやりしているかも見えてくる。

それも当然だ。仏教哲学によれば、治療の範疇とされる問題も精神性にかかわるとされる問題も、どちらもものごとを明晰に見ないことから生じている。さらに、ものごとを明晰に見ることができないのは、どちらの場合も一つには感覚にあざむかれることが原因で起きている。そして感覚の本質を見ぬくための第一歩は、感覚をはじめから見ることであり、感覚が思考や行動にいかにあまねく、ささやかに影響をあたえているかに気づくことだ。

これから数章にわたって、感覚が思考や行動におよぼすさらにささやかな影響を見ていく。そして治療の領域から精神性の領域に向かってさらに先へと踏みこんでいく。

# 10　無色《むしき》との出会い

これは、今から一九世紀ほど前の仏典『三昧王経《さんまいおうきょう》（サマーディラージャ・スートラ）』からの引用だ。

蜃気楼《しんきろう》や空中楼閣《くうちゅうろうかく》、
あるいは夢や幻は、
本性がなく、ただ現象としてあらわれている。
そういうものとしていっさいのものを知るべきである。

はじめて耳にしたのは、瞑想合宿中に指導者のひとりが「無色《むしき》」について長々と話していたときだ。私が理解したところでは、瞑想の実践を通じて無色を理解するところまで到達すれば、まだ「色《しき》」の世界にこだわっていたときより現実をありのままに受けとめるようになるという。色というのは、テーブルとかトラックとかボウリングのボールとか、そういった物質のことだ。

「無色」はとりたててよく知られた仏教用語というわけではない。しかし、この指導者が無色ということばで言おうとしていたこととだいたい同じような意味を持つ、もっと知られた用語がある。それが「空《くう》」[*1]だ。

どちらの用語を使うにしても要点はこうだ。目で見たり触れたりできる存在感のあるものにあふれ、とても頑丈でしっかりした構造があるように見える外の世界は、見かけだおしにすぎない。見かけだけの色（物質）の世界はある意味で、『三昧王経』が言うように「蜃気楼や空中楼閣、あるいは夢や幻」だ。あるいは、『般若心経《はんにゃしんぎょう》』の簡潔かつ有名なことばのとおり「色は空である（色即是空《しきそくぜくう》[*2]）」。

どうやら一部の非常に熟達した瞑想家はこの真実を深く感じるレベルに達しているらしく、日常的に世界を「空」あるいは「無色」と見ている可能性さえある。これは大変な離れ業とされ、とくに悟りを得ることが目標の場合は重要になる。

「無色」や「空」ということばについてあれこれ考えていると、べつの二つのことばが思い浮かぶ。ばかげていると、やりきれないだ。外の世界が現実ではなく、実体があるように見えるものもある意味で本性を欠いていると考えるのは、ばかげているように思える。それに、なんとなくやりきれない感じもする。空虚さを大いに楽しんで生活している、快活で満ちたりた人にはまず出くわさない。

でも私はしだいに、無色や空の概念が実際はそれほどばかげていないし、むしろ心理学が発展するにつれてますます意味をなすようになっていると考えるようになった。ではやりきれなさはどうかというと、知覚した世界がある意味で空だと考えることは、かならずしも人生の意義を奪うものではない。それどころか、そう考えることでこれまでより妥当な、ひょっとするともっと幸せにつながる新しい枠組みで人生の意義をとらえることができるかもしれない。

とり急ぎつぎのことを言い添えておきたい。「無色」や「空」を擁護する私の気持ちは、それがどのような意味合いで解釈されているかに左右される。これまで異なる仏教思想家が異なる解釈をしてきた。外の世界は究極的には存在しないと主張するもっとも極端な「唯識《ゆいしき》」思想の正当性をここで論じるつもりはない。同時に、問題をすりかえようというのでもない。無色や空をあまりに狭義に専門的に定義しすぎて、基調となる概念に対して私が主張する「妥当性」がとるにたりないものになってしまうことは避けたい。私たちがこの現実には「姿かたち」や「実体」が欠かせないと考えてしまうことは、ささいなことではあるが重要な意味を持つ。そのことを正しく認識するのは人生に根本的な影響をあたえうるし、あたえるにちがいないと思う。

しかしまずは穏健な側の主張から話をはじめたい。外の世界を認識するとき、私たちが本当は外の世界を認識しているのではなく「構築している」ことはほとんど論争にならない。私たちはさほど世界と直接接触はしていない。見たり聞いたりかいだりしているものは体から少しはなれたところにあり、脳にできるのは、通りの向こうのパン屋からただよってくる分子、飛行機から放射される音波、木に反射した光子などの間接的な証拠を頼りに、それについて推論することだけだ。

たとえば世界は三次元だが、私たちは二次元のデータフィールドを介して世界を見ている。目の表面に飛びこんでくる光の点々だ。心が奥行きのある三次元の世界を見るためには、奥行きのない二つのデータフィールドを使って世界についてなんらかの「仮説」を構築しなければならない。

その仮説がまちがっていることもある。３Ｄ映画を見にいって３Ｄグラスをかけると、脳はだまされて、スーパーヒーローがスクリーンからあなたのほうへ飛びだしてくるのを見ていると勘ちがいする。グラスをはずせば、実際はそうではなく、すぐそばにはあなたとポップコーンしかいないことがわかる。あるいは、もっと昔ながらの錯視でもいい。有名なミュラー・リヤー錯視では、一方の線をもう一方より長く感じるが、本当はどちらも同じ長さだ。

こうした錯覚は、眼球上の二次元のパターンが三次元の世界をどう反映しているかについて心がめぐらす憶測を巧みに利用している。錯覚をつくりだす人たちは、この憶測がはずれるような状況を編みだしてきた。

いうまでもなく、日々の生活ではこの憶測はほとんどあっている。私たちの心は、二次元のデータを頼りに三次元の現実のモデルを構築するという驚異的な仕事をしている。私たちの五感はそれぞれの仕事に関してはすご腕だ。全般的に見て、木に見えるものは木だし、飛行機に聞こえるものは飛行機だ。それでもやはり問題はこの構築にある。知覚はけっして受動的なプロセスではない。それは能動的なプロセスで、つねに世界のモデルを組み立てている。ロールシャッハ・テストで、抽象的なインクのしみが人によって異なるものに見える理由の一つはこれだ。心はもっともあいまいなパターンでさえ何か意味をなすものにしようと努力する。私たちは、それがなんなのか、どんな意味があるのかについての物語を求める。

瞑想中はものについての物語が消える。たとえば、私は音について瞑想することがある。

一定のリズムで、息を吸うときは呼吸に集中し、吐くときはまわりの音に集中する場合もある。あるいは、呼吸を完全に無視して徹底して音だけに集中する場合もある。瞑想合宿のとき、先生がまるまる一回の瞑想セッションを音の瞑想にあてることもある。この瞑想に十分に深くはいりこむと、音に「押しつけて」いた構造が溶けだすことがある。

たとえば、飛行機が頭上を飛んでいくと、「飛行機が頭上を飛んでいく」音が聞こえる。ただ、かならずしも「あ、飛行機だ」と思う必要はない。音の感触に没頭していると、すぐに「あ、〇〇だ」と思うことはない。それはただの純粋な音で、特定の具体的な物体の概念とは結びつかない。たぶん、飛行機のない文化圏からきた人や、文明が高度に発達して航空機が音を出さない星からきた宇宙人には、飛行機の音がそんなふうに聞こえるだろう。それは単なる音で、何かの音ではない。

この時点で尋ねられると答えに困るのは、飛行機の騒音が飛行機から発せられていることを忘れるとどんないいことがあるのか、という質問だ。うん、聞いてくれてありがとう。答えは、「いや、とくにいいことはない」だ。でも、ぜひここでべつの例を見てみよう。こういうふうに忘れると何かいいことがある例だ。

## 騒音を音楽に変える

あるとき私が瞑想合宿に行ったところ、新しい寮を建設中で、あたりにハンマーや電動ノコギリの音がしていた。工事の騒音は静かな瞑想の足しにはなりそうにないし、それをいうなら、どんな楽しいことの足しにもなりそうにないと思うのが普通だろう（ダウンロードできる着信音のなかに「電動ノコギリ」があるのは見たことがない）。実際、合宿の冒頭に説明してくれた指導者は、一週間ずっと工事の騒音を聞くことになると、申しわけなさそうに言った。ただ、その先生が言い添えたとおり、マインドフルネス瞑想の大部分は自分が直面する現実を受け入れることだ。普通、耳ざわりでいらいらする工事の音が聞こえたら、窓を閉めるか何かほかの方法で音に耳を貸さないようにする。しかしここでのねらいは、その音を受け入れ、耳ざわりでいらいらする音だという考えをうのみにしないことだ。

簡単にできることではないが、理屈は単純明快だ。秘訣は耳ざわりな感覚に正面から向きあうことだ。そのざらつきを調べるといってもいい。騒音が引き起こす不快に注意を向ける。体のどの部分にいらいらや、もっと言えば嫌悪があるだろう。その感覚はどんな感触だろう。検分がきめ細かくなればなるほど、感覚をしっかり受け入れることになり、感覚の負のエネルギーが消えていく。

じつを言うと、私は工事の騒音が不快だという考えを手放すことができただけではない。ハンマーと電動ノコギリが発する音波にどっぷりつかるうちに、すべてがまさに文字どおり音楽のように聞こえだした。電動ノコギリの騒音は唐突で神経にさわると思う人もいるだろうが、私は音が徐々に静まりながらピッチが下降していく感じや、再開してピッチが素早く上昇していく感じに優雅さを見いだした。

電動ノコギリの音が美しく聞こえるようになったあまり、長いあいだ音がしないとそわそわして、建設作業員がはやくベニヤ板でもなんでも切ってくれないものかといつのまにか期待している自分に気づいた。もちろん、これはいかに私が悟りからほど遠いかをあらわしている。仏教の教義によれば、気に入ったものに執着するべきではないからだ。しかし肝心なのは、一般に「騒音」と呼ばれるもののなかに音楽を見いだせたことだ。

話の方向は見え見えかもしれない。もし文字どおりの騒音を音楽に変えられるなら、比喩的な騒音――あらゆる種類のありがたくない知覚や思考や感覚――を比喩的な音楽に変えられないだろうか。あるいは少なくとも、とげとげしさをとりのぞくことはできないだろうか。この問いに私がどう答えるかも見え見えかもしれない。答えは、「もちろん《イエス》・できる《ウィー・キャン》（ねばり強く十分に実践を積めば）」だ。

しかしこうした実用的な応用の話にはいるまえに、もともとの質問にもどろう。私のささやかな電動ノコギリ交響曲が、無色や空とどう結びつくのだろう。一つには、この瞑想合宿で私は「電動ノコギリの色」とでもいえるものを手放すことができたと思う。電動ノコギリの音は、電動ノコギリという語が喚起するコノテーション（副次的意味）の構造全体の一部になっている。コノテーションの中心にあるのはもちろん電動ノコギリという概念だ。電動ノコギリの音が神経にさわる理由の一つは、音がコノテーションの一部だから、つまりその音が電動ノコギリから出ている音だと私たちが知っているからだと思う。電動ノコギリは木材だけでなく骨も切れることはよく知られているため、多くの人が接触をもちたがらない。おそらく電動ノコギリのコノテーション――そして、コノテーションが呼び起こす負の感覚――のために、私たちはその音に嫌悪を感じる。

もちろん、電動ノコギリが出すような音を好まない傾向が人間に生まれつきそなわっている可能性もある。たしかに私たちは特定のもの――特定の味、におい、光景、音など――を好んだり嫌ったりする傾向をそなえて生まれてくる。それでも知覚に対する反応は、ある程度経験の結果でもあるのはまちがいない。私が瞑想をしていたどこかの時点で、電動ノコギリの音は通常の電動ノコギリの色から抜けだして、べつの色に住みはじめた。その音は歯医者のドリルを思いださせた。とたんに、もちろんその音はとんでもなく不快になった。やがて、電動ノコギリの音が両方の「色」――電動ノコギリの色と歯医者のドリルの色――から抜けだして、ようやく心地よい音になった。

アーチャン・チャーのことを覚えているだろうか。無我の概念を「知的な思索」だけで理解しようとすれば頭が破裂するだろうといったタイの僧侶だ。かつてチャー師が詳しく語ったところによると、あるとき瞑想しようとしていて、近くの村から聞こえてくる祭りの音に何度も中断されたという。そのときチャー師は気づいたそうだ。「この音はただの音だ。音をいらだたせにいっているのは私だ。私が音をそっとしておけば、音も私をいらだたせない……私がわざわざ音をわずらわせなければ、音が私をわずらわすこともない」[*3]

この逸話をまったくの文字どおりに受けとるつもりはない。音は、こちらがわずらわせた報復として、こちらをわずらわすわけではないだろう。要は、音それ自体は能動的なものではなく受動的なもので、快でも不快でもないということだ。だからそれを不快にするには、自分から出向いていって音に何かしなければならない。

『三昧王経』から引用した部分をもう一度見てみよう。「本性がなく、ただ現象としてあらわれている」。この経典は、私の耳にあたっていた電動ノコギリの音波の真実味――私が観察していた「現象」――を否定しているわけではないが、通常私が現象の裏に見いだす「本性」――電動ノコギリの本性――は解釈の問題であり、私が現象から構築する、あるいはしないと選択したものにすぎないといっているようだ。本性は人間の知覚から独立して存在することはない。

空の教義のこの解釈は私にとって納得のいくものだ。また、仏教学者にもっとも広く受け入れられている解釈でもある。何もかもがないのではなく、本性がないという解釈だ。空を知覚することは、私たちが生まれながらにやりがちなこと——データの神髄がなんなのかについて仮説を立て、その仮説を本性という観念に封入すること——をせずに、生の感覚データをそのまま知覚することだ。

当然、つぎのような反論が返ってくるだろう。「でも、電動ノコギリの音の中心にはちゃんと何かがあるだろう？　ほら、電動ノコギリと呼ばれるものが。空っぽではない、ちゃんと実体のあるものが。きみがその事実を心から閉めだして、騒音を音楽に変えたのはすごいことかもしれないけれど、電動ノコギリが実際にそこにあるのなら、きみが見ている現実の姿は明晰になったのではなく、むしろ不鮮明になったといえるのではないか？しかも仏教のねらいは、世界をもっと明晰に見ることによって苦しみを減らすことではなかったのか？」

ここからの数段落は、今の反論に対する完全に満足のいく回答にはなっていない。空ほど極端な概念は、電動ノコギリのちょっとした逸話くらいでは説得力のある擁護などとてもできない。それでも、これから数章のうちには、まぎれもなく妥当に聞こえるとはいかないまでも、少なくとも最初に聞いたときよりだいぶばかばかしさが解消されたと思ってもらえることを願っている。さしあたって、空なるものと、電動ノコギリの無色についての疑問に当座の返答をしておきたい。

たしかに電動ノコギリは存在する。電源コードや刃や引金式スイッチといったもので構成されている。こういったものは電動ノコギリの「現象」といってもいいだろう。しかし電動ノコギリの「本性」と言うときには、私たちが電動ノコギリのなかに知覚する現象の総和だけではないもの——特有のコノテーションや、感情的な共鳴を指している。そして、そうしたコノテーションや共鳴から私自身を切りはなせたとき、電動ノコギリの音を楽しめるくらい十分に切りはなせたとき、その本性が少しずつ消えはじめた。

べつの言い方をしよう。この瞑想合宿より前だったら、私も「不快な音を出すのは電動ノコギリの本性の一部だ」と言っていただろう。でも不快な音を出すのは電動ノコギリに本来そなわっているものではないことがわかった。そしてもし本来そなわっているものでないなら、それが本性の一部でありうるだろうか。

次章では、さまざまなもの、というよりおそらくあらゆるものの「本性」が本当はそのものに本来そなわっているものではないことを論じたい。証拠として現代の心理学の多種多様な知見を紹介する。次章を読んだあとは、無色や空の概念がもう少し納得のいくものになっているといいのだが、少なくともどういう点で納得がいくと私が主張しているのかをもっと明確に理解してもらえたらと願っている。

その前に、もう一つ瞑想合宿の逸話を。

## 無限後退する物語

無色についてはじめて耳にした瞑想合宿では、それぞれのヨギに指導者のひとりと一〇分間の個別面談をする機会があった。自分が悩んでいることをなんでも相談して指導者の助言を受けることができる。私の面談を担当したのはナラーヤン・リーベンソンという先生だ。『三昧王経』の一節を読んでくれたのはナラーヤンだが、無色の話をしたのはロドニー・スミスというべつの先生だった（11章を参照）。これはロドニーが言おうとしていたことについてナラーヤンがどう解釈するかを尋ねるよい機会だった。

ちなみに、ナラーヤンは筋金入りだ。インサイト・メディテーション・ソサエティの大半の指導者と同じく、集中的な瞑想修行をおこない、東南アジアの山奥で何カ月もの独居修行も経験している。ストレス軽減のためだけの瞑想を指導しているのではないが、ストレス軽減が恩恵の一つであることにはもちろん満足している。ここで彼女は人々が解放にいたる手助けをしている。

そのため、ナラーヤンは私がこの本を書くことにはあまり賛成しなかった。仏教の瞑想実践について本を書くことは実践そのものの妨げになりかねないからだ。本で説明できるようにと特定の瞑想状態に達しようとすれば、その状態に達する可能性は低い。べつの気持ちで取り組めば可能なはずのさまざまな突破口を開いていく可能性も低くなる。ナラーヤンがまじめな顔で私に言ったことがある。「本を書くか解放を目指すか、どちらかを選ぶしかないですね」

そこで私は、でもこの本はほかの人がダルマ（ブッダの教え）に帰依する助けになるかもしれないと指摘した。もし十分に多くの人が救われるなら、私個人が解放に到達できないことの埋めあわせになるのではないだろうか。そのように言ってもナラーヤンは動じない。彼女の仕事は解放へ向かうための指導をすることで、その時点では私の指導者だったからだ。それに、ひとりの真に解放された存在以上に世界にとってすばらしいことはないと考えているようだった。人々を解放のおおよその方角へ向かわせることのできる解放されていないひとりの著者でさえ、それにはかなわないらしい。

とにかく、そのときの個別面談では、ロドニーの考え方がヴィパッサナー瞑想の指導者のあいだで広く共有されているかどうかナラーヤンに尋ねた。無色の概念を真剣に受けとめているかときくと、ナラーヤンはそうだと答えた。そして、ロドニーが無色について言ったことも、自分の仲間のあいだでは過激とは見なされていないと言った。「ジョセフもそんなふうに言いますよ」と、ジョセフ・ゴールドスタイン（8章を参照）を引きあいにだした。

そこで、無色ということばが正確には何を意味するのかとたたみかけた。ナラーヤンは、物理的な世界が存在しないとか構造を欠いているという意味ではないはずだという私の考えはまちがっていないと言った。テーブルは存在するし、電動ノコギリも存在する。数分の対話ののち、ナラーヤンの言わんとすることが理解できた気がした。

「つまり、世界のありとあらゆる意味のあるものは、私たちが世界に押しつけているということですか？」

「そのとおりです」

急いでつけくわえれば、これは私たちが意味のない世界に生きているということではない。仏教では、有情《うじょう》（生きとし生けるもの）に生まれつき道徳的な価値がそなわっていると考える。それは人間だけでなく、主観的な経験をもち、したがって痛みや快、苦しみや苦しみでないものを感じられるあらゆる生きものにもいえる。そしてこの価値が、ほかのことがら、たとえば他人を助けたり、犬にやさしくしたりすることにも同様に価値をあたえる。人生には道徳的な意味が本来そなわっているといっていい。

しかしナラーヤンが言っているのは、日々の生活を送るなかで、私たちがある種の物語的な意味をものごとにあたえているということだ。最終的に物語は大げさになる。自分のやったことがとんでもない大失敗だと決めつけ、もしべつのことをしていれば何もかもがすばらしくうまくいっただろうにと考える。あるいはあれを手に入れなければ、これを達成しなければと決めつけ、それがかなわなければ何もかもが悲惨なものになると考える。このような物語の根底にあるのは、ものごとそれ自体のよし悪しについて早いうちに物語形式で判断してしまうことだ。

だからたとえば、この瞑想合宿にきたのは大きなあやまちだったとか、いつもこんなあやまちばかりくり返しているとか、そんなことを私が長々と物語にしはじめる場合、その物語の背後にはいくつもの疑わしい前提がある。この瞑想合宿にくるかわりに何をしていたとしてもそれはすらすらと運んだだろうという前提もその一つだ。でも本当は、もしかしたらバスにひかれていたかもしれない。また、合宿中に何度かつらいこともあったし、どうせこの合宿は自分のためにならないだろうという前提もそうだ。実際のところ長期的な効果があるかもしれない。そしてこうした物語の根っこには、もっとも根本的な前提がある。「私が瞑想しようとしているときに聞こえてくるこの電動ノコギリの音は悪いものだ」といった、単純な知覚的判断だ。この種の意味づけはものごとの感触にしっかりと組みこまれているように見えるが、実際には現実に本来そなわっている特性ではない。私たちが現実に押しつけているものであり、私たちが現実について語る物語だ。

私たちは物語についての物語についての物語をつくりあげる。物語の問題点はその基盤からはじまっている。マインドフルネス瞑想は、自分の物語を土台から最上部まで注意深く検討し、もし望むなら、つくり話から真実を切りはなすことのできるとりわけ有効な道具の一つだ。

# 11 空《くう》のよい面

ある日、五九歳の男性が自分の妻はどこかと妻に尋ねた。「フレッド」——というのが『ニューロロジカル・サイエンシズ』誌にこの症例を発表した研究者のつけた仮名だ——はふざけていたのではない。研究者によれば、「驚いた妻が『自分は目の前にいる』と答えると、フレッドは『あなたはぜったいに自分の妻ではない』ときっぱり否定した」[*1]。フレッドが妻の顔を見わけられなかったというのではない。女性はまちがいなく妻のように見えた。ところがフレッドはそれが「そっくりさん」だと言いはった。きっと本物の妻は出かけていて、あとで帰ってくるというのだ。

フレッドはカプグラ妄想をわずらっていた。だれか——通常は身内、場合によっては親しい友人——が替え玉だと信じこんでしまう病気だ。その替え玉はとても精巧につくられた複製で、少なくとも外見は寸分たがわない。しかし中身はちがう。自分の母親と完全にそっくりなのに、その人には自分の母親の本性とでもいうべきものが欠けている。

すでに見たとおり、本性は空《くう》の概念の中核をなす。少なくとも本性がないことは空の概念の中核をなしている。私たちがこの世界で知覚しているものは存在しているといえなくはないものの、「本性」と呼ばれるものが欠けているというのが空の考えだ。ならば、自分の妻を見たとき妻の本性が見えなかったフレッドは、空を経験していたのだろうか。仏教の悟りを開く用意ができていたのだろうか。

そうではない。悟りとは妄想をとりのぞくことだが、自分の妻が自分の妻でないと思いはじめるのは妄想をいだくことだ。カプグラ妄想と呼ばれるのもそのためだ。フレッドの脳内で何が起きていたとしても、それは仏教の言う悟りではない。[*2] その一方で、フレッドの脳と、深い瞑想状態にある人が世界を完全に、あるいは部分的に「空っぽ」と見るときの脳にはなんらかの共通点があるようだ。そしてこのような見方は、空の経験を考えるうえで重要なヒントになると思う。空とはなんなのか。なぜ人は空を経験するのか。空をどう考えればいいのか。

カプグラ妄想の原因についてたしかなことはわかっていない。しかし、視覚の処理に関連する脳の領域（顔の認識にかかわる紡錘状回《ぼうすいじょうかい》の可能性がある）と、感情を処理する脳の領域（扁桃体《へんとうたい》など）とのつながりが絶たれた結果ではないかと長く考えられている。はっきりしているのは、なんらかの感情の欠落、感覚の欠落があることだ。たとえば自分の母親によって一般に呼び起こされる感覚が欠落する。だれかを見て、自分の母親を見たときのような感覚が生じないなら、どうしてその人が自分の母親でありうるだろう。

人間を識別するのは、単純な視覚認知の働きだと普通は考えがちだ。コンピュータでもできることに思える。それどころか、コンピュータは顔をスキャンするだけで立派にその任務をこなす。しかし、どうやら人間はもっと複雑な方法で識別しているらしい。対象がどのように見えるかだけでなく、自分にどのような感覚をいだかせるかがかかわっている。少なくともカプグラ妄想から判断するかぎり、友人や身内を識別する場合にはそういえそうだ。

ほかのさまざまなものにもいえるだろうか。自分の住んでいる家や、運転している車、さらには使っているコンピュータまで、それぞれに対する自分の感覚に頼って識別しているのだろうか。そうした感覚がなくなることで家や車やコンピュータの識別自体ができなくなったりはしないにしても、こうしたものに対する見方や意味づけが一新されたりするだろうか。「海」ということばの意味――辞書に載っている意味ではなく自分にとっての実際の意味――はこれまで自分が海に結びつけてきた雑多な感覚の記録に左右されるのだろうか。その結びつきからいきなり切りはなされたら、海は空っぽに見えるのだろうか。私はそう思う。そして、どのようにして仏教の空の教義が生まれたかもこれで説明がつくように思う。瞑想は一方で知覚と思考との関係を弱め、他方でたいていは知覚につきものの感覚、すなわち感情的な共鳴との関係を弱める。そのようにして関係を徹底的に弱めることができた場合、知覚は感情との結びつきからだんだん自由になり、世界観を変えてしまう可能性がある。外見は同じに見えるのに、まるで内なる何かが欠けているように思えてしまう。『三昧王経《さんまいおうきょう》』のことばを借りれば、「本性がなく、ただ現象としてあらわれている」ように見えるだろう。空の概念が最初に形になったのは、もしかすると非常に深く瞑想していた人の心のなかだったかもしれない。とても深い瞑想で、普段は世界をいろどっている感情の色合いがほとんど完全にはげ落ちてしまうほどだったのではないだろうか。さまざまなものに関連づけられていた感覚が薄れていくにつれてものが変質していき、実体とでもいうべきものが奪われたかのように見えたのかもしれない。

この可能性に首をかしげたくなる理由の一つは、たとえば海やコンピュータに対して自分がそこまで強い感覚を持っているとは考えにくいことだ。少なくとも、それを識別するのに欠かせないほど強い感覚を持っているとはちょっと思えない。しかし、一般に考えられているより感覚が知覚に大きく関与していることをここで立証しようと思う。

最初の証拠はカプグラ妄想そのものだ。脳は常識的に「認知」活動と「情動」活動とにわけられるが、人を見わけるという単純な認知活動でさえ感情反応に頼っている可能性があることをカプグラ妄想は裏づけている。このあと私が第二、第三の証拠資料を持ちだして説明すれば、もう少しもっともらしく聞こえるはずだが、空の教義が教義になる以前の空、つまり仏教哲学者が空の考えを明確化し正当化する以前の空は、とても長い時間ひたむきに瞑想をして、ものごとにぴったりはりついている感覚の覆いがとれ、ものごとをありのままに見たり聞いたりできるようになった人が、経験にもとづいて会得したものにすぎなかったのではないだろうか。

しかしそんな憶測は話の本筋ではない。重要なのは、そのような経験にもとづいた会得にどんなメカニズムが働いたのかをより深く探究することだ。そして、瞑想に打ちこんで空を見る人たちの脳で起きていることが、何に対してもものの本性を見てしまうはるかに多くの人たちの脳で起きていることとどうちがうのかをもっとよく理解することだ。それは、第二グループの人、つまり私たちの大多数が慢性的に妄想を見ているのか、もしそうなら、妄想の影響はどれくらい大きいのかを問う手がかりになる。ネタバレをしてしまうと、いくつかの点で影響はかなり甚大《じんだい》だと思う。

## 風変わりな本性、ごく普通の本性

心理学者のポール・ブルームは、「本質主義」——ものに内なる本質、あるいは本性があると考える傾向——が「人間に普遍的」なものだと書いている。ブルームが本質主義の例としてあげているもののなかにはちょっと変わったものもある。ジョン・F・ケネディが所有していた巻き尺に四万八八七五ドルを払った人がいるそうだ。おそらく巻き尺になんらかの大統領の「本性」がしみこんでいるという思いにつき動かされてのことだろう。それほど風変わりでない例もある。一般に結婚指輪は少なくともそれをはめている人に感覚を呼び起こす。まったく同じに見えるべつの指輪ではそうはならない。この巻き尺も結婚指輪もある意味で特別なものだし、同じことは特別に強い本性を感じさせる多くのものにもいえる。

ブルームは『喜びはどれほど深い？』（インターシフト）のなかでつぎのように書いている。そうしたものが特別なのは、「尊敬されている人物や重要なできごととかかわりがあるとか、個人的に大切な人と結びついているといった歴史があるからだ。その歴史は見ることも触れることもできず、ほとんどの場合、どんな検査をしても見た目がそっくりなものと区別できない。それでもやはり、その特別なものは喜びをあたえてくれ、複製ではなんのありがたみも感じられない」。[*3]

ブルームはこれよりも広い意味で、人が生まれながらに「本質主義者」だと考えている。私も賛成だ。というより、これが本章の主題の一つだ。ブルームのいう「特別」さのないものに対してさえ、人は感情のこもった本性をあたえる。[*4]

しかしブルームのように極めて特別なものだけに限定して検討するのは、少なくとも一時的な利点がある。範囲を限定すれば簡易版の実験のようなことができるからだ。たとえば、オークションでせり勝った入札者が、まるで至宝を手にしたかのように大統領の巻き尺をささげ持っているとき、「おっと、手ちがいがありました。それは配管工の巻き尺です。ジョン・F・ケネディの巻き尺はのちほどご自宅にお送りします」と言ってみる。そしてこの情報があたえる影響を観察する。落札者の表情の変化を見れば、感覚に変化があったことを疑う余地はない。つい先ほどまで畏怖と崇拝の念をいだかせていた巻き尺が、そのたぐいのものをいっさい抱かせないものに変わったのだ。貴重な遺品だったものが単なる物体になり、ついさっきまでそなわっていた本性が空っぽになっている。

このような「実験」は実生活でも起こる。ブルームはナチスの戦犯ヘルマン・ゲーリングの話を紹介している。かたわらで見ていた人によると、本物のフェルメールだと思って所有していた絵画が実際は贋作《がんさく》だとわかったとたん、ゲーリングは「まるで世のなかに悪が存在することを生まれてはじめて発見した」かのような表情になったという。*5

その瞬間のゲーリングの顔を観察したり、架空の巻き尺落札者の顔を観察したりすれば、知覚した本性と感情とのあいだになんらかの相互関係があることがうかがえる。この「実験」から、特別な品物に特別な本性があると思うことは、その品物に特別な感覚をいだくことだといえそうだ。

では身のまわりにあるそれほど特別でない多くのもの、大統領が所有していたともフェルメールが描いたとも私たちが思っていないものについてはどうだろう。たとえば貨物列車やピックアップトラックや渓流の眺め、霧笛の音や夜半のコオロギの鳴き声や朝の鳥のさえずりは？　このあたりになると、本性と感情のつながりをたしかめるのははるかにむずかしくなる。一つには、こうしたものに本性を感じる人がいても、傍目《はため》にはそうとはわかりにくい。手に入れるためにとんでもない大金を積むことはないし、かけがえのないものだから失うと想像しただけでワッと泣きだしてしまうこともない。それに、列車やトラックほどありふれたものを見てほかの列車やトラックとはちがう感覚をいだく人がいても、やはり傍目にはよくわからない。

しかし、ごく普通のものもささやかながら感情をともなう反応を引き起こすという見方は昔からあった。一九八〇年、心理学者のロバート・ザイアンスは当時としては少々突飛な考えをつぎのように説明した。「日々の生活には、感情の要素をあまり含まず、熱くないばかりか温かくもない知覚や認知はほとんどないと思われる。おそらくすべての知覚にはなんらかの感情がこもっている。われわれはただ『家』を見るのではない。『すてきな家』や『ぶかっこうな家』や『けばけばしい家』を見る。単に態度の変化に関する記事や、認知的不協和に関する記事や、除草剤に関する記事を読むのではない。態度の変化に関する『興味深い』記事や、認知的不協和に関する『重要な』記事や、除草剤に関する『つまらない』記事を読む」[*6]

ついでに一つ指摘しておくと、ザイアンスはものごとについて感覚をいだくことと、ものごとについて判断をくだすことを暗黙のうちに同等と見なしている。この同一視は、能面からいうと感覚は判断だというダーウィン説の見地（3章を参照）にもあてはまる。感覚を冷静に調べることで判断をやわらげるという瞑想の手法にもあてはまる。余談はともかく、ザイアンスはさらにつぎのように書いている。「同じことは、夕日、稲妻の閃光、花、えくぼ、さかむけ、ゴキブリ、キニーネの味、ソミュールワイン、ウンブリアの土の色、四二番街の往来の音にもいえるし、同じように一〇〇〇ヘルツの音やアルファベットのQにもいえる」

アルファベットのQ？　それはちょっとばかり行きすぎかもしれないが、それでもちょっとだ。私たちは特別なもの——あの特別にかっこいい車、あの特別に地味な車——に感情反応をする以外に、あたりまえのもの、ごくありふれた車などにも感情反応を起こす。たとえば巻き尺だ。私は巻き尺がすごく好きで、大統領に関係がなくても巻き尺ならなんでもいい。巻き尺をのばして、それを使って疑問（とりかえるのは何センチの蛍光灯だっただろう?）の答えを得るのが楽しい。手を放すと素早くしゅっと巻きもどる感じも好きだ。ホームセンターへ行って巻き尺で目の保養をするようなことはまずないが、巻き尺を目にすると自然にささやかな好感をいだいている。これが巻き尺についての私の考えの一部であり、私にとっての巻き尺の意味の一部なのだと思う。

ジョン・F・ケネディの巻き尺やゲーリングの贋作フェルメールのような本当に特別な品物でおこなえる「実験」が、それほど特別でない品物をとりあげる場合だとむずかしい理由は明らかだ。特別な品物の場合、感情をともなうコノテーションは品物の歴史をかたく信じることで生じているため、その歴史がじつはうそだと持ち主に伝えるだけで、感情にどれだけの影響をおよぼすかを見さだめることができる。しかしそれほど特別でない品物の場合、これに相当する細工をするのは不可能だ。巻き尺にまつわる数々のよい思い出が実際には起きなかったと私を説得することはできない。それに、もしできたとしてもどうなるものでもない。巻き尺に対する好ましい気持ちは、巻き尺とかかわってきた歴史を意識的に信じることで生じているわけではないからだ。この気持ちは、巻き尺との歴史を通じて無意識のうちに感情的な条件づけがおこなわれた結果だ。

## 知覚にまぎれこむ感覚

しかし、どんなものに対しても人が正や負の関連づけをしがちだという証拠はたくさんある。これは二つの方法で示すことができる。一つは巧妙な方法、もう一つはそれほど巧妙でない方法だ。

巧妙でないほうの方法は、人々にものについてどう思うかただ尋ねるというものだ。ある研究では、さまざまなものの絵を見せ、その良し悪しをプラス四からマイナス四の尺度で評価してもらった。*7 予想のつくはっきりした判断を引きだした絵もある。白鳥は大きくプラスの評価で、ヘビの頭や虫は大きくマイナスの評価だった。反応が控えめな絵もある。くさりやほうきやゴミ箱は総じてややマイナスの評価、カボチャや歯ブラシや封筒はややプラスの評価だった。

感情をともなう判断を器用にあばく巧妙な方法は、人が生まれながらの評価者かどうかという疑問にとどまらず、反射的な評価者かどうかを問うものだ。人はものについて考える時間さえないうちに感情反応をするのだろうか。

この疑問の解明にはプライミングという現象が用いられる。たとえば、二つのことばを連続して提示し、二つめのことばを声にだして発音してもらう。すると、二つめのことばが「コマドリ」の場合、最初のことばが「道」のときよりも「鳥」のときのほうがほんの一瞬だけ早く発音されることがわかる。「鳥」ということばによって、脳は関連することばに反応するように「準備《プライム》」される。これは「意味プライミング」と呼ばれる。また、「感情プライミング」と呼べるものもある。*8「病気」ということばを見たあとより、「日光」ということばを見たあとのほうが、「輝かしい」ということばに素早く反応するはずだ。同じように、最初のことばが「日光」のときよりも「病気」のときのほうが、「悲惨」ということばに素早く反応する。

もちろんこのような実験は、病気についてゆっくり考えたときどう感じるかについては何も明らかにしない。展開が速すぎて意識的な反応は問題にならないからだ。先行刺激となることばの提示、一瞬の間《ま》、後続刺激となることばの提示までが、すべて〇・五秒以内に起こる。それどころか、先行刺激の提示時間が短すぎてそれを見たことを本人が自覚しない場合でも、プライミングの効果は変わらない。つまりこの実験からわかるのは、「病気」ということばは、人が意識的に頭に浮かべる前に、すでにマイナスのレッテルをはられているということだ。

まあ無理もない。病気はかなり悲惨だし、日光はかなり輝かしい。しかし、明らかな感情を呼び起こしにくいものにも同じ力学が働いている。先ほどのありふれたもの――くさりやほうきやゴミ箱、カボチャや歯ブラシや封筒――に対する人々の反応を調べた研究者は、同じ絵を使ってべつのグループを対象にプライミング実験をおこなっている。[*9]このグループには、最初のグループに見せたのと同じ絵を先行刺激として提示し、直後にプラスあるいはマイナスの意味を持つことばを見せて、発音するまでの反応時間を測定した。こうすれば、自分たちが評価していると意識することなく、反応速度によって暗黙のうちに判断が示される。その結果、意識的に絵を評価したグループにマイナスと判断された絵は、このグループにもマイナスと判断される傾向が見られた。

つまりザイアンスは正しかったように思える。人間は反射的な評価者だ。私たちは意識的であれ無意識であれ、はっきりとであれ暗黙のうちにであれ、名詞に何か形容詞をつけたがる。

考えてみれば、ザイアンスは正しくなければならない。自然選択の観点からいえば、知覚において肝心なのはダーウィン説的な生物の利益、つまり生物が遺伝子を拡散する機会にかかわる情報を処理することだ。そして、生物は知覚した情報にプラスやマイナスの評価をあたえることで、この関連性を識別する。私たちはものごとを判断し、その判断を感覚として記号化するよう設計されている。

人類ほど複雑な種になると、ものごとがダーウィン説の利益にどう関連しているかは、明白なこともあればそうともかぎらないこともある。たとえば巻き尺は、私たちが進化した狩猟採集民の生活の一部ではなかった。しかし私たちは疑問に対する答えを見つけることで満足を得るように自然選択によって設計されているし、私は長いあいだ、何かの長さがどれくらいか疑問に思ったとき巻き尺に答えを教えてもらってきた。だから巻き尺が好きになったのかもしれない。あるいは巻き尺を使う自分をどう感じるかが関係しているのかもしれない。子どものころに手本となる人たちが巻き尺を使っている姿を見たことが基盤にあるのだろう。

誤解のないように言っておく。私がものごとに対して持つプラスなりマイナスなりの感覚が、遺伝子を拡散する機会に直接プラスなりマイナスなりの影響を実際におよぼすと言っているのではない。ただ、感覚をあらゆるものに結びつける私の心の機能が、もともとは遺伝子の繁栄を最大化するために設計されたものだと言いたいだけだ。その働きがもう頼りにならないのは、人間であることの不条理の一つだ。

## 兄の気がかりな不可視性

空の話にもどる前に、もう一点はっきりさせておきたい。私はあらゆる人があらゆるものに対して感情的に反応すると主張しているのではない。先ほど紹介した研究もほとんどの研究と同じように、集計した統計結果しか報告していない。集計のなかには、特定のことばや絵にどっちつかずの反応をした個人のデータが埋もれている。そして、そうした反応があるのも当然といえる。狩猟採集の時代でも、風景の中心は遺伝子を拡散する機会になんら影響しないものだったからだ。つまり、たいして感覚を呼び起こさないものはつねに存在してきた。

考えてみれば、そういうものはそもそも生物があまり注意を払わないものでもある。ほかならぬダーウィン説の見地から重要でないからだ。反対に、生物が注意を払うものはダーウィン説的に重要な傾向があり、したがって感覚を呼び起こす傾向がある。結果として、知覚される風景——私たちが注意を払い、意識のなかで優位に立つものの風景——には、どんなにささやかであっても感覚が吹きこまれる。なんの感覚も起きないものがあれば、おそらくはじめからそんなものにはたいして注目しないはずだ。けがれなき知覚などというものは存在しないと断言してもそれほど言いすぎにはならないかもしれない。

私の兄は、中年の域に達してから女性にあまり注意を向けてもらえなくなったという。「みっともないと思われているとかではないんだ。おれがそこにいることすら気づかないんだよ」と言っていた。そのとおり！　異性愛の女性が市街をちょっと歩けば、関心を引くものはいくらでもある。そのため女性の知覚器官がする最初の仕事は、時間をかけて意識的に査定する価値のなさそうなものを除外するために、無意識のうちにざっと大まかに査定することだ。残念なことに除外されるものの範疇には私の兄も含まれる（この範疇にはいったときの兄は、これも残念なことに、今の私より若かった）。

しかし、さらに査定を深める価値のあるものなら、その査定結果が最終的に女性の感覚に反映される。魅力的な若い男性？　魅力には欠けるけれど優しそうな若い男性？　ものすごく魅力的だけれど我慢できないほど自己中心っぽい若い男性？　年齢は私の兄とどっこいでも兄とちがって七万ドルの車に乗ってロレックスの腕時計をしている男性？　こういうタイプの男性はすべて特有の感覚を呼び起こす。自然選択に照らして少しでも注意を向ける価値があるものならなんでも、理屈のうえでは感覚をもたらす。

そして感覚はものに本性を吹きこむ。少なくともそれが私の持論だ。一部の瞑想家が感じる本性の希薄感には、感覚の希薄化が大いにかかわっている。

この持論をどう思うか、「無色《むしき》」についてはじめて私に語ったロドニー・スミスに尋ねたことがある。ロドニーは長身でひょろりとした白髪まじりの男で、瞑想指導者にしてはめずらしくキリスト教の福音派のような雰囲気がある。南部バプテスト教会の説教壇に立っていても場ちがいに見えないだろう（少なくともそこで「無色」について語りはじめなければ）。じかに話すと、てきぱきしていて、ずいぶんと時間の節約になる話し方をする人だ。一度、ロドニーがいつも口にする無色と、大乗仏教の空の概念との関係を尋ねてみたことがある。ロドニーは、軽く肩をすくめて邪魔くさそうに手を振りながら、「同じことですよ」と答えた。

私の持論について意見を求めたのは、そのやりとりからしばらくのち、ロドニーともっと長い対話をしたときだ。ものごとに対して感情反応をするのを控えることが空の経験に通じるのではないかと尋ねてみた。

そのときロドニーは空の経験がどんなものか説明しようとしていた。私の理解したところでは、知覚界のなかのものが発する個々の固有性を大部分の人ほど強く感じないイメージだという。しかしロドニーが言うには、個々のものを識別する能力を失うわけではない。

「ちゃんと眼鏡を拾いあげてかけたいし、鉛筆とまちがってもこまりますからね。ものの色《いろ》や形はなくならない。ものとものとのあいだにさかいめがなくなるだけです」

「ものに対して本来ほど強い感情的な反応をしないということですか？　ものにあまり感

情を付与しなくなったというような？」

「当然だと思いませんか？　自分が信じているほどものにしっかりした実体がないとすれば、それに対する反応もおさえたものになる。そういうことです。あらゆる心の平静さは、ものごとが自分の思っているとおりではないと気づくことで達成されるのですから」

持論の正しさが立証されたと感じたが、まだ完全に立証されたわけではない。ある意味でロドニーは私の持論を裏づけてくれた。たしかに無色なり空なりの知覚はものごとに対する希薄な感情反応と相互に関係しているという。しかし、この相互関係に対するロドニーの解釈は私とちがっているようだった。私が言っているのは、感情が希薄になると空を知覚できるということであり、ロドニーが言っているのはその逆で、空を知覚することで感情が希薄になるということだ。ある「もの」に対して強い反応をすることが習慣になっていても、それがそもそもたいして「もの」ではないことに気づいてしまえば、強く反応しなくなるのはあたりまえだというわけだ。

どちらが正しいのだろう。どちらも正しいのかもしれない。少なくとも、ロドニーが言っていることと私が言っていることには、結局たいしてちがいがないのかもしれない。

まず忘れないでほしいのは、感情が希薄になるとか感覚がおさえられるといっても、それが悪いと言っているのではない点だ。むしろ私は、ある種の感覚が現実を知る指標として頼りにならない理由を示そうとしている。また、もっと広く感覚の基盤全体に、ある程度疑いの目を向けてみることも提案している。感覚は、明晰な知覚や思考をはぐくむことではなく、過去に遺伝子を拡散するのに役立った知覚や思考をはぐくむことを究極の目標とする自然選択がつくったものだからだ。だからロドニーの経験を感覚の希薄化と見ることは、けっしてそのせいでロドニーの見る世界が明晰でないと言っているのではない。

それを踏まえたうえで、ロドニーの二つの主張を見ていこう。1．無色、つまり空を会得することは、普通の見え方より真実に近い形でものごとを知覚することである。2．ものごとに反応するとき通常私たちが経験する感覚は、ものごとについての真実に照らせばふさわしくない。この二つの主張は私が言っていることと一致する。ロドニーと私は洞察の働き方に関して意見がわかれているにすぎない。ロドニーは正統派の仏教の立場を反映して、明晰なものの見方が感覚の希薄化につながると言う。私は感覚の希薄化が明晰なものの見方につながると言う。それどころか、極言すれば感覚の希薄化が明晰なものの見方だと言ってもいいくらいだ。感情はそれほど精巧に知覚と絡みあっている。とりわけ本性を知覚する場合はそうだといえる。[*10]

本性と絡みあっているように見えるものがもう一つある。物語だ。ものごとについて私たちが聞かされる物語や、自分に言いきかせる物語は、ものごとについてどんな感覚を持つかに影響をおよぼし、おそらくものごとに対して感じる本性を形づくる。巻き尺の背後にある物語がジョン・F・ケネディの所有物だったという物語なら、とある配管工の所有物だったという物語とはちがう感覚をいだくだろうし、ちがう本性を感じることになる。また、文句なしの結婚をしてすばらしい子どもに恵まれたと思っている場合のほうが、きゅうくつな結婚生活にしばられてろくでもない子どもをもったと思っている場合より、家庭の光景は肯定的な雰囲気をたたえているだろう。

これはブルームの主要なテーマだ。ものについて私たちが語る物語や、その結果ものの歴史や性質についていだく信念は、ものに対する私たちの経験を形づくり、ひいてはものに感じる本性を形づくる。ブルームのとっておきの例はワインを使った研究だ。[*11] 試飲に参加したワイン好きのなかでボルドーの高級ワイン（グラン・クリュ・クラッセのラベルつき）を飲む価値があると判断した人は四〇人いたが、ボルドーのテーブルワイン（ヴァン・ド・ターブルのラベルつき）にそれと同じ栄誉をあたえたのは一二人だけだった。たぶんオチは想像がつくだろう。そのとおり、二種類のびんには同じワインがはいっていた。

ワインは物語が喜びを吹きこむとくにわかりやすい例だが(「このワインはあたり年だ」)、ブルームによると、どんな喜びも注意深く検討すればその背後に何か喜びにつながった物語がある。ブルームは以前私に、「単なる喜びなどというものは存在しない。自分が何によって喜びを感じているかという信念に汚染されていない喜びなどというものはない」と語った。そして食べものを例にあげた。「もしきみから何か手わたされて、それを私が食べるとすると、認識の一端に自分の信頼する人からもらったものだということがあるわけだから、床に落ちていたものとも、一〇〇〇ドル払って手に入れたものとももちがう味がするはずだ。あるいは絵画でもいい。だれが描いたものかわからない一枚の絵画を見て……もっぱら絵がどう見えるかということだけを頼りに、いい絵画だと評価することはもちろんある。しかし同時に、それが絵画であることをきみは知っているわけだ」。つまり、「壁にたまたま絵の具が飛び散ったものではない……だれかがどこかの時点で人に見せるために描いたものであり、それがものごとにいろどりをあたえる」。同じことが、とブルームはつづける。「もっとも単純なことにもいえる。オーガズム、のどが渇《かわ》いて水を飲むこと、のびをすること、なんでもだ。どんなことにもかならずなんらかの説明がついてまわる。かならずなんらかのカテゴリーの一つの例と見なされる」。いいかえると、言外の物語がかならずあるということだ。

喜びが私たちの知覚する本性に形づくられていること、したがって私たちの語る物語や抱く信念に形づくられていることから、ブルームは喜びが私たちの思う以上に深みのあるものだと考えた。彼は「喜びにはかならず深さがある」と書いている。[*12] しかしこれとは逆の視点から見ることもできる。ワインを味わうという経験がびんにはられたそのラベルに影響されることから、じつは喜びにはそうした表層的な部分があるともいえるだろう。そして、真実かもしれないし真実でないかもしれない信念に邪魔されずにワインそのものの味をどうにかして味わうことができれば、もっと深い喜びが得られる。このほうが仏教のとらえ方に近い。

## 物語のない男

第一の証拠資料として、ゲーリー・ウェバーのワイン試飲の経験を提出したい。ウェバーは小柄でがっちりした元気旺盛な銀髪の男で、何十年にもわたって何千何万時間におよぶ瞑想を実践している。ウェバーによれば、こうした実践によって、日常的な意識がかつてのものとは大きくちがうレベル、明らかに私なんかの意識とはまったくちがうレベルにまで到達したという。大半の人の意識を占める自分自身に関する思考といえるものは、ウェバーの経験にはほとんど含まれない。自分自身に関する思考とは、きのうはどうしてあんなばかなことを言ってしまったのだろうとか、あすはどうやってあの人たちにいい印象をあたえようとか、早くあのチョコレートバーを食べたいというような思考のことで、ウェバーはこれを「感情にまみれた、自分、自分、自分の考え」と呼ぶ。

ウェバーのようになることがどんなものなのかは本人のことばを信じるしかないが、彼が到達したと主張するまれな意識の状態を裏づける証拠がある。ウェバーはイェール大学医学大学院でおこなわれた画期的な脳スキャン研究に参加した。非常に熟達した瞑想家や高名な瞑想家が多数参加し、4章でも少し触れたとおり、深く瞑想しているときにデフォルト・モード・ネットワークが静かになることを発見した研究だ。ところがウェバーの場合、少しちがう発見があった。ウェバーのデフォルト・モード・ネットワークはとんでもなく静かだった。それも最初から、瞑想をはじめようとする前から非常に静かだった。

実例をあげて仏教の空の概念を説明するためにウェバーをとりあげているが、考えてみればその目的にはあまりふさわしい例でないことを認めたほうがよさそうだ。ウェバーは禅宗の伝統を精力的に学んだが、ヒンドゥー教の伝統も学びつづけ、その影響も受けている。また、仏教の教えのなかにウェバーが受け入れていないものがあり、私たちの目的にもっとも重要な「空」もそこに含まれる。ウェバーに言わせると、「空」ということばはひいきめに見ても誤解を招きやすい。大いなる瞑想の深みにたどりついて、「ほお、大きい空虚だ」と報じた人をいまだかつて知らないとウェバーは言う。彼の経験する世界は無条件で空と呼ぶにはあまりに潤沢で、彼自身は「空虚な充実や充実した空というようなことばを使ってきた」そうだ。

ウェバーの経験する世界をなんと呼ぶとしても、それはロドニー・スミスが言っているものとよく似ているように思える。ものがそれぞれ別個のものとして際立つような独自の本性を持たない世界だ。ウェバーもスミスと同じように、椅子とテーブルと電気スタンドの区別はもちろんつくし、それぞれのものにあった対応をするが、一つ一つのものはかつてほど独立した固有性を強く発していない。連続性がある。「ものとものと、ものと背景のあいだに区別らしい区別はない」と言い、「すべてがいっしょくた」だと言う。ウェバーはものの素材であるらしいこの「いっしょくた」をある種のエネルギーと表現することもあるが、「エネルギーにも、ものに対する感じ方にも区別はない」としている。

ウェバーが世界から得る楽しみがどんなもので、私が世界から得る楽しみとどうちがうのかを詳しく尋ねてみたことがある。

「つまり、邪魔になりそうな感情が関与しない感覚を通じて得られる種類の喜びがあるということでしょうか」

「そのとおりです」と言ったあと、ウェバーはすぐにつけ加えた。「神経終末がなくなったわけではないので……緑茶は今も緑茶の味がするし、赤ワインは今も赤ワインの味がします。それをなくすわけではない。なくすのはその味の感覚を持ち越す部分です。これはすばらしいワインだ――あたり年だなというような」

私は、少なくともおいしいワインだと思わなければ、つまりワインを気に入るくらいの感情の思い入れがなければ、あまり生きる意味がないという人もいるはずだと指摘した。ウェバーは答えた。「ですが知覚ははるかに澄《す》みきっていますよ。もしワインを試飲して、レストラン評論家やワイン好きの友人を感心させようと思ったら、物語に身をまかせるでしょう。このワインはどんなワインで、どんな味を期待すればいいだろうと予想してしまって、そうなると澄んだまじりけのない感覚が阻害される……ですから、感情をともなうこのような考えを取り払えば、感覚がどんなものであれそのまま知覚できる可能性がはるかに高まります」

妙な話だが、私にはなんとなくウェバーの言いたいことがわかる。瞑想合宿に参加して食堂で食事をしていると、自分が食べているものの風味や舌ざわりに没頭するあまり、それがどんな食べものなのか、果物なのか野菜なのか何なのかあまり意識していないことがときどきある。その感覚にともなうどんな物語も、いちばん基本的な意味での物語さえ思いださない。思いだすのは満ちたりた感覚だけだ。

「本性」が明晰な知覚を妨げる例には二通りあると感じることがある。一つは「すばらしいワイン」のような場合で、本性の存在感が強く、「本性のない」形での経験にはない感覚を呼び起こす。反対に本性の存在感が弱すぎて経験そのものから遠ざかってしまうこともある。瞑想合宿中、私が木の樹皮の手ざわりに夢中になるのは、普段どおりの木の本性を感じないからだろう。普段の木の本性はあまりに存在感がなく、簡単にいってしまえば「これはただの木にすぎないから、そのまま通りすぎてもっと重要なことに向かおう」としか感じられない。本性の存在感を通じて私たちはものにラベルを貼る。ラベルの一つの活用法はものを分類整理して、それに時間をついやさなくてすむようにすることだ。

赤ん坊が形や感触に夢中になるのは、まだ分類整理の体系、つまり本性の感知が未発達なためかもしれない。いいかえると、まだ自分のまわりの「もの」がなんであるか「知る」ことがないため、世界が探検にふさわしい不思議の国なのだろう。また、「空」が本当は「充実」しているとウェバーがいう根拠もこれで説明がつくかもしれない。本性を見ないことでものの潤沢さに身をゆだねることができる。

こんなふうにもいえる。本性によって呼び起こされる物語が、あれはただの木にすぎないとか、たかがセロリだというふうに矮小化《わいしょうか》する物語の場合もある。一方、すばらしいワインやジョン・F・ケネディの巻き尺のように誇張する物語の場合もあり、この場合、物語があまりに強烈で本来の経験が踏みにじられてしまう。本性は経験を完全に妨げるラベルにもなりうるし、経験をうながしはするものの、いくらか形をゆがめてしまうラベルにもなるのかもしれない。

とにかく、ものに対して強い感情反応をすることと、ものについての「物語」を持つことを同じことだとするウェバーの考えは私にとって納得がいくし、物語と感情の両方を放棄すれば、ものの発する本性がそれほど際立って感じなくなりやすいというのもうなずける。しかし、物語、つまり感覚経験の背後にある背景知識をこのようにはぎとることは実際に可能なのだろうか。可能だとすれば、そのとき脳内では何が起きているのだろう。

## 物語と脳スキャン

ワインと脳スキャンを使った実験から、今の二つめの疑問に対する答えになりそうな結果が得られている。[*13] さまざまな価格のラベルがついたワインを用意し、飲んでもらう実験だ。ただしそのうちの二本、九〇ドルのびんと一〇ドルのびんには同じワインがはいっている。

実験参加者は一〇ドルのワインより九〇ドルのほうを気に入った。これは当然だ。興味深いのは、参加者がそのようにワインを評価しているあいだ、脳がやっていたことだ。九〇ドルのびんにはいったワインを飲んだときのほうが、一〇ドルのびんにはいった同じワインを飲んだときより、内側眼窩前頭皮質《ないそくがんか》（mOFC）が活発に活動した。mOFCは、味だけでなく香りや音楽などさまざまな種類の快と関連して活発になる脳の領域だ。この実験から、mOFCは今感じている快についてあらかじめ聞かされていた物語や、その物語があたえる先入観に影響を受ける領域でもあることがわかる。九〇ドルの物語は一〇ドルの物語よりこの領域を興奮させるということだ。

しかし、同じく快に関与する脳の領域でも、ワインの価格に左右されなかったところがある。研究者は「重要なことに、島皮質、視床後内側腹側核《ししょうこうないそくふくそくかく》、橋結合腕傍核《きょうけつごうわんぼうかく》などの第一次味覚野に……価格が影響をおよぼす証拠は見つからなかった」とし、「自然に解釈すれば」価格のラベルに反応して変化したmOFCで「風味についての期待を記号化するトップダウンの認知処理が、ボトムアップのワインの感覚要素と統合される」と考えられるとした。言いかえると、mOFCは物語、ひいては期待が生の感覚データとまざりあう場であり、研究者が「風味の快楽的経験」と呼ぶものを調整しているように見える。

ワインを飲むことが本当にこれだけの研究をするほどのことなのかと思う人もいるかも

しれない。ウェバーの言うように、物語抜きでワインを摂取するほうが普通にワインを飲むより純粋で、さらには心地よい経験ができるからといって、それがなんだというのだろう。大多数のワイン飲みは、たとえワインの味がうさんくさい物語をたっぷり含んでいるとしてもその味に十分満足しているように見える。ワインの不完全な飲み方が、迫りくる世界危機の一つに数えられるわけでもない。

しかしこのすべてが意味するところはワインの話だけにとどまらない。私たちが検討しているのは錯覚を生みだす脳の能力だ。この実験は、前もって加味されていた物語によって飲みもの本来の味が左右されるという特定の錯覚を研究したものだ。しかしこれはより一般的な錯覚の一例にすぎない。私たちがものごとに感じる「本性」は、実際は心がつくりあげた虚像であり、かならずしも現実に対応しているわけではない。ところが、私たちはその本性が存在し、知覚するものに宿っていると錯覚する。ものには物語がともなっていて、真実の物語もうその物語も、ものに対して私たちがどう感じるかを方向づけ、したがってものそれ自体を形づくり、どのようなものとして私たちが知覚するかを決定づける。

文脈によっては、心がつくりあげた本性という虚像は、九〇ドルのラベルがついたワインのほうが一〇ドルのラベルのワインよりおいしいかどうかという問題より、はるかに重大な問題になりうる。たとえば、私たちが巻き尺や家といった物質にではなく、ほかの人間に本性があると考えている場合だ。それがつぎの章の主題だ。

# 12　雑草のない世界

はじめての瞑想合宿の何日めかに、森のなかを歩いていて宿敵に出くわした。その名もプランタゴ・メジャー。一般にオニオオバコとして知られている。何年も前にワシントンDCに住んでいたころ、うちの芝生はこいつに悩まされ、私はこの雑草との格闘に何時間もついやした。たいていは地面から引っこ抜くだけだったが、途方にくれて除草剤を使ったこともある。自分が草の姿をいみ嫌うことに多くの時間をさくタイプの人間だとは思いたくないが、この植物に対する私の態度はやや敵意をおびていたと認めざるをえない。

にもかかわらず、この瞑想合宿では、生まれてはじめてこの雑草の美しさに心を打たれた。ひょっとすると、雑草ということばにかぎかっこをつけるべきかもしれない。雑草を美しいととらえることは、それを本当に雑草と呼ぶべきかどうかを問うことでもあるからだ。その場に立ちつくして、かつての宿敵を見つめながら私が自問していたのはまさにこのことだった。なぜこの緑の葉っぱをした草が雑草と呼ばれ、同じ描写があてはまるすぐ隣の草は雑草と呼ばれないのだろう。私はすぐ隣の草を見て、それから雑草に目を向けたが、答えを見つけられなかった。目で見るかぎり、雑草と雑草でないものを区別する客観的な基準はないように思えた。

あとになって考えると、これが空《くう》の経験の間近まで迫った最初のできごとといえるだろう。前の章で紹介したロドニー・スミスやゲーリー・ウェバーの経験のように劇的ではなかったし、これがほかのことに波及したり持続したりすることもなかったのはたしかだ。それでも、この経験にはふたりの経験と同じ重要な特徴がある。雑草が従来ほど固有性を強く発しなかったことだ。見た目はそれまでどおり見わけがついたが、まわりの草木との区別がそれほど強烈でないように感じた。この雑草をほかの植物から変に目立たせ、実際よりも醜く見せていた雑草の本性が消えていた。

やはり本性は重大な問題だ。たった今、何かに特定の本性を見て殺したいとまで思っていたのに、つぎの瞬間には本性が消えて、殺す気もなくなってしまう。

もちろん、この場合の代償はそれほど大きくない。私が知るかぎり雑草には快や苦痛を感じる能力がなく、地面から引っこ抜いても重大な道徳上の逸脱とはいえない。それでも雑草の場合、電気スタンドや鉛筆や眼鏡の場合以上に道徳心理学の領域、他の存在をどう扱うかに影響をあたえる善悪の判断の領域に近づいている。そして「他の存在」が感覚を持っている場合——たとえば人間の場合——代償は大きくなる。

空の教義にこれだけ時間をさいているいちばんの理由は、このような道徳上のリスクゆえだ。他人との接し方は、私たちが相手にそなわっていると考える本性に根ざしている。だから、このように本性を知覚することが本当に正しいのか、それとも空の教義が示すように本性はある意味で錯覚にすぎないのかという問題は重要だ。

ダーウィン説の見地からすると、他人に本性があると考える理由は、もの全般に本性があると考える理由と同じだ。人間という同胞は、食べものや道具や捕食者や住みかがそうであるように、私たちが進化してきた環境の一部だ。そのため自然選択は特定の形でものや人に反応するように私たちを設計し、ものや人に対する感覚を抱かせることでその反応を引きだした。私たちがものや人のなかに見る本性は、そうした感覚によって形づくられる。しかし同じ環境の一部といっても、同胞である人間は住みかや道具などより複雑で、しかもとても重要だ。だから私たちが他人を品さだめし、他人に本性をあてがうために特別な心のしくみを持っているのも当然といえる。

## 人に本性を感じるしくみ

何十年にもおよぶ社会心理学の実験がこのしくみを解き明かしてきた。まず、このしくみは素早く機能する。私たちは最初に人に出会った瞬間から品さだめをはじめ、わずかな証拠をもとに、それをうまくやってのける場合もある。たとえば、だれかが話をしたり他者と交流したりしている短い映像を見せ、その人について何か、たとえばその人の専門的な能力や地位について評価してもらうと、その評価はもっと客観的な判定結果とかなり一致する。映像に音がなく、すべての手がかりが非言語である場合にもこれはあてはまる。しかも三〇秒後にくだされる判断は、五分後にくだされる判断とほぼ同じくらい正確だ。ハーバード大学のふたりの心理学者は、何十ものこうした研究をメタ分析し、判定者が非常に短い観察のあと「根底にあるなんらかの確固とした本性をとらえる」と結論づけた。*1

もちろん「判定者」というのはそれぞれの実験で観察をおこなった人たちのことだが、私たち全員のことを指していてもおかしくない。私たちは判定するように設計されている。

この判定は、ばかばかしいほど表面的に思える証拠にもとづいている場合もある。たとえば外見が魅力的だと思われる人のほうが、有能だと評価される可能性が高い。しかしこれは納得がいくといえなくもない。魅力的な人は社会的にもほかの人よりらくに自分の思いどおりにふるまっているように見えるし、社会的な影響力を持っていることは有能さの大きな部分を占めがちだからだ。

道徳性について判断をくだす場合、私たちは外見にそれほど重きをおかない。外見が魅力的な人が誠実さを持ちあわせているとか思いやりがあると判断される可能性は、外見の魅力に欠ける人とあまり変わらない。これも納得がいく。外見が魅力的な人のほうが思いやりがあるとか誠実だとか考える根拠は何もないためだ。[*2] しかし、道徳性についての判断と能力や地位についての判断に共通する点は、一つの証拠だけをもとに判断をくだす場合が多いことだ。これについてはさまざまな実験結果があるが、わざわざ引きあいにだすまでもない。自分の行動を思い返せばわかる。道ばたに横たわっているけが人に気づいて足を止め助けている人を見れば、「ああ、なんていい人だろう」と思うのではないだろうか。道ばたに横たわっているけが人の脇をそそくさと通りすぎていく人を見れば、「ああ、なんていい人じゃないんだろう」と思うのでは？

みなさんの考えは想像がつく。だって困っている人のために立ちどまって助けるのはいい人だし、そそくさと通りすぎていく人はいい人でないに決まっているじゃないか、と思っているだろう。

でもそれはまちがいだ。一九七三年に発表された有名な研究がその点を明らかにした。

プリンストン大学のふたりの心理学者がおこなった研究だ。まず、困っている見知らぬ人を助けて親切な人——善きサマリア人——になれる機会を用意した。心理学者は設定した場面をつぎのように描写している。「被験者が路地をやってくると、病人が戸口にぐったりとすわっている。目を閉じてうなだれたまま動かない。被験者がそばを通ると、病人はうつむいたまま二つ咳をしてうめき声をあげる」[*3]

助けようと立ちどまった被験者もいたし、立ちどまらなかった被験者もいた。みなさんがもし一部始終を見ていたら、前者にはよい人間の本性を、後者には悪い人間の本性を見ただろう。ところが実際は、助けた人と助けなかった人がいたのにはべつの理由があった。

実験の被験者はプリンストン神学校の学生たちだ。学生たちは近くの建物へ行って短い即興講演をするよう指示されていた。講演の時間に遅れていると聞かされていた学生もいれば、まだ時間に余裕があると聞かされていた学生もいる。遅れていると聞かされたグループは一〇パーセントが助けようと立ちどまり、余裕があると聞かされたグループは六三パーセントが立ちどまった。つまり、その六三パーセントによい人間の本性を見るのは、ひいきめにいっても誤解につながりかねない。急いでいないという本性を見るほうがより正確だ。

急いでいる程度のほかに、研究者はもう一つだけ変数を操作した。被験者の半分は、講演へ向かう前に聖書の「善きサマリア人のたとえ」を読み、それについて講演するよう指示されていた。残りの半分は、そのような利他精神に関連のない文章を読んだ。その結果、善きサマリア人のことをじっくり考えても、善きサマリア人になる見こみは増えないことがわかった。

この実験は「根本的な帰属の誤り」に関する多くの心理学の研究の一つだ。「帰属」というのは、人の行動を説明するのに、その人がどんな人かという「気質的」な要因のせいにしたり、たまたま講演に遅れそうかどうかというような「状況的」な要因のせいにしたりする傾向を指す。「誤り」というのは、そのような帰属がしばしばまちがっていて、人は状況の役割を過小評価して気質の役割を過大評価しがちであることを指している。要するに、私たちは本性を好むバイアスをもっている。

「根本的な帰属の誤り」は一九七七年に心理学者のリー・D・ロスがつくったことばだ。行動の原因を何に求めるかを誤ると混乱が起きる場合がある。たとえば、犯罪者と聖職者は二種類の根本的にちがうタイプの人間だと考えるのはよくあることだ。しかしロスや心理学者仲間のリチャード・ニスベットはこの直観を考えなおすよう提案している。ふたりはつぎのように言う。「聖職者と犯罪者が一連のまったく同じ、あるいは同等の状況的課題に直面することはまずありえない。むしろ両者が身をおく状況やおかれる状況ははっきりと異なり、聖職者はかなり一貫して聖職者らしく見たりふるまったり感じたり考えたりしたくなる状況に直面し、犯罪者は犯罪者らしく見たりふるまったり感じたり考えたりしたくなる状況に直面する」[*4]

哲学者のギルバート・ハーマンは根本的な帰属の誤りに関する文献を再検討し、正直さ、優しさ、親しみやすさといった性格特性の存在そのものに疑問を投げかけ、つぎのように書いている。「性格特性に対する通常の信頼はある種の錯覚に由来すると説明できるため、性格特性が存在するという経験的な根拠はまったくないと結論づけるほかない」[*5]

これは極端な意見に聞こえかねないし、たしかに多くの学者は根本的な帰属の誤りの文献をこれほど極端に解釈してはいない。こうした研究をする大多数の心理学者は、平均的な人の場合、一部の人格は長い期間かなり安定していると言うだろう。それでもやはり、人に道徳的な本性を見る、つまりその人が親切だとか意地悪だとか親しみやすいとか無愛想だと見なすことが実際の証拠に先行するのはまちがいない。私は、人前でひどく粗野な行為や配慮のない行為をする人を見て、すぐに悪い人だと判断したり感じたりしたことが一度ならずある。そして自分自身、大きなストレスをかかえているとき、同じように粗野な行為や配慮のない行為をしたことが一度ならずある。けれども自分のことを悪い人間、あるいは少なくとも本性的に悪い人間だとは思わなかったし、あとで振り返ってみてもそうだ。

私が自分の行為を見のがす理由の一つは、自分のひどいおこないがストレスのせいだとわかっているからだ。悪いことをしたのは「本当の自分」ではない。でも他人についてだと、このような可能性に思いをめぐらしにくい。これこそが根本的な帰属の誤りだ。他人の行為は気質のせいにして、状況のせいにはしない。悪さをその人のなかに見つけようとし、環境要因に見いだそうとはしない。

なぜ人の心は他人を品さだめするとき状況要因を無視したり軽視したりするように設計されているのだろう。まず、自然選択は他人を正確に品さだめするように人の心を設計してはいないことを思いだしてほしい。人の心は、品さだめする側の遺伝子にとって有利な交流につながるように他人を品さだめするべく設計されている。

私が気に入っているもっとばかげた議論を考えてみよう。この議論はたいてい、「彼女は本当に親切な人だ」とか「彼はいいやつだ」という主張からはじまる。すると、「いや、彼女はそんなに親切じゃないよ」とか「いや、彼は実際はいやなやつだ」などと、不賛成の人が出てくる。こうした議論はきりがない。どちらかが、「まあ、彼女はぼくには親切だけど、きみにはそうじゃないのかもね」とか「彼はぼくがよく見かける状況ではいいやつで、きみが見かける状況では悪いやつなのかもな」と折れるまでつづいたりする。

自然選択の観点からは、人間がそのような可能性、つまり親切さや善良さが気質や性質ではなく状況によるところが大きいという可能性に重きをおく理由はない。というのも、それぞれの人が基本的によい気質や基本的に悪い気質をもっていると信じる本性説はかなりうまく機能するからだ。一貫して自分に親切な人がいるなら、その人と互いに親切にしあう関係、つまり友人関係を築くのは理にかなっている。相手を本性的にいい人だと信じることが、あなたを友人関係に引きずりこむ役目を立派にはたす。

さらに、このように信じることで相手がいい人だと他人に触れまわりやすくなる。これは重宝する。友人をほめるのは友情の相互利他性の一端を担っているからだ。友人に善の本性を見ることで、この部分の責任を苦もなくはたせる。ひょっとして自分のいないところで友人が高齢者からお金をだましとったりしていないだろうかという思いに悩まされつづけずにすむ。

反対に、一貫して自分に意地悪な人がいれば、その人に悪の本性を見ることは自分にとってできるだけ都合のいい行動をとることにつながる。おそらく一方通行で終わってしまう善意を相手に示すことを避けるばかりか、確信した口調で相手が悪い人間だと触れまわるだろう。自分の敵を悪い人間だと口外するのは理にかなっている。敵の声望をおとしめればおとしめるほど、立場を失った敵から傷つけられなくなるからだ。

もっとも現代の世のなかでは、これはそれほど効果的な戦略ではないかもしれない。しかし人類が進化した狩猟採集の小社会では、たえず悪口をいいつづける人は実際に社会的地位にかなりの影響をおよぼしたと考えられる。悪口をいう人の機嫌を損ねてはならないという、まわりの人に向けての警告の役割もはたしたことだろう。

まとめると、他人に対する評価をつねにかたよらせる状況変数が一つある。だれかのなんらかの行動を目にするときは例外なく、その人は私たちがいる前でそうしているにすぎず、おそらくほかの人がまわりにいるときやほかの人に対するときの態度とはちがっている。それにもかかわらず、私たちがこの変数を無視して目にした行動を気質のせいにするのは、自分の利益をはかる意味で理にかなっている。私たちはそうやって、自分にとって最大の利益になるような善なり悪なりの本性を相手がそなえていると考える。都合のいいことに、友人や味方は善の本性をそなえているし、ライバルや敵は悪の本性をそなえていることになる。

## 本性を維持するしくみ

しかしこの都合のいい錯覚に現実が割りこんできたらどうだろう。敵が何かいいことをしているのをたまたま見かけたり耳にしたりしたら？　友人が何か悪いことをしているのを見かけたり耳にしたりしたら？　私たちが相手のなかに見ていた本性を消滅させるおそれがあるだろうか。

たしかに可能性はある。でも私たちの脳はそのおそれを回避するのが得意だ。それどころか、私たちの脳はこの特定のおそれに対処するために設計された特別なしくみをそなえている。いうなれば本性維持機構だ。

根本的な帰属の誤り（気質の役割を過大評価し、状況の役割を過小評価する傾向）は、心理学者がもともと考えていたほど単純ではないことがわかっている。じつをいうと、私たちは気質の役割を軽んじて、状況の役割を重視することがある。

そうなりがちな状況は二種類ある。１．敵やライバルが何かいいことをすると、私たちはそれを状況のせいにする傾向がある。いま彼が物乞いにお金をやっているのは、たまたまそばに立っている女性にいいところを見せたいからだ。２．親しい友人や味方が何か悪いことをすると、この場合もやはり状況が存在感を増す傾向がある。お金を恵んでくれという物乞いに彼女が罵声を浴びせているのは、仕事で大きなストレスをかかえているからだ。

このような解釈の柔軟性は個人の生活だけでなく、国際関係をも形づくっている。社会科学者のヘルベルト・C・ケルマンは、このしくみがどのようにして敵の名を敵対者リストに載せつづけるかについて、つぎのように書いている。「帰属のしくみは……もともとの敵の印象を追認させるように働く。敵による敵対行為は気質のせいにされ、したがって生まれつき好戦的で容赦のない敵の性格をさらに裏づける証拠になる。敵による融和的な行為は、戦術、外圧への反応、一時的な劣勢への適応など、状況の力に対する反応にすぎないとして片づけられ、したがってもともとの印象を修正する必要は生じない」[*6]。戦争が間近に迫ったとき、それを歓迎する人々が交戦しようとする相手国のリーダーをできるかぎり悪しき者として描く理由はこれで説明がつく。アメリカとイラクの二度の戦争のうち最初の戦争に先駆けて、（当時）タカ派の『ニュー・リパブリック』誌は、イラクの大統領サダム・フセインの写真を一カ所粉飾して表紙に載せた。口ひげに手を加えてヒトラーの口ひげのようにしたのだ。見えすいてはいたが、効果は抜群だった。ある人物がいったん敵という箱にしっかりおさまると、帰属のメカニズムが働いて、その人が箱から抜けだすのはとてもむずかしくなる。たとえばフセインのような人間が大量破壊兵器の国際査察団を国内に受け入れるとすれば――二〇〇三年のイラク戦争の直前に実際に受け入れた――それは計略にちがいない。どこかに大量破壊兵器を隠しているはずだ。フセインは、邪悪の本性とはいわないまでも、悪の本性を持っているのだから！

たしかにフセインはひどいことをした。しかしフセインについて明晰に考えられなかったことがもっとひどい事態を招いた。イラク戦争とその余波による罪のない死者は一〇万人をはるかに上まわる。

戦争は本性が一つの段階からべつの段階へ広がりうることを示すよい例だ。最初はある国のリーダーを本性的に悪い人間だと思うことからはじまる。ここから、その国全体――イラクやドイツや日本という国家全体――を自分の敵だと考えるようになる。つぎはその国の兵士全員、さらにはその国の人たち全員が本性的に悪いという考えに変わる。そしてもし相手が悪い人たちなら、良心の呵責《かしゃく》を感じることなく殺してもかまわないということになる。アメリカは日本の軍事基地ではない二つの都市に原子爆弾を落としたが、アメリカ人から抗議の声はほとんどあがらなかった。

幸いにも、大多数の人はまだそのような致命的な結果を招く部族心理に心を奪われてはいない。しかし知覚や道徳計算を変容させるもっと軽い部族心理の実例はどこにでもある。とくにわかりやすい例は、一九七三年に善きサマリア人実験がおこなわれたプリンストン神学校から、わずか一・五キロばかり東にいった場所で起きた。一九五一年のことだ。

## 対立の本性

場所はパーマー・スタジアム。プリンストン大学とダートマス大学のフットボールの試合がおこなわれた。アイビーリーグのフットボールが一流のフットボールだった時代の話だ。試合の前の週、プリンストン大学の全米代表テールバック、ディック・カズマイアーが『タイム』誌の表紙を飾った。

試合は荒れた。フェアでなかったという人もいる。第二クオーターにカズマイアーが鼻を骨折し、第三クオーターにダートマス大学の選手が脚を骨折して退場した。ふたりの心理学者、プリンストン大学のハドレー・キャントリルとダートマス大学のアルバート・ハストーフがのちに書いている。[*7]「試合中も試合後も激しい感情のぶつかりあいがあった……まもなく非難が飛びかいはじめた」。ハストーフとキャントリルは、これを部族心理を研究する機会にした。試合の映像をプリンストンの学生とダートマスの学生に見せたところ、両者に著《いちじる》しい見解のちがいがあることがわかった。たとえば、プリンストンの学生はダートマス側が平均九・八回の規則違反を犯したと考えたが、ダートマスの学生によればダートマス側の違反は平均四・三回だった。この結果はショックではないかもしれない。部族の連帯が知覚をゆがませうることは周知のことだ。しかしこの研究は、現実世界からとりあげたこのバイアスの実例を風説の領域からデータの領域に持ちこんだ。この研究が古典になったのはそのためだ。

バイアスを数量化したことで知られるこの研究のなかで、それほど知られていないのは、バイアスと呼ぶのが本当に正しいかどうかという問題を著者が提起した点だ。認知バイアスというと、バイアスがなければ明晰に知覚できるものがひずんで見えることだと私たちは考える。しかしこれは知覚されるものが存在することを前提にしている。ハストーフとキャントリルはつぎのように書いている。「人はそれぞれ同じ『もの』に対して異なる『態度』をとるものだと言ってしまうのは、不正確だし誤解を招く……このデータが示しているのは、それ自体で『外の世界』に存在し、人々がただ『観察』するだけの『試合』のような『もの』などないということだ。ある人にとってその『試合』が『存在』し、その人がそれを経験できるのは、その人の目的に照らして特定のことがらが意味を持つ場合にかぎられる。個人はマトリックス全体のなかの自己中心的な立場に立ち、周囲で起きているすべてのことがらのなかから自分にとって意味のあるものを選びだす」[*8]

もちろん、ハストーフとキャントリルは映画『マトリックス』の話をしているのではない。しかし、ふたりはまるで『マトリックス』のように、「現実」がどれだけ現実なのか、「もの」を想念する心と無関係に外の世界に存在する「もの」について語ることに意味があるのかに疑問を投げかけている。ふたりによれば、「とにかく『もの』は、それがフットボールの試合でも、大統領候補でも、共産主義でも、ほうれん草でも、ひとりひとりにとって同じ『もの』ではないからだ」。[*9]

ここで思いだすのはレダ・コスミデスとおこなった対談だ。7章で紹介したとおり、レダは心のモジュール性という概念の発展に寄与した人物だ。じつをいうと、レダはもうモジュール性という言い方はしていない。「モジュール」ということばが誤って理解されるようになったからだという。一つには、7章で説明したような誤解が世間ではまだ一掃されずに残っているためだ。現在レダはべつのことばを使っている。簡潔さではかなり劣るがより厳密な「領域特異的な心理メカニズム」などもその一つだ。

レダとの対談では、モジュールと、世界に対する人の認識に影響をあたえるさまざまなバイアスとの関係について議論した。序盤に私は、どのモジュールであれその時点で意識を支配しているモジュールが、いかに私たちの見る世界を色づけしうるかという話をした。レダは、あたかも「色づけ」以前にはまだなんの色もない世界があるかのように話すのはどうなのかと疑問を呈した。「どんなときもなんらかの心理メカニズムが何かしら働いています」とレダは言った。「その心理メカニズムが知覚を色づけするとは思いません。私の考えでは、領域特異的な心理メカニズムが知覚をつくっています。概念ごとに細かく切りわけることなく世界を知覚することはできません」

この見方はずいぶん仏教らしく聞こえる。ほうれん草からフットボールの試合まで、ありとあらゆるものは固有の存在をもたない。もの（色《しき》）は、私たちが知覚界から何かの要素の組みあわせを選び、それに集合的な意味をもたせてはじめて私たちの意識に出現する。ハストーフとキャントリルによると、「フットボールのフィールドや、ほかの社会的場面での『ことがら』は、それになんらかの重要性があたえられてはじめて、経験される『できごと』になる」[*10]。この「重要性」は一種の意味データベース、つまり「個人の仮説的な有形の世界とわれわれが名づけたもの」のなかにあるデータベースから取得される。

どうやら、こうした重要性が割りあてられるまで世界はある意味で形がない、つまり無《む》色《しき》らしい。しかし、いったん重要性が割りあてられれば、そこには形があり、本性がある。

それどころか、本性のなかに本性がある。フットボールの試合の本性、フットボールのチームの本性、フットボールの選手の本性があり、こうした種々の本性は互いに影響しあう。とあるフットボールの試合の本性は、たとえばどちらのチームが好きか、どのくらい好きか、どんなふうに好きかといったチームの本性に左右されるだろうし、それが選手の本性も性格づける。

あるいはものごとが逆向きに働いて、あるフットボール選手に見た本性によってどのチームを応援するかが決まり、それが記憶のなかで仮説的な試合の形をつくりあげるのかもしれない。きっと、一九五一年にアメリカのどこかで、プリンストン大学のことなど聞いたこともなかった子どもが『タイム』誌に載ったディック・カズマイアーの特集記事を読んでプリンストンのファンになり、それからはプリンストンの試合のニュースを欠かさず見て、記憶のなかに適切な形に織りこんでいったことだろう。

好きなフットボールのチームがなければ、その人にとってのフットボールの世界は形のない世界になると言っているわけではないし、ハストーフとキャントリルもそう言っているわけではないと思う。空港を歩いていてふと見あげたテレビでフットボールの試合をやっていれば、どのチームが試合をしているか知るまでもなく漠然としたフットボールの試合の本性を感知するだろう。しかし、たとえ好きなチームがなくても、よく見ればこの「漠然とした」本性にある種の好みがともなっていることに気づくかもしれない。どちらのチームのファンでもないとしてもフットボールのファンなら、だれが出ているだろう、どんないいプレーが見られるだろうと、試合にどんどん引きこまれていく。一方、もしフットボールのファンでないなら、感知する試合の本性はあなたを夢中にさせるものではないだろうし、わずかではあっても反感をいだくかもしれない。

このことは、明確な部族心理が心理全般とそれほど大きくかけはなれていない面もあることを思い起こさせる。私たちは日々をすごしながら、目にしたものにかたっぱしからプラスやマイナスのラベルをはっている。フットボールのチーム、国家、民族集団などの部族に参加することは、その傾向の際立った例であり、際立って強烈な例になる場合もある。私たちの部族はとてもよく、敵はとても悪いということになりうる。

それと同時に、部族心理とは音量を強めた通常の心理にすぎないと片づけてしまっては、誤解を招くおそれがある。自然選択は、私たちが個人間の対立や集団間の対立を乗り越えられるように人の心の一部に特別な設計をほどこした。心のしくみのなかには、この機能のためだけに絶妙につくられたものがある。本性維持機構もその一つだ。これが働くと、同じ悪い行為でも敵がしたときのほうが味方がしたときよりためらいなく非難できるようになり、敵が苦しむのを見ても知らん顔がしやすくなる。

むしろ、「知らん顔」というより「満足した顔」というほうが近い。自然選択が私たちの脳に埋めこんだ道徳装置の一つは正義感、つまりよいおこないは報われ、悪いおこないは罰せられるという直観だ。だから悪人が苦しむ姿を見て、正義がなされたという満足感をおぼえたりする。しかも都合のいいことに、悪事を働き罪を犯してばかりいるのは私たちの敵やライバルだ。友人や味方が同じことをしたときは、ただ周囲の状況の犠牲になってしまった可能性が高く、厳罰はふさわしくない。ただし、友人や味方が私たちにひどいことをすれば話はべつだ。その場合、相手を「友人や味方」カテゴリーからよそへ移しはじめる理由になる。

## 気まぐれに敵を愛する

ここで話はオニオオバコにもどる。私がオニオオバコに対して抱いてきた敵意や憎しみの長い歴史にはたしかにある種の道義心のようなものもあったが、可能なかぎり道義的な武器ばかりを用いてきたわけではない。そして、本当の意味で強力な武器が人間向けに確保されている。しかし、武器を用いるかどうかの境界線、「よい」人間と「悪い」人間とのあいだの境界線は、雑草とほかの植物とをへだてる境界線と同じくらい恣意的だ。

この境界線をぼやけさせるために考えだされた瞑想法がある。慈悲の瞑想、あるいは慈悲を意味する古代パーリ語を使って「メッター瞑想」と呼ばれている。*11 一般にこの瞑想はまず自分自身を慈しもうとするところからはじまる。つぎに愛する人を思い浮かべ、その人に慈しみの心を向ける。つぎに好きな人を思い浮かべ、その人に慈しみの心を向ける。つぎに好きでも嫌いでもない人を思い浮かべ、その人に慈しみの心を向ける。そのようにして、最後に現実の敵を思い浮かべる。すべて予定どおりにいけば、その敵にさえ慈しみの心を向けることができる。

慈悲の瞑想については、慈しみのこもったことを言うのが筋のように思えるので先にひとことだけ言っておくと、これが役に立つ人もいる。ただ、私には向いていなかった。どうもはじまりからつまずいてしまう。自分に慈しみの心を向けるという部分だ。ともあれ、私について言えば、幸いにも慈悲の瞑想が持っているという効果を慈悲の瞑想でない瞑想——ごく普通のマインドフルネス瞑想——がある程度もたらしてくれる。マインドフルネス瞑想が悪意をおさえ、ともすれば共感力まで高めてくれる。

実際、瞑想合宿中にこんなことがあった。ひたすらマインドフルネス瞑想をして一週間近くたったころ、世界じゅうで二番めか三番めに憎い敵のことを考えた。かつての同僚で（仮にラリーとしよう）、控えめに言っても同じ職場で働く仲間という意識を持ったことがない。普段なら、ラリーを見かけたりラリーのことを考えたりすると、悪い気をただよわせているラリーの雰囲気、いうなればラリーの本性を感じる。ところがこの合宿中、その雰囲気を感じることなくラリーのことを考えられるようになった。ラリーのもっとも不愉快な行動（あるいは、少なくとも私がもっとも不愉快だと思う行動）は自信のなさのあらわれなのだと思った。いかにもラリーの思春期らしい、ひょろひょろで運動のできなそうな青年が鮮明に思い浮かんだ。運動場でだれからも尊敬されず、必死に個性を確立しようとしてようやくたどりついたのが、たまたま私の神経を逆なでするような個性だったと想像した。その瞬間、ラリーに同情めいたものを感じた。本性は感じなかった。少なくとも、それまでかならず感じていたラリーの本性は感じられなかった。秘訣はこれだろうと思う。私は古いラリーの本性を破壊することで、真実に近い新しいバージョンのラリーを心に描くことができた。

一三世紀のイスラム神秘主義の詩人ルーミーはつぎのように記したとされる。「あなたのなすべきことは愛を探し求めることではない。そのものに対してみずから築いた自分のなかのあらゆる障壁を探し、見つけだすだけでいい」。ルーミーが実際にこれを書いたかどうかについては疑問の声もあるが[*12]、とにかく、もしルーミーが書いたとすれば、何か思いあたることがあったのだろう。たしかに、私が直面した障壁——具体的には長年にわたって私の心が丹念に築きあげたラリーの本性——をたたきこわしたことでラリーを愛せるようになったといえば言いすぎになる。それでも、少しのあいだ、息子や娘が社会になじもうとして失敗するのを思いやる親の気持ちに近いものを感じた。もちろんその感覚は一過性のものだ。でもあとあとまで影響をおよぼしたと思う。つぎにラリーに会ったとき、握手をしてあいさつをかわしながら、久しぶりに自分がとりつくろっていないと感じた。少なくとも一〇〇パーセントとりつくろっている感じはしなかった。せいぜい四、五〇パーセントだったと思う。

雑草の本性を欠いた雑草に気づくことができた同じ瞑想合宿で、もう一つ、爬虫類とのおもしろい出会いがあった。森のなかを歩いていてふと地面を見ると、トカゲがその場で硬直していた。おそらく私を見て凍りついたのだろう。トカゲがそわそわとあたりを見まわしてつぎの動きを計算するのを眺めながら私が最初に考えたのは、このトカゲの行動が比較的単純なアルゴリズムにもとづいているということだ。大きな生きものを目にする。硬直する。生きものが近づいてくれば走る。しかしすぐにべつのことに気づいた。私の行動のアルゴリズムはトカゲよりはるかに複雑だとはいえ、私がトカゲを単純だと思うのと同じくらい私のことを単純だと思うきわめて聡明な存在がいてもおかしくない。そう考えれば考えるほど、トカゲと自分が似たもの同士だと思えてきた。どちらも自分で選んだわけではない世界に放りこまれ、自分で選んだわけではない行動アルゴリズムの指示を受け、今あるもので精一杯やりくりしている。私はそれまでトカゲに感じたことのない親近感のようなものを覚えた。

ラリーへの突然の同情心と同じように、このトカゲへの親近感にも慈悲の瞑想は不要だった。マインドフルネス瞑想それ自体、熱心に取り組めば、ほかの生きものに対する理解を深める助けとなる。ここでいう「理解」は、平和や愛のような感傷的な意味だけでなく、むしろ、その生きものをもっと明晰に把握するという意味合いが大きい。私は火星からの訪問者のようなまなざしでトカゲを眺めていた。興味と好奇心をたたえ、普段ならこういうものに抱いてしまうゆがんだ先入観が少ないまなざしだ。ほとんど先入観なしにトカゲを眺められたのは、トカゲの本性を少なくとも普段ほどには見なかったからだ。

それどころか、本性を見ないことと先入観をもたないことはまったく同じことともいえる。ものごとに感じる本性は、そのものごとについて脳にプログラムされてきた先入観だからだ。先入観によって私たちはものごとに対してある意味で都合のいい反応をするが、ものごとを本当に理解したうえでの反応とはかぎらない。

そのようなご都合主義にはもちろん利点もある。自分の夫や妻がちゃんと自分の夫や妻だとわかるのは、いい意味で好都合だ。だから、前の章で見たカプグラ妄想に苦しむフレッドほど徹底的に本性の感覚を捨て去ってしまうのは勧められない。しかしこれは心配するようなことではない。ここまでとことんやる瞑想家にはお目にかかったことがないし、悟りの境地の間近にいるように見える人でもそうだ。フレッドの事例は本性と感情のつながりを説明するにはよいが、ダルマ（ブッダの教え）が導く先を説明するのには役立たない。

とはいえ、フレッドの事例はダルマが導きうる先行きについて興味深い問いを投げかける。フレッドがいる場所、つまり本性がほとんど見えないため、だれがだれだか見わけられないほどはるかかなたにまで行くことはないにしても、極端に遠くまで行ってしまう可能性はあるだろうか。たとえば、自分の配偶者は自分の配偶者だとはっきり識別できるものの、以前ほど配偶者の本性が見えず、それに応じて配偶者に対する感覚も変化したとする。この場合、配偶者を以前ほど深く愛していないことになるのだろうか。あるいは、瞑想に徹底して取り組んだ親は子どもへの愛情が薄れてしまうのだろうか。というより、執着を手放すべきだという仏教の思想は、私たちが以前から知っている形の親の愛をある意味で控えるようにうながしているのではないか。

平均的な瞑想指導者にこうした質問を投げかけると、つぎのような答えが返ってくる。瞑想を実践したからといって愛は無効にならないし、減ることもないが、愛の性質は変わるかもしれない。たとえば、親の愛は独占欲の強くない愛に変わるかもしれない。こればかりはなんともいえないが、もしかすると、不安の強い愛や支配欲の強い愛のもとでより、幸せな親と幸せな子になれるかもしれない。

実用性の点ではまずまずの答えだ。私の知るかぎり、瞑想をすることで、肉親とも肉親でない人とも人間関係が改善する可能性は悪化する可能性よりはるかに高い。

では、愛情が減る可能性についての質問に対してあまり安心できる答えをくれない瞑想指導者がいたらどうだろう。「そうですね、もしとてつもなく長い時間瞑想すれば、自分の子どもに対する愛情の強さが少しくらい減る可能性はあるでしょう」と言われたとして、この筋書きは本当にそれほど恐ろしいものだろうか。

アメリカの裕福な親たちが自分の子どもに注ぐ献身や関心がわずかに少ない世界を想像してみよう。その親たちがあまった時間で親のない子どもたちのことを思い、どうすれば手をさしのべられるか考えると想像してほしい。そんなに悪いことだろうか。自然選択が私たちに愛や思いやりや利他の能力を授けたのはすばらしいことだが、だからといってその貴重な資源の配分方法まで自然選択の誘導に従う必要はない。

強調しておきたいのは、肉親の幸福に対する配慮と肉親以外の人の幸福に対する配慮との想像上のトレードオフは仮定にすぎないという点だ。愛情が減る可能性についての質問に対しては、一般的な、安心できる回答がおおむね正しい。心配はいらない。ダルマに従うことで家族関係は全体として豊かになる。たとえ長いあいだダルマに従っても――おそらく長く従えばそれだけ――充実したものになる。そのうえで、あいまいにしたくない重要な点がある。すでに愛している人に対する瞑想の影響は、かならずしも道徳上の唯一の問題ではないし、重要な問題ともかぎらないということだ。

ここに、道徳にかかわる二つめの問いがかくれている。瞑想をすることで、思いやりの配分方法が変わってもっと公平に割りあてるようになるのではなく、理由はともかく思いやりの感覚から完全に引きはなされ、だれの幸福にも無関心になってしまったらどうだろう。瞑想によって嫌悪やうらみなどが原動力として働かないようになるなら、それにつりあうだけの軽減作用がもう一方の極にも働かないと帳尻があわないのではないだろうか。

そうした作用が働いてもおかしくないし、現実としてその可能性が低いというのも不思議な話ではある。しかし「可能性が低い」のは「ぜったいにない」ということではなく、この点はこだわって考えてみる意味がありそうだ。ものの本性をいくらか取り去ることができれば、よりよい人間になりやすいが、かならずよりよい人間になるという保証はない。より一般的な瞑想の道筋と同じで、ある意味でもっと超然とかまえられるようになり、そのため自制も働かせやすくなるが、世のなかには、超然さと自制心をそなえたひどい人間もおおぜいいる。それどころか、超然さと自制心がいっそう巧妙なひどい人間になるのを助長している場合さえある。非常に瞑想力の高い瞑想指導者が、心理的に弱い立場にある生徒を性的に搾取した例がある。マンハッタンの有名な指導者が「アッパー・イースト・サイドの禅の略奪者」として名をはせたのもその一例だ。[*13] 萌芽段階の罪の意識を「マインドフルに」観察することで、自分の不正行為に対する内なる抵抗を取りのぞいた瞑想指導者もいないとはかぎらない。

瞑想の熟達にこのような諸刃《もろは》のつるぎの性質があるため、道徳教育によって仏教の瞑想をおぎなうことが重要になる。これは私独自の考えというわけではない。ブッダが解放へ向かう道――四聖諦《ししょうたい》の最後に明らかにされる八正道《はっしょうどう》――を敷いたとき、道徳の教えはその大きな部分を占めていた。徹底した瞑想をするだけであらゆる次元で悟りが開けるとは考えられていなかった。

それでもやはり、瞑想は八正道に欠かせないものになっている。一つの理由は、15章でもっと詳しく見るとおり、たとえ瞑想で自動的によりよい人間になるわけではないとしても、瞑想によってはぐくまれる本質の洞察――たとえば空の会得など――は道徳的な洞察をもたらしやすいということだ。また、あまりほめられたものではない私たちの傾向に対抗する徳を養うのに瞑想が役立つことも理由の一つだ。私も自分に慈悲の瞑想の才がないことは認めたが、まだあきらめたわけではないし、みなさんもぜひためしてみてほしい。

## パーティの時間

説教じみた話はここまでにして、ちょっと気楽に楽しもう。いや、楽しめるのか？　ダルマについて一般に懸念されることはほかにもあって、人生の喜びを奪うのではないかというのもその一つだ。この疑問はビック・ボーディとの対談中にも持ちあがった。ビック・ボーディはアメリカ人の僧侶で、大量の仏典を英語に翻訳したことで学者仲間によく知られている。頭をまるめたとても気さくな人で、声をたてて笑いながら、満面の笑みとはこのことかと思うような笑顔をしょっちゅう浮かべる。私の娘のひとりは、対談の動画を見たあと、「わたしにもこんなおじさんがいたらいいのに」と言った。

対談中、私はいつものように、「空」を見ること、すなわち本性を見ないことの大部分はものに対して強烈な感情を持たないことだという持論を裏づけてくれる、経験にもとづいた証言を得ようとしていた。

「私たちが……解釈をくだすことで何かに本性を見る場合、解釈には私たちがそのものをどう感じるかもかかわってきますよね。だから自分の敵は悪い人間だし、自分の家はあたたかくて居心地がいい。私がものにそなわっていると感じる本性は、部分的に私の感覚からきているといえませんか？」

「ええ、ええ、そのとおりです」

そこで私は、もし本気で解放を追求し、大半の人がもっている渇望や忌避と縁を切ろうとするなら、当然、世のなかのものに「強い感情をともなうコノテーションがなく、ものが本性を欠いているという感じを部分的に受けるのではありませんか」というようなことを言ってみた。

今度はそうやすやすと同意を得られなかった。しばらくしてビック・ボーディが口を開いた。「それを文字どおりにとりすぎると、仏教の究極の目的は、完全に無感情になるとか、感情が単調になるとか、感情のとぼしいロボットになるとか、そういうことだと受けとってしまいかねません」。ここで例の満面の笑みを見せ、笑いながらつづけた。「それでは母がよく言っていたとおり、悟った仏教徒と野菜にはなんのちがいもなくなってしまいます」。そういうと、のけぞってたっぷり五秒間笑ってから、母親のことばを引用してくれた。「それが仏教の僧侶になった理由なの？　野菜になることが？」

それからまたまじめな話にもどった。「ですが私の考えでは、仏道を実践しつづける者としての経験からいって、仏教は人生の感情面を豊かにしてくれます。ですから、感情面で感受性が高くなり、もっと幸せで楽しくなります。世のなかのものごとに対しても、もっと自由で幸せで楽しく反応できると思います」

なるほどと思った。マインドフルネス瞑想のよい点は、自分の感覚に無批判に反射的に従うのではなく、感覚を注意深く明晰に経験することで、喜びなり楽しみなり愛なり、自分が従いたい感覚を選べることだ。感覚とのこのような選択的なかかわり方、つまり感覚のいいなりにならないかかわり方には、私たちがものや人に見いだす本性を形づくっている感覚とのかかわり方も原理上は含まれる。

感情と本性のかかわりについてビック・ボーディにもう少しつっこんで聞いてみた。

「自由はある意味で、ものに対するこうした断定的で感情をともなうコノテーションに執着しないことからくるのではないでしょうか。いいかえると、ものごとにあまり強い本性があると考えないことが、自由を生みだすことになるのでは？」

ビック・ボーディは熱心にうなずいて言った。「まさしく」

## 13　すべては（多くても）一つ？

瞑想中の経験を詳しく話すのは神経を使う。めずらしい経験なら話す価値も高いが、めずらしすぎると人から頭がおかしくなったと思われる。これから話す私の経験がそのちょうど中間におさまって、人の注意を引く程度には奇妙で、当局に通報されるほど奇妙でないとありがたい。

ある瞑想合宿の四日めか五日めのことだ。私はいつものように、クッションのうえで足を組んで目を閉じていた。何か一つのことに集中していたわけではなく、音にも、感情にも、身体感覚にもとくに意識を向けていなかった。自分の気づきの領域が大きくあけはなたれているようだった。ある部分からほかの部分へと注意がらくに移動し、新しい止まり木に移るたびにちょっと止まって休み、休んでいるあいだも残りの全体を感じていた。

ある時点で、足がじんじんしびれるのを感じた。ほとんど同時に、外で鳥がさえずっているのが聞こえた。そしてここが奇妙なところだ。鳥のさえずりが自分の一部でないのと同じくらい、足のしびれが自分の一部でないように感じたのだ。

みなさんはこう思うかもしれない。私は足のしびれが自分の一部でないように感じたのか。それとも、鳥のさえずりを自分の一部のように感じたのか。もっとありていにいうと、自分が何もないような感覚に近づいていたのか、それとも自分が世界と一体になったように感じたのか。もしみなさんが本当にこういう疑問を持ったとしたら、興味深い哲学上の問題を思いついたということだ。仏教思想の異なる系譜間の差異を際立たせ、主流派の仏教哲学と主流派のヒンドゥー教哲学とを区別する根本的な問題だ。でもおそらく聞きたいのはこんなことではないだろう。それより、私の頭がおかしくなったかどうかが気になるのではないだろうか。そこで、まずそちらの疑問に答えようと思う。そのあとで深い哲学上の問題にとりかかろう。

まず強調したいのは、この経験で私の頭がおかしいことになるなら、私にはよい仲間がいるということだ。これまでに何度か、本当に熟達した瞑想家に自分の経験を説明する機会があった。僧侶もいれば有名な瞑想指導者もいるが、ひとりの例外もなく、私が説明しているような経験を自分も経験したことがあると言っていた。

そのうえ、瞑想家たちはこの種類の経験をとても重要だと考える傾向があった。それどころか、極言すればこれこそ仏教の中心となる経験といえる。もっとも深いとかもっとも重要だという意味での中心ではなく、むしろ仏教哲学という分野の中心的な位置を占めるということだ。ばかげて聞こえるけれどおそらくは妥当な仏教の二つの概念、無我と空《くう》がここで一つになる。二つを大統一する瞑想経験といっていい。

何を言いたいか説明する前に、もう少しこの経験について具体的に話しておこう。最初に言っておきたいのは、自分自身とさえずる鳥とのあいだに感じたどんな連続性も、その鳥だけにかぎったものではないということだ。前の章で話した、トカゲと自分に思った以上に共通点があると気づいたときにトカゲに感じた親近感とはちがう。自分と自分以外の全世界とのあいだに感じていた境界が溶けていくような気がした。トカゲのときのように概念として認識したというより、純粋に感覚として知覚した感じに近い。言いかえると、直観的な理解であり、考えたうえでの結論ではないということだ。論理的に検討して鳥のさえずりが足のしびれに劣らず自分の一部だと納得したというような話ではない。とはいうものの、この経験にすぐつづいて、そのような検討をする余地があるのではないかと考えはじめた。たとえばこんな具合だ。足のしびれを感じることと鳥のさえずりを聞くことには、実際にどのくらいちがいがあるのだろう。どちらの場合も知覚を処理しているのは私の頭のなかのどこか、意識の中枢的な部分のようだ。ということはどちらの場合も、知覚するためにははなれた場所から私の頭まで情報が伝達される必要がある。私の足がしびれの情報を伝達し、鳥がさえずりの情報を伝達する。何がちがうというのだろう。おそらくこう反論される。「でも、しびれは皮膚の内側で起きていることだから、あなたの一部だろうに」。たしかにしびれは皮膚の内側のことだ。しかしここで問題にしているのは、私たちが本能的に当然と思っているほど、自分の皮膚は本当に意味のある境界なのか、内側にあるものがすべて自分で外側にあるものがすべて自分以外のものと考えるのは本当に筋が通っているのか、ということだ。だから、その本能的な思いこみをくり返すだけでは私の疑問を解決することはできない。その戦法を正当と見なすなら、どんな思いこみもけっしてくつがえせないことになる。

こんな反論もありそうだ。「でも、しびれのような身体感覚には、もともと決まっている固有の感性がつきものだ」。たとえば、足の痛みは本来的に痛い。それに対して、鳥のさえずりは好みの問題で、心地よいと感じる人もいれば耳ざわりに感じる人もいる。この反論の問題点は、痛みが本来的に痛いわけではないことだ。すでに話したとおり、私はしめつけるような耐えがたい不安を瞑想によって単なる興味の対象に変えたことがあるし、瞑想しながら歯の激痛の波をほとんど美しいとさえ感じたことがある。また、ちょっとした腰痛に対する見方を変えることで、やんわりと心地いい感覚に変化させたこともある。まあたしかに、レモンをレモネードに変えるようなこうした変容は、そうしょっちゅうあることではない。合宿に参加して瞑想中心の生活様式にどっぷり浸かっているときのほうが、「実社会」にもどって「腰痛に苦しめられるのはつらいなあ」というようなことをぼやいているときより簡単に訪れるたぐいの変容だ。痛みを概念化しなおす方向へさらに進み、身じろぎもせずに焼身自殺したベトナムの僧侶の精神構造にたどりつくには、はるかに深い没入が必要になる。

しかし、重要なのはそのような没入が可能なこと、そして「内部」で生じる感覚に固有の意味があるのに「外部」で生じるものにはないという安易な主張を揺るがすものであることだ。また、何かが自分の一部かどうかを決める主要な基準が、そこから送られてくる信号をどれだけ「自動的」に解釈できるかであるなら、自分の子孫の場合はどうなのだろう。娘たちは私の皮膚の内側にいるわけではないが、それでも娘のひとりが痛がっているのを見れば、自分自身の痛みとなんら変わることなく確実に痛みを感じる。

アメリカの偉大な心理学者ウィリアム・ジェイムズは、「人が自分と呼ぶものと、なにげなく自分のものと呼ぶものとのあいだに線を引くのはむずかしい」とし、その意味で「肉親は自分の一部だ。父や母、妻や子どもは、自分の骨の骨、自分の肉の肉である。肉親が死ねば、自分自身の一部も消える」と書いている。*1

## 進化と自己の境界

なぜ血縁者を「ほぼ自分」と感じるかといえば、特定の価値を具体化する一連の作用によって私たちがつくられたためだ。はっきりいえば、世代を超えて遺伝物質をうまく伝達するというただ一つの価値を具体化するためにつくられたように思える。近親は多くの遺伝子を自分と共有しているため、近親を大切にするのは自然選択の観点から理にかなっている。そのため、家族間の共感や家族間の愛情をつかさどる遺伝子、そして家族間の罪悪感のように関連のあるさまざまな感覚をつかさどる遺伝子が繁栄してきた。

いいかえると、何が「自分」や「自分のもの」かを判断する本能的な定義は、自然選択という特定の作用が従っている特定の規則から生まれたものだ。

ところで、血縁者に対する感覚と同種の感覚を鳥に対していだくような進化の道筋を私たちの種がたどることも、ありえなかったわけではない。二つの種が相利共生と呼ばれる共生関係を築いていて、互いに助けあって生きているなら、その関係を持続させるようなあたたかい気持ちが進化する可能性はある。犬は人類と共進化してきたように見えるし、私が子どもに対するのと同じくらい犬に愛情を注いでいると子どもたちに責められてしまうのも、これで説明がつくかもしれない。子どもたちの疑惑は完全に否定するが、飼い犬が痛がっているのを見れば、ある程度その痛みを感じるのは事実だ。

自我の境界に疑問を投げかけるべつの種類の共生もある。私たち人類は多種多様な細菌とも共生関係にある。体内にいるそうした細菌は、さまざまな形で私たちの気分や思考に影響をあたえている。研究者は、内気で不安の強いネズミの腸内細菌と社交的なネズミの腸内細菌を入れかえると、内気なネズミが社交的になることを発見している。*2 倫理上の理由からこの種の実験は人間ではおこなわれていないが、微生物が神経伝達物質に影響をあたえることで人間の心に影響をおよぼすことを示す証拠は存在する。それどころか、瞑想合宿のときの鳥のように、細菌が私の脳に――たとえ鳥よりかすかだとしても――信号を送ると考えても、それほど無理なこじつけではないかもしれない。

もし細菌にまでさかのぼれる信号を日常的に自分の一部と考えているなら、なぜ鳥が送ってくる信号を自分の一部と考えてはいけないのだろう。進化がべつの道をたどって、人類と鳥類が相利共生の関係を築いていれば、鳥の信号が日常的にもっと自分の一部のように感じた可能性さえあるのだ。*3

私が言おうとしているのは、つまりこういうことだ。たくさんの情報が私の脳にはいってきて、脳はどの情報を自己の一部と見なすか、どの情報を自己の一部でないと見なすか、どの情報をその中間と見なすか（たとえば自分の子の泣き声）を決定する。私はその決定をうのみにして、何が自分で何が他者かについての深い哲学的な真実に符合すると思いこむ。でも実際には、私の脳はちがった形に配線されていたかもしれず、そうなっていれば脳は情報をちがうふうに解釈し、私は自分と他者の区別についてまったくちがうとらえ方をしていただろう。

たとえば、ミラータッチ共感覚という特質を持つ人は、周囲にいる人の感覚を文字どおり共有する。人が触れられるのを見ると、自分が触れられていると感じ、脳スキャンでも実際に触れられたときとほとんど同じニューロン活動が見られる。自然選択が奇妙な条件下で働くなり自然選択以外の何かのプロセスが作用するなりして、ミラータッチ共感覚を標準的にそなえた生物が生みだされてもおかしくないことは想像がつく。その場合、自我という概念が意味するものはまったく異なるはずだ。

ちょっと先を急ぎすぎたようだ。私たちをつくりあげたプロセスがあちこちでべつの方向へ向かっていたり、そもそもまったく異なるプロセスだったりした場合に私たちの世界観がどれだけちがうものになっていたかという疑問は、15章でもう少しじっくり考えてみたい。さしあたって重要なのは、私たちがどんなものに一体性を感じるか、皮膚の内側のものでも外側のものでも、それとどれくらい強い一体性を感じるかは、人類の進化が実際にたどってきた道に少なからず規定されているという点だ。自己や自己の境界についての直観は、その意味で恣意的といえる。

瞑想合宿で得た経験の正当性をもっと主張する手もあるとは思うが、食いさがったところでどうなるものでもない。鳥のさえずりが私の一部だと納得してもらえそうなとっておきの切り札があるわけではないし、じつをいえば、私自身、鳥のさえずりが自分の一部だと信じて生活しているわけでもないからだ。ただ、あのときの私の知覚がそれほどばかげていないことをわかってもらおうとしているにすぎない。それが精一杯だ。この経験を完全に共有してもらおうとしても、最終的には失敗に終わる。どんな神秘体験でもそうだが、その場にいなければわかりようがない。

とにかく、私のちょっとしたさえずり体験をどう考えるにしても、一ついえるのは、私が無我の経験と呼んできたものには、じつは二つの側面があるということだ。本書のはじめのほうで、いわば無我の経験の内向き版について話した。これは「内」をのぞいて自分の思考や感覚を見つめ、「ちょっと待て、なぜこれが本来的に自分の一部といえるのだろう」と自問するものだ。この基本的な問いは、無我についての有名な説法のなかでブッダが投げかけた問いでもある。

　しかし、無我の経験には外向き版といえるものもある。これは「外」界に目を向けて自分の皮膚の向こうにあるものを見つめ、「なぜ自分の一部でないといえるのだろう」と自問するものだ。いいかえると、自己の中身と想定しているものが本当に自己の中身かどうかを問うのではなく、自己の境界として想定しているラインが本当に自己の境界かどうかを問うということだ。一方は、自分の「内」にあるほぼすべてのもの——たとえば無意味な不安感など——を自分と一体ととらえる直観に疑問を投げかけるものであり、もう一方は、自分の「外」にあるほぼすべてのものを自分と一体ではないととらえる直観に疑問を投げかけるものだ。

　私の経験では、一つめの問いは二つめの問いにつながっている。足のしびれと鳥のさえずりの境界が消えていった理由の一つは、そもそも足のしびれにあまり一体性を感じていなかったことだ。「自己」を自分自身から分離したことでその中身が外の世界にあるもののように見え、「自己」が拡散したことでその境界がはっきりしなくなった。

　その意味で、内向きの無我の経験と外向きの無我の経験は論理的につながっている。しかし、なんらかの論理があるならそこにはなんらかの矛盾もある。というのも、皮膚の内側の「自分」について語ることが無意味になればなるほど、外界と「自分」の連続性について語ることも同じだけ無意味に思えてくるからだ。そして、皮膚の内部の「自分」について語ることは結局はまったく無意味だという正統派の仏教の立場をとるなら、外界と「自分」の連続性という考えもまったく無意味に思えるはずだ。

本章の冒頭であとまわしにした問題にもどろう。足と鳥、内面のしびれと外界のさえずりの境界があいまいになったとき、私は自分が世界と一体になったように感じたのか。それとも、自分が何もないような感じ――まるで「外」のものと一体化するものが「内」に何もないような感じがしたのか。

答えを出すのがためらわれる理由が少なくとも二つある。一つは、正直なところこの経験がどちらか一方に合致するものなのか確信が持てないことだ。もう一つの理由は、答え方によって、仏教思想家とヒンドゥー教思想家の大論争のただ中や、場合によっては、主義主張の異なる仏教思想家同士の大論争のただ中に身をおきかねないことだ。

## 不慮のオンライン論争

これを痛感させられたのは、プリンストン大学で教えていた「仏教と現代心理学」という講座をもとに、オンライン講座を立ちあげてすぐのことだ。学内開講版は、脳科学者から本格的な瞑想家にいたるまでさまざまなゲストスピーカーを招いて有益な話をしてもらっていたが、オンライン版をつくるときはそこをどう再現するかが課題だった。そこで、オンラインの学生も同じような経験ができるように動画を使うことにした。自分が運営する「ブロギングヘッズ・ドット・ティービー（Blogging heads.tv）」というウェブサイトで脳科学者や本格的な瞑想家と対談し、その映像からの抜粋をオンライン講義に組み入れた。そのうちの一つの抜粋が、講座のオンライン討論フォーラムでちょっとした議論を巻き起こした。

抜粋の対談相手は、11章にも登場してもらったゲーリー・ウェバーだった。イェール大学の脳スキャン研究に参加し、瞑想をしていないときでさえデフォルト・モード・ネットワークが異常なほど静かだと判明した人物だ。ウェバーとのオンライン対談のなかで、私はウェバーの本で読んだあるくだりについて尋ねた。悪い知らせはあなたが存在しないこと、よい知らせはあなたがあらゆるものであることだ、というようなくだりだ。ウェバーはつぎのように説明してくれた。「もし自分が無になれば、もし自分が消えれば、あらゆるものになりえます。しかし、無にならないかぎり、あらゆるものにはなれません。これは論理的に導かれる事実です」

論理的にそうなるのかどうかはよくわからないが、どうやらウェバーが到達した境地に行きつけば、それが厳然たる論理に思えるらしい。「無になれば、ただ消滅して空っぽになってしまうのではなく、奇妙な形で——というか、実際にそう見えるし、そう感じるのですが——あらゆるものがすべて一つなのだとわかります。神秘体験を語る月並みな表現のようですが、本当にはっきり感じとれます。あらゆるものがすべて一つだと強く感じるのです。そしてどういうわけか、不思議なことにそれは自分の内側にあります」

討論フォーラムでウェバーのコメントが思いもよらない反響にさらされるのに時間はかからなかった。なかには予想どおりといえそうな反響もあった。ウェバーの経験の中心にある矛盾がありえないとはいわないまでも、不可解だと感じた人たちの反応だ。ある学生は、「『私は無であるということが、私はあらゆるものであることを意味する』というのはもったいぶった言い方で、ほんとうの意味は『私の精神水準はあまりに高く、きみたちにはとうてい理解できまい』ということだと思う」と書いている。

矛盾そのものにではなく、後半の「私はあらゆるものである」という部分に異議を唱える学生もいた。自身が瞑想指導者でもあるひとりの学生は、「仏教哲学は一体性を支持しません」と書いている。この学生は基本的に正しい。ウェバーと似たような説明をする高名な仏教思想家は簡単に見つかるだろうが、あらゆるものが一体であるという思想は、空の思想をあれほど強調する主流派の大乗仏教のなかには見つからないはずだ。というのも、外界に見えているものが実際には本性を欠いているなら、少なくとももののそれ自体としては存在していないといえるからだ。仏教哲学によれば、もちろん自我も存在しない。ならば、どうしてあらゆるもの――本当は存在しないたくさんの「外」界のものと、本当は存在しない「内」なる自己――がすべて一つになりうるだろう。「何もない」と「何もない」を足しても「何もない」になるだけで、「一つ」にはなりえないのではないだろうか。

この意見は仏教の実際の議論をほとんど漫画的に単純化している。しかし議論の核はとらえているし、正統派の仏教徒が「一体性」をめぐる厳密さに欠けた議論を小ばかにする理由を理解する助けにもなる。一方で、戯画化に終わらず仏教における主流の議論をもう少しじっくり見きわめると、小ばかにするのが本当にふさわしいことなのかどうかわからなくなってくる。それどころか、ウェバーに対する学生の反応をつくづく考えるうちに、私は空の概念と一体性の概念のあいだの境界線はかなりあいまいだと思うようになった。

## 空と一体性のちがいは？

仏教哲学者が空の教義のために持ちだす論理を見ると、「縁起《えんぎ》」と呼ばれる仏教の思想と大いに関係があるのがわかる。ものごとはほかのものから独立して存在しているように見えるが、実際はほかのものの存在や性質に依存している。これが縁起だ。木々は日光や水を必要とし、日光や水などほかのものとかかわることで変化しつづけている。小川や湖や海は雨を必要とし、雨は小川や湖や海を必要とする。人は空気を必要とし、空気は人が息を吸ったり吐いたりしなければそのような組成になっていない。

いいかえると、どんなものも本来的な存在をそなえてはいないということだ。どんなものも現行の存在の材料をすべて内部に持ってはいない。どんなものもそれ自体では完結しない。それが空の概念につながる。あらゆるものは本来的な独立した存在性を欠いている。

仏教哲学によると、長時間におよぶ瞑想によってものに本性がないと感じるようになれば、この事実を直観的に感知できる。それと同時に自己の境界が消えていくのを感じるなら、それはまさしく、さらに広大な空、つまり外界にあるとされるあらゆるものだけでなく内面にあるとされる自己にまであまねくゆきわたる空を経験しているということだ（このことは、とくに大乗仏教で、無我の教義がより広範な空の概念の特殊な例にすぎないと説明される場合がある理由を理解する助けになる）。空のまんべんなさを強調するために、仏教哲学者は無我ということばを「内」面のものだけでなく「外」界のものにも用いる場合がある。私たちに自己がないように、木にも自己がなく、石にも自己がない。[*4] あるいはべつの用語を使ってもいい。木や石が本性を欠いているように、私たちも本性を欠いている。いずれにしても、どこもかしこも空というわけだ。

少なくともそれが仏教哲学の主張だ。

しかし私から見ると、この仏教の議論を一八〇度転換して、すべてにおよぶ空という概念と一体性の概念にそれほどちがいはないと主張することは可能に思える。転換のポイントは議論の中核にあることば、「縁起」だ。

英語では縁起を「相互依存的な共起（interdependent co-arising）」と表現することが多い。「相互依存」ということばは最近よく使われている。たとえば、複数の国の株式市場の動向を追っていて、相互に関係する傾向があることに気づけば、「へえ、思った以上に各国の経済は相互依存しているんだな」とつぶやくかもしれない。この場合、後半の「共起」もあてはまる。というのも、どの国の経済もほかの国の経済と相互に影響しあわなければ現在の状態にはなっていないからだ。

もし、この相互依存に気づいたあと、「思った以上に各国の経済は一体化しているんだな」とつぶやいたとしても、大半の人はもっともな意見だと考えるだろう。相互依存度の高いシステムは、相互依存のないシステムより同一体に近いからだ。実際に、生物を同一体と考える理由の一つは、腎臓や肺などの個々の部分が高度に相互依存していることだ。

そのため、一体性や同一性を理解したと話す人に対して、「ちがうちがう、それはまったくの勘ちがいだ。これは相互依存と相互連絡であって、一体でも同一でもない」と反論するのはやや奇妙に思える。相互依存や相互連絡は一体性や同一性を示唆してはいないだろうか？　もちろんまったく同じことではないが、高度に相互依存や相互連絡していればいるほど、一体に近づくのではないだろうか。そして空の教義を支持する人たちが基本的に言っているのは、現実が相互依存や相互連絡に満ちているということだったはずだ。

そう考えると、ウェバーのような人が空についてではなく一体性について語ったからといって、なぜ腹を立てる人がいるのか不思議に思えてくる。どこかあいまいな語義にかかわる論点に対して自己弁護できる立場をとったくらいで、なぜめくじらを立てるのだろう。とはいえ哲学上の代償は意外に大きい。前述の仏教とヒンドゥー教哲学との衝突が起きるのはここだ。

ヒンドゥー教思想、とくに「不二《ふに》一元論《いちげんろん》（アドヴァイタ・ヴェーダーンタ）」と呼ばれるヒンドゥー教の学派のなかには、個人の自己、個人の霊魂が、宇宙の霊魂とでもいうべきものの一部だという思想がある。ヒンドゥー教の用語でいうと、「アートマン（自己、霊魂）はブラフマン（宇宙の霊魂）である」という思想だ。しかし、アートマンがブラフマンであれなんであれ何かであると口にするのは、そもそもアートマンが存在すると言っているのと同じことだ。そして、仏教の誕生そのものが、つまり、仏教以外はヒンドゥー教ばかりという環境で仏教が歴然と台頭したことが、アートマンの存在を否定したことと大きくかかわっていると考えられている。

そのため、ゲーリー・ウェバーを仏教の講座に引っぱりだせばめんどうなことになりかねない理由はわかるだろう。「あらゆるものはすべて一つだ」と口にするのは、哲学的な含みとしては自己が存在すると言っているのと同じことであり、それはつまり東洋哲学のなかで仏教はそれほど特別ではないと暗に言っていることになる。

ところがここがおもしろいところだ。ウェバー自身は自己の存在を否定している。「自分があらゆるものである」という感覚と「自分が無である」という感覚をはっきりと結びつけているのだ。それどころか、オンライン対談の後半でそのつながりを強調している。

私はウェバーに言った。「瞑想中に、自分の境界がある意味で急に透過性を増したような感覚にとらわれたことがあります。鳥のさえずりが感覚器官にはいりこんできて、しっかりした境界線がなくなったように感じました」

「ええ、わかります」ウェバーが答えた。

「でも、それは一回きりの短い経験でした……あなたは日々の生活のなかで、自分が自分だと感じるように、ある意味でほかの人も自分と一体だと感じるとおっしゃるわけですね」

「そうですね、おそらくそれとは少しちがいますが、さほど大きくはちがいません。私はどんなものも自分と一体だとは感じません。つまり、自分自身を一体だと感じたり自分とだれかが一体だと感じたりする、その主体はいないのです。ただ空っぽで静止したものがここ［体の内側］にあって、ここはそこ［体の外側］でもある」

「つまり、あなたがだれかを自分と一体だと感じるといった場合の問題点は、最初のあなたの部分なわけですね」

「そのとおりです。一体だと感じるあなたはいないからです」

ウェバーはなぜこんなふうに矛盾するようなことを、完全な仏教言語でも完全なヒンドゥー教言語でもないことばで語れるのだろう。もっとも、本書のはじめのほうでも話したとおり、矛盾が好きでないなら東洋哲学は向いていないかもしれない（それに、これも話したとおり、量子物理学も向いていないかもしれない）。また、ウェバーが教条主義の仏教徒や教条主義のヒンドゥー教徒のように語りたがらないのは、ヴェーダーンタ学派の伝統と仏教の伝統をどちらも長年にわたって研究した結果、どの特定の哲学にも傾倒していないからだ。だから自分の瞑想経験について説明するときも、どの哲学の影響にもしばられることがない。ただ自分が感じたままをことばにする。

ウェバーは仏教哲学とヒンドゥー教哲学のちょうどさかいめにいるように見える。仏教側に傾いた発言もするし、ヒンドゥー教側に傾いた発言もする。もし私が先ほど主張したことが正しいとすれば、つまり、ものごとは高度に相互連絡し相互依存していて個々の固有性はないということと、ものごとは高度に相互連絡し相互依存をしていてすべてのものは一つであるということに、本当はそれほどちがいがないとすれば、それもどこか納得がいく。

このことは興味深い可能性を示している。ひょっとすると、仏教徒の非常に深い瞑想経験と、ヒンドゥー教アドヴァイタ・ヴェーダーンタ学派信者の非常に深い瞑想経験は、根本的には同じ経験なのかもしれない。そこには自己の境界が消える感覚と、つづいて起こる外界との連続感がある。仏教徒なら（少なくとも主流派の仏教徒なら）、それを空との連続性ととらえるよううながされる。ヒンドゥー教徒なら、それを霊魂との連続性ととらえるよううながされる。それをいうなら、アブラハムの宗教を信じる人たち――キリスト教徒、ユダヤ教徒、イスラム教徒――のなかで瞑想中に神との一体感を覚える人たちは、ひょっとするとヒンドゥー教徒や仏教徒とどこか似かよった経験をし、ヒンドゥー教や仏教のとらえ方に近い解釈をするのかもしれない。核となる経験は同じまま、教義上の表現が異なるということだ。

それどころか、表現も見た目ほどは異なっていないのかもしれない。ヒンドゥー教徒も仏教徒も、ある意味ではアブラハムの宗教の信者さえも、通常いわれるような特異な最高権威としての自己という概念がじつは錯覚だと言っている。私たちが感じている境界は本来存在しないもので、究極の真実へ向かうにはその境界を消し去らなければならないということだ。

とにかく、宗教的信条に対する私の基本方針からすると、究極の問題はその信条に特有の内容ではない。むしろ問いたいのは、その信条が人をどんな人間にするか、人をどんな行動へ導くかということだ。自己の境界が本当は境界ではないという、仏教とヒンドゥー教の基本的な思想が人をよい行動へ導くと考えてよい根拠がある。

これに関してジャドソン・ブルーワーに尋ねたことがある。ブルーワーはウェバーが参加したイェール大学の研究を指揮した人物で、自身も非常に熱心な瞑想家だ。私は、世界じゅうの人が精力的に瞑想に取り組んだら、戦争はなくなるだろうかと問いかけた。ブルーワーは質問で答えた。「自分自身を傷つけたがる人がいるでしょうか？ そういう意味で、戦争はなくなると思います。どうして自分の右手を切り落としたりするのか、ということですからね」。ウェバーはこれについてつぎのような言い方をしていた。「もしあらゆるものがすべて一つなら、どうしてそれをかき乱すようなことを私が——それをする私がいるとして——するでしょうか。どうしてあなたにひどいことをするでしょう」

私も同感だ。ウェバーは私にひどいことをするべきではない。それだけでなく、私がウエバーやほかの人にひどいことをするべきでないことにも原則的に同意する。問題は、ウェバーがおそらく経験的に深い根拠を持ってそう直観しているのに対して、私は単に漠然とそう信じているにすぎないことだ。私がいつもこの信念を守れるわけではない理由もそこにあるのかもしれない。しかも、この直観をウェバーやブルーワーが感じているほど強烈に感じるようになるには、どうやら、これからさらに一万時間ばかり瞑想の実践を積まなくてはならないらしい。しかも人生は短い！

ありがたいことに、毎日三時間、一〇年にわたって瞑想をつづけなくても、そのような瞑想によってどんな人間になれるかをある程度知る方法がある。瞑想合宿のいいところは、一時的にしろ完全に瞑想に没入することで、本格的な瞑想家として生きる人生がどのようなものか、一瞬だけ垣間見ることができるところだ。私も瞑想合宿中に、無我の経験とよりよい人間になることのつながりを少しだけ感じることができた。

## いびきをかく男を殺さなかったときのこと

二〇一三年一二月に参加した瞑想合宿で出会った男に対する私の気持ちを考えてみてほしい。彼は私の二列ばかり前にすわっていた。私は瞑想していたが、彼は眠っていた。目を閉じて瞑想していたのにどうして彼が眠っているとわかったか。いびきをかいていたからだ！

瞑想しようとしているとき、いびきは神経を逆なでする。とくにいびきをかいているのが自分でないときはそうだ。実際に私は、自分の下腹部にその男に対する怒りの感覚があるのに気づいた。

じつをいうと、はじめははっきり気づいてはいなかった。ただ怒りを感じ、反射的にその言いなりになって、怒りの感覚が私たちに考えさせるよう設計されている種類の考え、たとえば、いびきをかいているばか野郎はどいつだ、というようなことを考えていた。目をあけて、犯人をつきとめたい衝動にかられた。できればあとで裁きの場へ引きずりだしたい気持ちもあったと思う。しかし、その後ようやく、マインドフルネス瞑想のときにするべきことをやった。なんであれ自分がかかえている感覚を観察する。その時点で下腹部の怒りの感覚にはっきり気づいた。その感覚にしっかり目をすえる。ほんの数秒のあいだ明晰に観察すると、怒りは完全に溶けてしまった。まるで自分の注目が破壊レーザー光線で、怒りの感覚が敵の宇宙船のようだった。ビシュッ！　撃墜。

さて、私の怒り撃墜の経験と無我の経験にはいったいどんな関係があるのか。じつは二つある。一つはわかりやすい、「内」向きの無我の経験との関係。もう一つはもっとわかりにくい、「外」向きの無我の経験との関係だ。

内向きのほうはわかりやすい。怒りをマインドフルに見つめたとき、私はそれが自分と一体だと思うのをやめ、それを自分のものと思うのをやめていた。さっきまで自分の一部だと思っていた感覚、自分に深く根をおろしているせいで無思慮に言いなりになっていた感覚が、何かべつの、観察すべきもののように思えた。いったんその感覚に自分で注意を向けられるようになると、感覚は、注意にさらされながら溶けきってしまう前の段階で、すでにまったく自分の一部ではなくなっていた。

たしかに、これは完全な形の内向きの無我の経験ではない。私はたった一度、一つの感覚を自分から切りはなして、自分の範囲をほんの少し縮めたにすぎない。それでもなかなかのものだ。それに、一時的によりよい人間、もう殺人をたくらんだりしない人間にもなれた。

わかりにくいほう、外向きの無我の経験との関係については少し説明がいる。もっと具体的には、ミリ・アルバハリの研究について説明する必要がある。アルバハリはオーストラリアの哲学者で、彼女の仏教哲学に関する研究成果の一部は瞑想の実践から得られている。しかしきまじめすぎる謙虚さを反映するように、自分は「熟達した瞑想家ではない」と彼女は強調する。本人の談によれば、長い瞑想合宿中、「自己が希薄」になるのを感じられるところまでは行ったが、「無我」を感じるところまでは到達しなかったそうだ。瞑想合宿に参加していないときは、いつも瞑想を日課として実践できているわけではないが、できているときは日々の暮らしが「明らかに改善する」という。

アルバハリが著書『分析的仏教（*Analytical Buddhism*）』のなかで展開する議論に合わせて、悟りを開いたブッダが鹿野苑《ろくやおん》という地ではじめて教えを説いた有名な『初転法輪経《しょてんぽうりんきょう》』に話をもどそう。このなかでブッダは四聖諦《ししょうたい》を説き、「ドゥッカ」（苦しみ、不満足）の原因と解決法を明らかにする。そして、ドゥッカの基本的な原因が「タンハー」だと説明する。通常、「渇き」「渇愛」「欲望」などと訳されることばだ。もう少し細かい話をすると、問題なのはタンハーが、満たしても満たしきれないことだ。私たちは欲望を充足しても満たされず、同じものをもっと渇望したり、何か新しいものを渇望したりする。

アルバハリによると、タンハーは自己の感覚と密接に結びついているため、タンハーを克服することは無我の経験と結びついている。アルバハリは内向きの無我の経験のことだけを言っているのではない。特定の欲望を手放せば、それを自分から切りはなしたことになり、したがって自己の一部が消えるという、内面の話だけではない。アルバハリが言っているのは、自己に境界があるという感覚にタンハーが深く関与しているということだ。タンハーが自己の境界に存在感をあたえ、強固にしている。この存在感は、外向きの無我の経験をしているあいだ弱くなる。

アルバハリによれば、たとえばココアを渇望しているとき、私たちは自分自身とココアとの隔たりを痛切に感じる。それは自己の境界を意識していることにほかならない。たしかに、ここですわったままその渇望が満たされていくことを想像すると、そのような境界が思い浮かぶ。てのひらの表面がココアのマグカップと接触し、舌の表面がココアと接触する。

アルバハリの主張の全容を知るには、ほかの多くの学者と同じように、アルバハリもタンハーを単に心地いいもの――セックス、チョコレート、新しい車、もっと新しい車――への欲望とはとらえていないことを理解する必要がある。タンハーには、不快なものからのがれたいという欲望も含まれる。いいかえると、タンハーは、魅惑的なものに引きつけられるエネルギーになるだけでなく、嫌悪を感じるものを避けるエネルギーにもなる。この見地に立つと、瞑想ホールでいびきに対して私が感じたいらだちはタンハーだったといえる。あれはいびきの雑音からのがれたいという欲望だった。

何かからのがれたいと渇望する場合、自分とその何かとのあいだにもっと距離をおくという目標が頭にあるはずだとアルバハリは言う（その何かを発している人間に瞑想用クッションを投げつけるような、もっと直接的な方法をとらないと仮定して）。そして、自分と何かとのあいだに距離をおきたいと思うことは、自分の自己が途切れる場所についての概念をもっていることを意味する。ガラガラヘビの攻撃をよけようとしているなら、ガラガラヘビの攻撃がおよんでほしくない領域について非常に厳密な概念があるはずだ。すなわち自分の皮膚が区切っている領域だ。

したがって、タンハーが引力と斥力《せきりょく》のどちらに働くにしても、それが必然的に自己の範囲を定めることになる。アルバハリが書いているとおり、タンハーをともなう感情は、「自己として認識されるものと、望ましいあるいは望ましくない筋書きとのあいだにある暗黙の境界を指し示しているように見える。境界は感情の一部として知覚されたり想像されたりするからだ」。そのため、タンハーは「自他のあいだに境界があることを指し示すだけではなく、境界があるという感覚を生じさせたり強めたりする役割をはたす[*5]」。逆もまた同様だ。自他の境界をはっきりと深く感じるほど、タンハーをいだきやすくなる。「自分自身を自己として完全に認めないかぎり、『自分』の欲望が満たされたかどうかを特別に気にかけるはずがない」からだ。

みなさんは、このすべてがいびき男に対する怒りの撃墜とどう関係するのかと思っていることだろう。私も、撃墜の直後に書いたメモを改めて見返していなければ同じように思っただろう。じつは先ほどの話には欠けている部分がある。メモを見返す前に記憶で書いたので、重要な点がいくつか抜け落ちていた。

まず、この朝の瞑想セッションの直前、ふたりいる合宿リーダーのひとりナラーヤンが短い講話をしていた。テーマは受容についてで、不快に感じがちな状況を受け入れることを学ぶという話だった。そこで、いびきが不快だと感じはじめてしばらくたったとき、ナラーヤンが説教したことを実践して、いびきに対する嫌悪を克服してみることにした。それはもちろん、嫌悪をマインドフルに観察するということだ。その日のもっとあとになって書いたメモによると、私は「自分の嫌悪と怒り（はっきりと感じたし、どこにあるかもわかった）を中立的に感じよう」とした。そして、いびきを受け入れたとき「その感覚はほとんど消えた」。

つまり、私がマインドフルに観察した感覚は、実際には二つが絡みあったものだった。いびきをかいている男に対する怒りと、いびきに対する嫌悪だ。アルバハリの理屈によれば、嫌悪を克服するときは、単に怒りを克服するときより、外向きの無我の経験にぐっと近づくことになる。[*6] 自己の境界を強めているタンハーを希薄にするということだ。

この力学はメモの最後の部分にはっきりとあらわれている。自分の嫌悪と怒りを観察し、両方の感覚が力をなくしたとき、「腹のなかの感覚と男のいびきが何か単一のシステムか生物のようなもので、情報をやりとりして一体になっていると想像する瞬間があった」。

言い方を変えよう。私は男の鼻から発して、私の脳にはいり、嫌悪と怒りを引き起こした連続的な音波の流れに意識を集中した。少しのあいだ、いらいらさせる者とさせられる者が、「彼」と「自分」という二つのべつべつのものでなくなった。タンハーの力、つまりいびきに対する私の嫌悪の力が弱くなるにつれて、私の境界の透過性が増したのだ。

このように、自己や、自己とタンハーのつながりに関するミリ・アルバハリの見方には非常にありがたい効果が一つある。普段そう見えるだろう姿より、私が立派な瞑想家のように見えることだ。怒りを撃墜したとき、怒りを自分から切りはなしたという点で、私の怒り撃墜には内向きの無我の経験がわずかばかり含まれていた。だがそれだけではない。怒りにエネルギーをあたえたタンハーを克服しながら、もっととらえどころのない外向きの無我の経験にもわずかに足を踏み入れていた。そして外向きの無我の経験は、内向きの無我の経験と同じように私を一時的によりよい人間にしたように思う。

## 二つの説法と三毒

アルバハリの見方にはもう一つ利点がある。初期仏教の経典が提起する難問を解決する助けになることだ。ブッダは、悟りを開いたあと最初におこなった説法『初転法輪経』で、ドゥッカからの解放の鍵はタンハーの克服だと説いている。ところが、第二の説法である無我についての説法では、自己が存在しないと認識することで解放がもたらされると言っているように聞こえる。この説法を聞いた修行僧はただちに解放されたという。いったいどちらなのだろう。ニルヴァーナ（涅槃《ねはん》）にいたるために必要なのは、タンハーに打ち勝つことなのか、それとも自己が錯覚だと知ることなのか。

もしかすると二つは同じ一つのことなのではないか。アルバハリの見解がなくてもそう思うかもしれない。内向きの無我の経験には、感覚を自分から切りはなし、感覚にまみれた思考を自分から切りはなす必要がある。感覚は基本的に正と負の二種類があり、正は引きつける要素、負は遠ざける要素を持っている。つまりタンハーを持っている。[*7] とすれば、内向きの無我の経験にはタンハーを手放す必要がある（じつをいうとブッダも、無我の経験には思考や感情などに執着するのをやめる――「欲望」に任せて求めるのをやめる――必要がある、と同じようなことを言っている）。しかしアルバハリは、外向きの無我の経験とタンハーの放棄を結びつけることで、ブッダの最初の二つの説法に一種の等価性をもたらすという新しい次元を持ちこんだ。

考えてみれば、タンハーが私たちの中核だけでなく外界との境界とも結びついているのは納得がいく。ダーウィン説の見地からすると、タンハーが組みこまれたのは私たちが自分自身を大切にするためであり、つまりはそれぞれが自分の遺伝子を運ぶ乗りものを大切にするためだ。その乗りものの範囲は皮膚まで、肉体の境界までで完結する。ならば、自然選択が指定した守備範囲を示すそのような境界の重要性をタンハーが強く感じさせるのはきわめて当然だろう。

タンハーと自己という感覚とのつながりは、仏典でたびたびくり返される戒《いまし》めによくあらわれている。「ラーガ」「ドヴェーシャ」「モーハ」の「三毒」を避けるようにという戒めだ。三つの毒はそれぞれ貪欲、嫌悪、迷妄などと訳され、これをまとめた「貪《とん》、瞋《じん》、痴《ち》」という語呂のいい熟語は、瞑想合宿の法話のときに指導者から聞いた覚えがあるという人も多いはずだ。しかしこの翻訳はいくつかの点で誤解を招きやすい。貪欲と訳されることばは、物質的な富への渇望感だけでなく、より全般的な渇望感をあらわす。また、嫌悪と訳されることばは、人に対する負の感覚だけでなく、あらゆるものに対する負の感覚、つまり忌避感すべてを意味する。

要するに最初の二つの毒はタンハーの二つの側面、快への渇望と不快の忌避ということだ。タンハーが本当に自己の感覚と密接に関係しているなら、この二つの毒が三つめの毒である迷妄と深く結びついているのも納得がいく。というのも、すべての仏教が説く迷妄のなかでとくに有名なのが自己の錯覚だからだ。最初の二つの毒は三つめの毒の成分といってもいい。「ラーガ」＋「ドヴェーシャ」＝「モーハ」だ。

この等式は、べつの有名な迷妄、つまり本性の錯覚と、それにともなう壮大な洞察、つまり空《くう》を持ちこむとさらに納得がいく。ものに本性があるという錯覚は、前の章で論じたとおり、ものの知覚にまぎれこむ感覚によって形づくられる。詳しく調べてみると、その感覚は正か負のどちらかに傾いていて、ものに引きつけられる一種の渇望か、ものに対する忌避をともなっている。要するにその感覚には少なくともある程度のラーガかドヴェーシャがともなっているということだ。したがって、本性を誤って認識する場合も、三つめの毒である迷妄をせんじつめれば、やはりほかの二つの毒からなっているということだ。

このことに照らせば、解放には三毒の根を絶つ必要があるとする古代の仏典があるのも筋が通る。というのも、三毒の根絶は、ブッダの最初の説法で苦しみの大きな原因とされるタンハーと、ブッダの第二の説法で解放の大きな妨げとされる自己の錯覚の両方の終わりを意味し、それどころか、とくに大乗仏教でやはり解放の大きな妨げと見なされる本性の錯覚の終わりをも意味するからだ。

ゲーリー・ウェバーは、自己や本性の感覚がまったくではないにしてもほとんどないらしい彼の意識状態について、なんとか私に説明しようと、「それは、よりよくするためにそこに何かを持ちこむことも、改善するためにそこから何かをとりのぞくことも想像できない空間だ」と言ったことがある。要するにウェバーは、タンハーの対極にある状態をことばにしていたのだと思う。というのも、タンハーは、何かをとりのぞいたりつけ加えたりすればものごとがかならずよくなるということを前提としているからだ。タンハーの任務の一つはけっして満足しないことだ。

ウェバーは自分のいる状態をニルヴァーナとは呼ばないし、自分が悟りを開いたとも言わない。しかし、自身の自己についての、あるいは自己のなさについての語り口からは、ブッダの第二の説法である無我についての説法に示された悟りの基準を満たすところからそう遠くない地点にいるように思える。いずれにせよ、ウェバーは私などよりはるかに悟りに近い。

それでも、鳥のさえずりが足のしびれと同じくらい自分の一部であり、自分の一部でなかったあの瞬間、私は瞑想の道を今の自分よりずっと先まで進んだときの感触を得たように思う。それは本当にとてもいい気分だった。それをいうなら、いびきをかく瞑想者に対する反感にエネルギーをあたえていたタンハーを捨てたときも、それまでよりずっと気分がよくなった。そして、一時的ではあったがよりよい人間になれたのもうれしい特典だった。

# 14　こんにちは、ニルヴァーナ

アメリカのロックバンド「ニルヴァーナ」は、一九九〇年代前半、世界的に有名になったが、ずっとニルヴァーナというバンド名だったわけではない。初期にはさまざまにバンド名を変えながら活動していた。「ブリス」もその一つだ。

どこがちがうのかと思う人もいるだろう。ニルヴァーナ（涅槃《ねはん》）とブリス（至福）は同じことではないのか？　これまで見てきたとおり、答えはノーだ。ニルヴァーナは至福を含意するが、至福だけでなくもっとずっと多くのものを含意する。なかでもよく知られているのが悟りだ。膨大な量の仏典を英語に翻訳し、ニルヴァーナについて記した仏典の英訳も数多く手がけているビック・ボーディは、ニルヴァーナを「完璧な幸せ、完全な平穏、完全な心の自由、まったき気づきと理解の状態」と表現した。[*1]

至福とニルヴァーナのさらなるちがいは到達しやすさだ。至福を追い求めているなら、なんのことはない、至福を誘発する薬物を摂取すればいい。しばらく効きめがあるのは保証つきの方法だが、長期にわたる効果は期待できない。ニルヴァーナのボーカリストだったカート・コバーンはヘロイン常用者になり自殺した。単なる至福ではなくニルヴァーナを追い求めるなら、方法はそれほど単純明快ではないし、もっと根気がいる。しかも、たとえ熱心に取り組んでも、ニルヴァーナにいたる可能性は、コバーンがつかのまではあっても至福に到達しただろう可能性より低いといってまちがいない。一方、得られる心の安らぎがどの程度だとしても、コバーンの至福より長く安定したものであるのはほぼまちがいない。

ニルヴァーナの概念は仏教思想において独自の地位を占めている。仏教の道の成就を象徴するからというだけではないし、考えうるかぎり行ってみたいもっともすばらしい場所を象徴するからというだけでもない。注目すべきは、ニルヴァーナが仏教の二つの側面にまたがっている点だ。仏教にはこの本で取りあげてきたような「自然主義的」な側面があり、これは大学の心理学や哲学の講義にすんなりおさまる。そして仏教にはもう一つ、宗教学部のほうがしっくりくる超自然的で異国めいた側面もある。ニルヴァーナに奇想天外な面があるのはまちがいない。輪廻《りんね》を信じる仏教徒は、永遠にくり返される輪廻転生の輪からの解放としてニルヴァーナをとらえる。しかしこのニルヴァーナについての話――どのようにして輪廻からの脱出口を探すかという話――は、より自然主義的なニルヴァーナについての話――苦しみと安らぎのしくみについての主張――につぎめなくつづいている。そして一方の話からもう一方の話へと進む過程で、私たちはマインドフルネス瞑想を新たな目で見直し、この瞑想がいかに革命的な取り組みになりうるかを再認識できる。

古代の仏典では、ニルヴァーナは一般に「無為《むい》」と訳されることばで説明されることが多い。長年、私はこの奇異に聞こえることばを耳にするたびに、いったいどういう意味だろうと思いながら、たぶんニルヴァーナにいたることなく理解するのは無理だし、自分にはたいして重要でもないと考えていた。けれどもどちらの考えもまちがっていた。「無為とは何か」という問いにはきわめて明確な答えがある。しかもそれはとても重要な答えであり、異国の神秘めいた面と自然主義的な面が交わる部分をつくりだす。

無為は、英語で「条件づけによらないもの（unconditioned）」と表現される。「条件づけによらないもの」を読みとくためにまず思いつく方法は、否定の部分（un）をはずして「条件づけによる（conditioned）」の意味を考えることだ。仏教でいう「条件づけによるもの」、すなわち「有為《うい》」とは、さまざまな「因縁《いんねん》」によって生じたいっさいのものをいう。[*2] これは納得がいく。というのも、何かを生起させる条件――水を沸騰させたり、雨を降らせたり、犯罪率をあげたりする条件——について語る場合、こうした条件は原因と結果の連なりにかかわるものと見なされているからだ。仏教では、条件によってなり立っているものごとは、さまざまな因縁のうえに存在している。

するとニルヴァーナが「無為」なら、「因縁」からのある種の脱却がかかわっているのだろうか。そう思った人は正解だ。しかしそれはどういうことだろう。

この疑問に対する答えには、重要な仏教用語の一つ、「縁起（パティッチャ・サムッパーダ）」が関係している。このことばはさまざまな文脈で使われ、意味合いもさまざまだ。[★]ニルヴァーナの論理を説明するために使うなら、「条件づけられた生起（conditioned arising）」という訳語が適している。

もっとも全般的な意味での「条件づけられた生起」は、基本的な因果をあらわす。ある条件からあるものごとが生じ、べつの条件からべつのものごとが生じる。しかしこのことばは、人を輪廻の輪にしばりつけるとされる一連の因果関係——あるできごとが生じるとつぎが生じる一二の条件を系列化したもの——を指す場合にも用いられる。[*3] ニルヴァーナはこの因果の連鎖を絶つとされる。

この一二の因縁、すなわち「十二因縁」をすべて順番どおりに見ていくつもりはない。一つには、私の意見ではちょっとはっきりしない因縁もあるからだ。しかし私たちに関係のある部分、ニルヴァーナの神秘的な面と自然主義的な面の両方を丁寧《ていねい》に論じている部分はかなりわかりやすい。その部分は個人の感覚機能――眼、耳、舌など――が整ったところからはじまる。この感覚機能を通じてその人の意識は物質世界と接触する。これを詳しく説明した古代の仏典にあるようにもう少し正式に書くと、感覚機能（六処《ろくしょ》）の縁により接触（触《そく》）が生じる。つぎの因果関係では、接触の縁により感覚（受《じゅ》）が生じる。これは納得がいく。というのも、思いだしてほしいのだが、仏教の見方では（そして多くの現代の心理学者の見方では）、感覚器官を通じて知覚するものには、かすかだとしても感覚がはりついているからだ。

そのつぎの因果関係として、感覚によってタンハー、つまり渇愛が生じる。私たちは快の感覚を渇愛し、不快の感覚からのがれることを渇愛する。ここで一時停止しよう。重要なことが起こるのはここだ。ビック・ボーディは、一九八一年に録画された一連の講義の

---

★13章では同じ縁起という用語に「相互依存的な共起（interdependent co-arising）」という訳語をあてた。しかし、両者は同じ用語の代替訳というだけではない。ほかの仏教用語や宗教関係の用語にもいえるが、この用語はさまざまな用いられ方をしてきた。空の概念を説明するために用いるときはそれにふさわしい訳語があり、ニルヴァーナの概念を説明するために用いるときはまたべつのふさわしい訳語がある。

なかでつぎのように説明している。「感覚と渇愛のあいだこそ、束縛が無期限の未来にまでつづくか、悟りと解放におきかわるかを決める闘いが起こる場所です。渇愛に、快楽への猛烈な渇望に屈するのではなく、感覚の性質をマインドフルに意識的に観察し、感覚をあるがままに理解すれば、渇愛が結晶化し固体になるのを防ぐことができます」*4

神秘的な話から自然主義的な話へなめらかに推移しはじめるのはここだ。ビック・ボーディが語っている解放は、まず第一に、輪廻転生からの解放、この人生の寿命がつきるとき完全に効力を発する解放だ。しかしこれは、今ここでの解放、タンハーのもたらす苦しみからの解放でもある。快の感覚をつかまえたい、不快の感覚からのがれたいという渇愛からの解放であり、ものごとが現状とはちがってほしいというあくなき欲求からの解放だ。

解放のこの二つの意味は仏教思想に反映されている。ニルヴァーナには二種類ある。*5今ここでの解放をはたしたとたん、私たちは終生ずっと享受しつづけられるニルヴァーナにはいる。そして死後に――輪廻の輪から解放されたのだから、これが最後の死となる――二つめの種類のニルヴァーナが実現される。

私としては、一つめのニルヴァーナについては自分の経験から語ることができなくて申しわけなく思うし、二つめのニルヴァーナについては語れないことに対する態度を決めかねている。しかし重要なのは、どちらのニルヴァーナにねらいを定めるにしても、そこにいたる手順には、感覚への気づきを養い、感覚とのかかわり方を根本から変えるマインドフルネス瞑想が主としてかかわっていることだ。輪廻転生を信じてそこから解脱したがっているにしろ、今ここでの完全な解放に到達したがっているだけにしろ、今ここでの部分的な解放を見いだしたいだけにしろ、実現のためになくてはならない道具は変わらない。したがって基本的な用語もだいたい同じだ。べつに十二因縁の輪廻からのがれるつもりはなく、ただ自分の一度きりの人生をよりよいものにしたいだけだとしても、手かせ足かせになる因縁の連鎖からの解放を求めていることに変わりはない。まわりのものごと——光景、音、におい、人、ニュース、映像——があなたの神経を逆なでし、あなたの感覚を作動させ、どんなにさりげないとしても一連の思考や反応を始動させ、それがときに不運な形であなたの行動を決定する。あなたがその現状に注意を払いはじめないかぎり、まわりのものごとはそれをやめない。

これは本書がこれまで論じてきたことの核心といっていい。人の脳は、飛びこんでくる入力にかなり反射的に反応するよう自然選択によって設計された機械だ。感覚器官からの入力に支配されるよう設計されているといってもいい。支配のかなめとなるのは入力に反応して生じる快や不快の感覚だ。もしタンハーを介してこの感覚に対応するなら、つまり快の感覚に対しては反射的に渇望が生じるにまかせ、不快の感覚に対しては反射的に忌避が生じるにまかせるなら、まわりの世界に支配されつづけることになる。しかし感覚にただ反応するのではなく、感覚をマインドフルに観察すれば、ある程度その支配から抜けだせる。普段私たちの行動を勝手に方向づけている原因に抵抗することができ、「無為」すなわち「条件づけによらないもの」に近づくことができる。

## 無為はどれくらい奇想天外なのか

ニルヴァーナや無為をどれくらい劇的なものとしてとらえるかをめぐっては、仏教のなかで論争がある。超越的な観念としての「空間」のようなものがあって、いったん完全に解放をはたすと、ある意味でその空間の住人になるのか。あるいはもう少し世俗的に、自分を支配しかねない原因（因）や条件（縁）に対する無思慮な反応から単に解放されることなのか。自然主義的な仏教を尊重し輪廻を信じない人は、劇的でない後者の解釈を選ぶ傾向がある。なかには、劇的すぎるという理由で無為という用語を嫌う人もいる。「世俗仏教」の長年の支持者であり、『ダルマの実践』（四季社）の著者であるスティーブン・バチェラーはつぎのように書いている。「条件づけによらないものなど存在しない。何かに条件づけられていない可能性というものがあるだけだ」[*6]

個人的には、無為ということばを使わないほうがいいとは思わない。「世俗」の仏教徒にとってさえ、今ここでの完全な解放を一種の境地と考えるのは役に立つかもしれない。これには、その境地が現実的に到達可能なものと思うか、だんだん近づくことだけはできるものと思うかも関係ない。

境地のようなものにいたるのが可能であることは保証する。最初の瞑想合宿が終わって妻に電話をかけたとき、まったくべつの人になったようだと言われた。それも、まだ合宿の様子どころか、ほとんど何も話していないうちに。声の印象が変わったと妻は言った。そして、新しい声の印象をすごくいいと言ってくれた。

まああたしかに、これは新しい声に対するコメントというより古い声に対する批評だったかもしれない。数年前、妻は私の兄のどこが好きかを説明しようとして、私の顔をじっと見ながら、「お義兄さんは、いい人になったあなたみたい」と言った（笑いながら言っていたから、いい意味なのだと思う）。とにかく、肝心なのは私の声の印象が本当に変わったことだ。

私の見る世界が新しい印象をおびたのはまちがいない。普段の自己への没頭をごっそり捨て去ったおかげで、まわりの人やものに新しい種類の喜びを見いだすことができた。心の隔てがなくなり、急に見ず知らずの人に話しかけたくなった。世のなかがこれまでになく活気にあふれて見え、感慨深く思えた。

このときの境地にはいくぶん皮肉なところがある。科学は伝統的な宗教的世界観にとってかわることで世界の「脱魔術化」をもたらし、世界から魔法を奪ってきたといわれることがある。感覚が知覚にあたえる影響をおさえつけ、冷静で明晰な目をはぐくむことを目指すともいえる瞑想修行は、その風潮に与《くみ》することだと思うだろう。ところが、バチェラーは瞑想の実践が世界の「再魔術化」につながりうると言う。*7 その感じは私にもわかる。最初の合宿のあと、自分が魔法のかかった境地にいるような、驚嘆とありえないような美しさにあふれる場所に住んでいるような感じがした。

ただし、これは魔法のように因果にしばられない境地にはいるのとはちがう。作用をおよぼしてくる原因に対して、私は多少なりとも反射的な反応をしていた。それでも魔法のように感じられたのは、いたずらに反応したり神経を逆なでされたりすることについやす時間が減り、観察することにさく時間が増えたからだと思う。おかげで、思いがけずものごとに対してもっと思慮深く反応することができた。条件づけによらないもののなかで生きるのはすばらしいことにちがいないだろうが、条件づけられたものが少ないなかで生きるのもなかなかのものだと思う。

本書でとりあげた仏教思想の多くは、条件や原因の観点からとらえなおすこともできる。

それどころか、仏教哲学の大部分は因果というものをきわめて真剣に考えることだといっていい。

無我について考えてみよう。私たちが「自己」と呼ぶものはたえず環境と因果的な相互作用をし、まんべんなく外界からの影響を受けている。そのため、自己の境界、さらには自己の中核が本当に堅固なものなのかという疑問が生じる。すでに見たとおり、ブッダは無我の説法のなかで、私たちが自己の一部だと考えるさまざまなものが、実際には私たちの支配下にないと説いた。そうしたものが――少なくとも解放をはたさないうちは――私たちの支配下にない理由は、それが外部の力の支配下にある、つまり、条件づけられたものだからだ。またブッダは、私たちが自己の一部だと考えるものの無常性を説いた。思考、感情、態度が無常であり、たえず生滅し変化するのもやはり、変化しつづける力が私たちに作用し、私たちの内面に連鎖反応を引き起こした結果だ。私たちの内面は原因や条件にもとづいている。そして条件が変化すれば条件づけられたものはすべて変化をまぬかれない。しかも条件はほとんどつねに変化している。

瞑想上達の道の大部分は、作用をおよぼしてくる原因に気づき、ものごとが自分をあやつる方法に気づくことであり、さらに、感覚がタンハーを生じさせる場所、快の感覚に対する渇望と不快の感覚に対する忌避を生じさせる場所に、連鎖のかなめとなる鎖があると気づくことだといっていいだろう。マインドフルネス瞑想が深く介入できるのはこの場所だ。

おそらく前の段落の「気づく」ということばには注釈をつけたほうがいいだろう。ここで私が言っているのは、このような因果の連鎖を観念的に理解する純粋に学問的な気づきのことではない。十分に修養を積んだうえでの経験にもとづいた理解、マインドフルな気づきのことであり、それは連鎖を断ち切るか、少なくともゆるめるだけの力をもたらしてくれる。

とはいえ、経験にもとづいた理解を補強し、ときに協働するのは、仏教哲学の一部をなす観念的な理解だ。マインドフルネス瞑想の真の上達は、放っておくと勝手に知覚や思考や行動を方向づける感覚の力学への気づきをより深めること、そして、もとはといえばそのような感覚を引き起こす周囲のものごとへの気づきをより深めることを必然的に意味するといっていい。仏教の悟りには西洋科学における啓蒙と共通する部分があるといえる。どんな原因がどんな結果をもたらすかという気づきをより深める必要がある点だ。

このすべてが一般的なイメージとは相いれない。マインドフルネス瞑想は、ふわっとして、どこか反理性的なものと見られがちだ。「自分の感覚に触れる」ためや「判断をしない」ためのものといわれる。たしかにそういう面もある。マインドフルネス瞑想によって怒り、愛、悲しみ、喜びといった感覚を新しい感受性で経験し、かつてないほどその質感を見たり、さらにはその手ざわりを感じたりできる。そして、それが可能なのは判断をしないから、つまり、自分の感覚に無思慮に良し悪しのレッテルをはることをせず、感覚から逃げだしたり性急に受け入れたりしないからだともいえる。だから感覚に寄りそいつつも、感覚にふけることはない。感覚の本当の感触に注意を向けることができる。

これは理性を捨てるためにするのではなく、あくまで理性を働かせるためにすることだ。自分の感覚をある種の冷静な分析にさらすことが可能になり、どの感覚がよい誘導灯かを賢く見きわめられるようになる。つまり「判断をしない」とは、つきつめれば自分の感覚に勝手に判断させないということだ。そして「自分の感覚に触れる」とは、つきつめれば感覚に無関心すぎるせいで感覚に振りまわされることがないようにするということだ。このすべてが、世界に対する自分の反応に可能なかぎり明晰な世界観を持ちこむことを意味している。

この試み全体の根底にあるのは、心のしくみをきわめて機械的にとらえることだ。機械の働きを緻密に感じとり、その理解をもとに機械を配線しなおし、プログラミングが設計どおりに働くのを妨げ、作用をおよぼしてくる原因や条件に対する反応を根本から変えることがねらいだ。こうすれば厳密な意味での「条件づけによらないもの」、無為にはいれるというわけではない。因果の世界から文字どおり抜けだせるわけではない。でも考えてみれば、飛行機は重力の法則を無視しているわけではないが、それでも空を飛ぶ。

仏教の言う悟りと西洋における啓蒙の概念の類似性をことさらに主張するつもりはない。仏教哲学と現代科学は探求の様式が異なり、証拠《エビデンス》の基準が異なる。しかし近年、二つの伝統のあいだで有意義な交流がはじまっている。瞑想家の脳スキャンや、瞑想の生理学的、心理学的効果についての研究などがおこなわれている。

しかし私の意見では、もっとも重大な交流は一九世紀半ばに自然選択説とともにはじまった。仏教は二〇〇〇年以上にわたって、人間の心が環境に反応するようにどうプログラムされているか、「条件づけ」がどのように働くかを研究してきた。いまやダーウィンの進化論のおかげで、私たちは何がそのプログラミングをしたのか知っている。一世紀半のあいだにダーウィン説が成熟し証拠が蓄積するにつれて、プログラミングの詳細がしだいに明らかになった。そのため、まったく新しい角度からニルヴァーナに接近することが可能になり、悟りが基本的に理にかなっていることを擁護する新しい種類の議論をはじめられるようになっている。それがつぎの章の主題だ。

# 15　悟りとはどんな境地か

長年にわたり、「悟り」と「解放」の関係を示す方程式は多くの形態をとり、多くの人に受け入れられてきた。ＣＩＡ（アメリカ中央情報局）旧本部の壁には、イエスの解釈による方程式、「あなたたちは真理を知り、真理はあなたたちを自由にする」（『聖書　新共同訳』）が刻まれていた。また、本書の冒頭で見たとおり、映画『マトリックス』には、仏教哲学を思わせる真実と自由のつながりが描かれる。普通に生きているつもりの人生は一種の錯覚でしかなく、真に自由になるためには錯覚を見やぶり、ものごとの核心を見なければならない。モーフィアスがネオに言ったとおり、「自分の目で見る」までは「とらわれの身」でいるしかない。

しかし、『マトリックス』の筋書きと仏教の筋書きには重要なちがいがある。まず、

『マトリックス』の真実のほうが描写しやすい。たしかに、モーフィアスは「自分の目で見る以外にない」といったが、実際はことばで説明してもネオに鮮明に伝えられただろう。「機械軍団がぬめぬめした液体のはいったポッドに人間を入れて、脳に夢を送りこんでいるんだ！」。ほら、そんなにむずかしいことではない。まちがいなく、自己が存在しないとか、あらゆるものは空《くう》だというような主張を理解するより簡単だ。

機械軍団という存在がネオの苦境に心をそそる単純明快さをもたらしている点も仏教とはちがう。『マトリックス』はネオのために反逆するべき相手を用意している。反逆はエネルギー源になる。攻撃をしかけてくる敵の存在が精神を一点に集中させ、前途に待ちかまえる苦闘に対する覚悟を決めさせる。それは瞑想でも重宝する。毎日、たとえ気分が乗らなくてもクッションに腰をおろし、マインドフルネスを日々の生活に導入しようとするのは、たいへんな苦闘をしいられる場合もあるからだ。あいにく、妄想をしかける悪役は仏教には登場しない。

じつをいうと、伝統的な仏教にはマーラという名のサタンのような超自然的存在が出てくる。ブッダが悟りを開く荘厳な瞑想にはいったとき、誘惑しようとして失敗した悪魔だ。でも本書の背景をなす西洋的で宗教色の薄い仏教ではマーラの出番はない。ちょっと残念ではある。

しかしよい知らせもある。瞑想修行を圧制者への反逆ととらえたいなら、脚色を加える手がある。自分の創造主である自然選択と闘っていると考えればいい。なにしろ、自然選択はちょうど機械軍団のように、私たちを支配するための妄想を設計し、私たちの脳に組みこんだ。自然選択を擬人化したければ、機械軍団との対比をもう少しつづけてみてもいい。自然選択は、私たちを奴隷のようにみずからの計略に従わせるために、妄想という呪縛をかけた。

計略とは、もちろんつぎの世代に遺伝子を伝えることだ。これこそ自然選択が持つ価値体系の中核であり、私たちの脳の設計基準だ。そして、私たちにはネオのように、自分の価値観は自分を支配する力が持つ価値観とはちがうと裁断をくだし、支配からの解放を望む十分な権利がある。それには何よりもまず、支配の道具である妄想から自分を解放することだ（現代の環境ではこうした妄想も遺伝子の繁栄という自然選択の計略の役に立たないことが多いというのは皮肉だが、そのせいでこの独立宣言が色あせることはない）。

仏教の道を自然選択への反逆ととらえる利点はほかにもある。ものごとをそのように見るのは、私たちにとっての解放や悟りの意味をもっと詳細に知るのに役立つ。また、最大の問題に答える助けにもなる。悟りとはどんな境地かという問題だ。まあ、悟りが悟ることなのはまちがいないし、だからこそ悟りと呼ばれているのはわかる。でも仏教でいう究極の悟りとはいったいどんな境地なのだろう。悟りは、私たちの普段の経験より極端に真実に近いものの見方をいうのだろうか。究極の真実のことだろうか。これまで本書では、瞑想をするとさまざまな点でものごとがそれまでよりほんの少し明晰に見えることがあり、その明晰さは少しまた少しとみがかれていくものだと主張してきた。しかしその少しずつをすべて積み重ねるとどうなるのだろう。もし道の終わりまでたどりついたとしたらどうだろう。悟りとは、澄みきった一点の曇りもない目で真実を見ることとなのだろうか。

こんなことを論じても無意味だと思うかもしれない。私たちの大部分にとって、完全な悟りにいたる見こみはほとんどないからだ。それでも、ぜったいに手が届かないからといって、それに近づいていけないわけではない。悟りが観念的な仮想の状態で、私たちがけっして経験できないものだとしても——たとえ、今後だれひとり経験できないし、これまでもだれひとり経験したことがないものだとしても——悟りはたてまえとして瞑想の道が向かう先にあるはずのものだ。だから、自分が真実に向かって進んでいるかどうか、そしてこの先どんなに道のりが遠くてもやはり真実に向かって進みつづけられるかどうか知りたければ、悟りの境地が真実そのものなのかどうかを知るのは役に立つはずだ。

## 悟りのチェックリスト

基本的な問いからはじめよう。悟りとは何か。悟ると世のなかはどんなふうに見えるのだろう。大まかにいって、仏教哲学の中心思想における真実を見るだろう、というのがその答えだ。ここでいう「真実を見る」は、真実を見る、つまり経験にもとづいて真実を体得することだ。知的な思索で、たとえば自己は存在しないというような結論に達することは可能だ。これまで見てきたとおり、データや論理や内省を組みあわせてそのように考えるにいたった心理学者や哲学者はいる。しかしそのほとんどは、深く得心させられるような強烈な無我の経験をしたことがない人たちだ（そのような得心は、頭で理解するよりも人生を変える力を持つ）。

空の思想にも同じことがいえる。空の思想を支持する哲学的な議論に、十分な説得力があると考えている人もいる。しかし悟りにいたるには、頭でわかるのではなく経験的に得心する、いわば空を見る必要があるだろう。

さて、無我と空が出てきた。悟ったと言うためには、このほかに何を見ればいいのだろう。あらゆるタイプの仏教徒によって承認された唯一の正式な悟りの定義はない。悟りの免許状のために必要な条件を確認できるようなチェックリストは存在しない。しかし主流派の仏教徒にいわせると、もしそのような「悟りのチェックリスト」が存在するとすれば、この二つの経験は必須ではあるけれどこれですべてではない。

チェックリストのそのほかいくつかの項目はすでに見てきた。洞察に近いもの（あらゆるものの無常を見るなど）もあるし、離れ業《わざ》に近いもの（タンハー、すなわち渇愛を克服するなど）もある。[*1] このほかにも、悟りと関連のあるさまざまな離れ業がいずれかの仏典に列挙されている。欲望や慢心や嫌悪といった特定の「束縛」の克服もその一つだ。また、「盗んではいけない」「生きものに害をなしてはいけない」「悪意のあるうわさ話をしてはいけない」など、八正道《はっしょうどう》にあげられている道徳的な教えに従うこともそうだ。

要するに、もっとも伝統的な意味での仏教のまったき悟りは、本書の大きな部分を占めてきた観念的な側面――私たちの内面も外界も現実は見た目と大きく異なっているという考え――にかぎられているわけではない。悟りには明らかに道徳的な側面もある。

一方、これまで見てきたとおり、仏教思想では観念的なものと道徳的なものがつながっている。仏教の中核をなす観念的な主張を瞑想を通じて理解すれば、悪行の心理的根源が徐々にとりのぞかれていく。というより、欲望や慢心や嫌悪といったものを手放すことは観念的な無我の理解と切りはなせない。

より明晰に現実を知覚することが自然選択への反逆に等しいといえるのは、観念的な悟りにかならず一定の道徳的な価値観が含まれるからだ。明晰な現実観から導かれる特有の価値観、つまり完全な悟りにいたることで完全に体得される価値観は、私たちの通常の現実観から導かれる価値観、つまり自然選択が組みこんだ価値観といろいろな点で真っ向から対立する。

## 私たちは特別じゃない?

まず、悟りの経験の中核ともいえる無我の経験について考えてみよう。もっと正確にいえば、私が「外向きの無我の経験」と表現したほうの無我の経験だ。この経験がどのようにして自然選択の価値観をはねつけることになるのだろう。

すでに見たように、外向きの無我の経験は自分(あるいは私たちが「自分」だと思うもの)と、世のなかのほかの人やものごととが分離しているという感覚を希薄にする。それどころか、自分の「内」面と「外」界との連続性を感じるため、他者に害をなすことが自分自身に害をなすことのように思えてくる。完全な無我を経験すると、他者の利益と自分の利益になんのちがいがあるだろうと思うようになる。

自然選択の見地からすると、これは異端だ。自然選択が私たちに埋めこんだのは、自分には独自の利益があり、それを重要視しなければならないという観念だ。自分の利益が他者の利益と部分的に一致することがあれば、そのときは協調もいとわない。しかし一致することがなければ自分の利益が優先される。

この原理は自然選択の論理から得られる。もし私の中身が、自己の複製をつぎの世代に伝えるのに長けているために選択された遺伝子なのだとすれば、遺伝子の第一の仕事は、つぎの世代までみずからを運んでくれる乗りもの、つまり私の肉体を世話することだろう。とすれば、遺伝子は当然、この肉体を世話することがほかの肉体(ただし肉親の肉体である場合は例外)を世話することよりはるかに重要だという考えを私の脳に組みこむはずだ。要するに、私は特別だということだ。私の特別さは、自然選択の価値体系の中核近くにある。

この前提はすべての動物の生態に組みこまれ、さまざまなあらわれ方をする。たとえば、動物は互いに殺しあう。人間の場合は自分の特別さをもっとさりげなく主張することが多く、平和裏にライバルをおとしめたりする。むしろ、自分は特別だという前提は、もっとありふれた行動に浸透している。タクシーをつかまえようとしているとき、となりにもタクシーをつかまえようとしている人がいると気づいたら、自然に手をもっと高くあげて、ライバルより先に自分がタクシーをとめようとするだろう。もしかしたらそのライバルは医者で、だれかの命を救うために急いでいるのかもしれないが、それでも自分を優先する。

したがって、先に述べた悟りの要素——自分と世のなかとの境界が消え、自分とあらゆる生きものとのあいだにいつも利益の連続性を感じる外向きの無我の経験——を体得するには、自然選択が私たちに組みこんだもっとも基本的な規範の一つ、自分は自分であるがゆえに特別なのだという考えを捨てなければならない。これこそ反逆だ。

しかしこれは真実なのか。悟りのなかでしりぞけられる自然選択の価値観はうそなのだろうか。ある意味ではそうだといえる。この惑星は、自分の利益がほかのほぼすべての人の利益にまさるという前提にもとづいて行動する人間であふれている。しかし、あらゆる人がほかのあらゆる人より重要だというのはありえない。したがって自然選択の価値体系の中核をなす教義は内部矛盾している。その教義をしりぞけることは真実に近づくことになるはずだ。どうやら外向きの無我の経験の場合、圧制者の価値観に対する反逆は、私たちをより真実に近い世界観へと向かわせるという点で普通の意味の悟りに近いようだ。

ではもう一方の、内向きの無我の経験はどうだろう。自分の思考や感覚を「自分のもの」だと思うのをやめるこの経験の場合も、自然選択の価値観をしりぞけることになる。私たちの脳がいだきがちな種類の思考や感覚は、遺伝子を運ぶこの乗りものを大切にするためにもともと自然選択が設計したものだ。だからこうした思考や感覚を自分と一体だと思い、自分のものだと思うことで思考や感覚に身をゆだねてしまうのは、べつの形で自分の特別さを主張しているにすぎない場合が多い。

タクシーをつかまえようとしているとき——そして、となりでタクシーをつかまえようとしている（自分より価値がない！）人に先を越されないようにしているとき——私はすみやかにタクシーに乗りこんで、比類なく重要なスケジュールをこなすためにつぎの目的地へ向かうという願望を「自分のもの」と思っている。もしその感覚を手放して、自分と一体だと思うのをやめれば——いいかえると、内向きの無我の経験に向かって一歩踏みだせば——自分を特別だと考えろという自然選択のしつこい強要をしりぞけることになる。ざまを見ろ、自然選択！

13章のいびき男の場合もそうだ。彼への反感を自分と一体だと思っているうちは、自分を特別だと（こっちが瞑想しようとしているのに、睡眠不足を取りもどそうとしている男よりは確実に特別だと）思えという自然選択の命令に従っていた。そのような感覚を自分から切りはなせたぶんだけ、少し無我を経験し、自然選択の価値観に逆らうことができた。

本格的な無我の経験がどのようなものか正確にはわからないが、自分は特別だという意識や自分だけに特権があるという意識が消滅点に近づいていくのがどのような感じかはつかめたように思う。そして、そうした意識が本当にうそで、自然選択によって植えつけられた錯覚なのだとしたら、それが消滅点に近づいたちょうどそのぶんだけ、私は真実に近づいている。

## 真実としての空《くう》

無我のほかに仏教が主張する、直観に反する有名な観念的真実は、空だ。無我と同じく、空は哲学的な教義でもあるし、瞑想による経験でもある。仏教哲学者に空の概念を弁護してもらうとすれば、いかにあらゆるものが高度に相互連絡し、そのために何ものもそれ自体で独立して存在できないかについて話してくれるだろう。私が空の概念を弁護するならべつのやり方を選ぶ。私なら、哲学的な教義ではなく空の経験に重点をおき、その経験のほうがこの世界で普段私たちが経験することより筋が通っていて真実を伝えている面があると主張する。

空の真実についての議論は、たった今無我の真実を論証したのと基本的に変わらない。空の経験は無我の経験と同じように、どの人もみんなほかの人より重要だという自然選択のばかげた主張をはねつけ、否定する。しかし無我の場合ほど議論の理屈はわかりやすくないため、少し詳しく見ていこう。

空とは、大ざっぱにいってものに本性がないということだ。本性の知覚の中心には、とらえにくいが感覚がある。あらゆるものの本性は、そのものが引き起こす感覚によって形づくられる。ものを「空」だとか「無色《むしき》」だととらえるのは、ものがあまり感覚を引き起こさないとき、つまり、ものに対する普通の感情反応がおさえられているときだ。少なくとも私はそう考えているし、心理学からも非常に熟達した瞑想家の証言からも支持が得られている。

だから空が一般的な世界のとらえ方より真実に近いかどうかを知りたければ、一般的な世界のとらえ方から生じ、ものに本性を感じさせる感覚について問いただしてみるのがいいだろう。自然にわいてくる感覚は真実への案内役として信頼できるものなのだろうか。

本書をここまで読んだ読者なら、この問いに対する答えを気をもみながら待ったりしないだろう。この問いは本章をはじめさまざまな場所で触れてきたし、答えも一貫していた――私たちの感覚はいろいろな点で、真実への案内役としては疑わしい。だから、ものに本性があるという直観が、その疑わしい感覚の影響を受けているなら、それだけでこの直観も疑ってかかるべきだと立証されたようなものだ。

しかし私たちの感覚には、これまで述べてきた以上に疑惑をもたれて当然といえる部分がある。かなり壮大な話になるため、これを説明するには、そもそも感覚とは何かという疑問に立ち返って検討しなおす必要がある。とはいえ、悟りの意味をじっくり考えているとき壮大な話をしないで、いつしろというのだろう。というわけで、少しもどって再検討しよう。

## 利己的な感覚

生物界にはじめて感覚が出現したとき、感覚の使命は生物の面倒を見ること、とくに、生物にとってよいもの（食べものなど）には近づけさせ、生物にとって悪いもの（毒など）は避けさせることだった。生物が複雑になるにつれ、感覚が引き起こす行動もただ近づいたり避けたりすることより複雑になり、たとえば、自分にとって悪いことをしてくる相手をどなったり、よいことをしてくれそうな相手の機嫌をとったりするようになった。

感覚がどのような目的で進化したかという視点でとらえた場合、感覚は判断を暗示するものと考えることができる。周囲のものごとが生物にとってよいものか悪いものかについて、そして生物にとってどんな行動（近づく、避ける、どなる、機嫌をとる）が有益かについての判断を暗示する。

3章で見たとおり、これは感覚が真実かうそかを考える一つの方法になる。この暗示的な判断は正確なのか不正確なのか。とくに現代では不正確な場合がある。路上の逆上や、おさえようのない不安など、典型的な二一世紀の人間の利益にかなうとはいえないさまざまな種類の感覚を見れば明らかだ。

しかしこの「利益にかなう」という部分は注意が必要だ。この評価方法は、自然選択が特定の生物の利益のために用意した枠組みにもとづいている。自分というこの特定の生物は特別であり、自分の利益はもっとも重要な利益で、したがって自分の特定の観点——みずからに利益があるかどうかであらゆるものを判断する観点——は世界のものごとの良し悪しを評価するのにふさわしい観点であるという枠組みだ。感覚や感覚がもたらす知覚を、自分の特定の観点や、もっといえば、だれかの特定の観点から評価するのはふさわしい方法だろうか。

安心してもらいたい。私はべつに、自分の利己的な感覚をすべて無視することを提案するつもりはない。私たちそれぞれが、自分の面倒や、もっといえば愛する人の面倒を見ることにそれなりの時間をかけるのはもっともなことだ。自分や自分の身内が特別だという暗黙の前提のもとに従来やってきたことをすっかりやめてしまうのは勧められない。たとえば食事はつづけるべきだし、歯みがきもつづけるべきだ（みんなが互いに歯をみがきあうようになったらさぞやっかいなことだろう）。病気の肉親がいれば病院まで連れていってやるべきだ。本当はその肉親が隣人の肉親より重要ということはないのだが、同じ家に住んでいるほかの人の世話をすることから生まれる社会の効率性というものがある。こうした行動を起こす気にさせてくれるのは感覚だし、私にいわせればこのような場合は自分の感覚を信じてかまわない。

もちろんものの本性を感じさせる感覚にも同じことがいえる。厳密にいえば自分の家に家の本性があるように思わせるのは利己的な感覚だが、その感覚に抵抗する必要はないと思う。自分の家に引きこまれてもこまることはないし、無作為に選ばれたよその家に引きこまれるよりは気まずい接触につながりにくいはずだ。そして家にいるときは、イヌやネコや息子や娘や妻や夫やパートナーの本性をぜひとも感じてほしい（家庭内の緊張関係のせいで、いずれかの本性が心温まるものから冷ややかでとげとげしいものに変容してしまっていれば話はべつかもしれないが）。自分の特定の観点から世界を見ることは、ほどほどであれば社会の効率性、さらには社会の調和、そしてもちろんささやかな喜びという点で利点があり、かなり正当な日々の暮らし方といえる。

しかし、日々の暮らしについてではなく、観念的な問いとしてはどうだろう。感覚が私たちにものの本性を感じさせるなかで、客観的に真実といえる知覚をもたらしているかどうか解き明かそうとしている場合はどうだろう。この種の質問を自分の観点から、あるいは、特定のだれかの観点から問うべきだろうか。

## アインシュタインと悟り

アインシュタインは物理学の領域で似たような問いを発したことで有名になった。アインシュタインは、物質界について——たとえば物体がどれくらいの速さで運動するかについての私たちの直観が、物質界を乗り切るためであればうまく機能すると認めていた。というのも、現実の用途として問題になるのは、物体が私たちとの比較でどれだけ速く動いているかということだからだ。けれども、物理学の理解を深めたいなら、自分の特定の観点から——あらゆる特定の観点から——自分を切りはなし、もし自分がどんな立ち位置にもいないとすればと問う必要があるとアインシュタインは言った。物体が自分との比較でどれだけ速く動いているか問えない以上、物体がどれだけ速く動いているかを問うことにいったいなんの意味があるだろう。このような問いによってアインシュタインは相対性理論にいたり、$E=mc^2$に気づいた。

アインシュタインにとって十分な探究の道なら、私にとってももちろん十分だ。物質とエネルギーの関係をかつてないほど深く人類に理解させるたぐいの問いが、こと悟りにかけてもかなりすばらしい成果をあげている。アインシュタインが発した問いと類似した、本性についての質問をしてみよう。私たちの特定の観点、つまり、ものの本性を形づくる感覚がよりどころとするはずの観点を手放すと、本性はどうなるのだろう。

本性が消えるというのが答えだと思う。というのも、よりどころとなる観点がなければ、そもそもなんの感覚もないはずだ。11章で大きく取りあげた心理学者のロバート・ザイアンスが説明したとおり、「感情をともなう判断はつねに自己についての判断だ。判断する側の状態は判断する対象との関連で認識される」[*2]。自分の視点やほかの人の視点といった特定の視点がなければ、感情をともなう判断、つまり感覚は無意味だ。もしアインシュタインが採用した立ち位置を忠実に全面的に採用し、自己の観点を超越したどこでもないところからものごとを眺めるなら、本性をつくりだしていた感覚とともに本性は消える。

私たちがこれをなしとげ、自己の観点を超越するとき、ある意味で私たちは人類全体の観点を超越するともいえる。人生の道案内となる基本的な思考や感覚、つまり自分を大切にするために設計された思考や感覚は、大まかにいって人間という種に特有のものだからだ。自分の家が放っている「わが家」という感覚は、微細なレベルではほかとはちがう特徴があるかもしれないが、大ざっぱにいえば多くの人が自分の家についていだいているのと同じ感覚だ。

しかし、もちろんほかの生物種は特有のものの見方を持っている。もし徹底的にアインシュタインにならい、特別に真実に近づくことを許された観点など一つもないと考えるなら、個々の人間の観点を超越するだけでなく、人類というものの観点を超越しなければならない。私たちにそなわっているものの見方がほかの動物のものの見方より理にかなっているという思いこみを捨てる必要がある。

ヘビによって人に植えつけられる恐怖は、ヘビは悪いもので、避けるべきものだという判断に等しい。しかしこのヘビによって同じ種の仲間に引き起こされる欲望は、そのヘビが好ましいもので、交尾をするべき対象であることを意味する。腐りかけの肉は、近づけば寄生虫と接触するおそれがあるため私たちは嫌悪感をいだくが、その寄生虫からすれば、腐りかけの肉は理想的な食事環境だ。あげればきりがない。よどんで悪臭を放つ沼は不快なものだが、あなたが蚊やワニなら沼はこのうえなくすばらしい場所だ。パンダの子どもは母パンダのフンを好んで食べる。私は遠慮したい。

このような判断の相対性は、日常の知覚にひそむ錯覚について仏教徒が語るとき言わんとしていることの一部だ。七世紀に活躍したインドの仏教学者チャンドラキールティは、人には水に見えるものが、ある種の神には美酒のように見え、餓鬼《がき》には膿や血のように見え、それぞれに応じた味がするかもしれないといった（餓鬼の詳しい説明ははぶくが、みなさんも餓鬼にはぜったい転生したくないはずだ）。

かもしチャンドラキールティがダーウィンよりのちの人だったら、つぎのように書いたかもしれない。私たちの善悪の概念そのものであるいっさいの感覚――恐れ、欲望、愛など、日々の思考や知覚に影響をあたえる大小さまざまな感覚――は、人類の進化の歴史のなかで生みだされたものだ。もしアルマジロとセックスすることでしか私たちの祖先が遺伝子をつぎの世代に伝えられなかったとしたら、私もみなさんもアルマジロを魅力的だと思ったことだろう。たんに奇妙でかわいいというのではなく、ものすごく魅惑的に見えるはずだ。愛撫したい衝動をおさえるのに苦労することだろう。テキサス州の田舎道を走る目ざとい運転手は、ときおり急ブレーキをかけて停車してはアルマジロとの火遊びを楽しむかもしれない。そしていうまでもなく、罪のないアルマジロを殺すこと以上に重大な道徳上の違反行為はないということになるだろう。

このような進化上の仮定の話になんの意味があるのかとしりぞけたくなるかもしれない。たしかに、果物が私たちの種にとって有毒で、泥が炭水化物をたっぷり含んでいれば、甘いもの好きはいなかっただろうし、ダイエットの最大の難題は泥好きをどうおさえるかだっただろう。でも、だからなんだというのだろう。何がおいしいか、何がセクシーというにふさわしいかなど、「主観」の問題といえるものがあることはだれでも知っている。つまり、どんな食べものやどんな相手が魅力的かという問題は、本当は真実でないものを真実だと思うというような問題ではない。四のほうが三より大きいという意味でコカコーラのほうがペプシよりいいとは、だれも思っていない。

じつをいうと、私はそうだと断言できない。これまで、人々が自分こそ正しくてほかの人はまちがっていると言わんばかりに、すばらしいワインや偉大な芸術の条件について議論するのを目にしてきた。これが感覚というものだ。本性を形づくる役割について話す場合にはとくにあてはまる。感覚はあまりにさりげなく判断をくだすため、私たちは判断をくだしているのが感覚だとは気づかない。判断は客観的だと思っている。

私はフェラーリを見ると「外国産の高価なスポーツカーの本性」を感じる。しかし「これは特定の生物種に属する一成員の意見にすぎない」とは考えない。本性の感じ方があまりにさりげなさすぎて、これがれっきとした私見だとは認識すらしないからだ。もっと重大なことに、フェラーリの運転手に「裕福な目立ちたがりの本性」を感じても、おそらくその判断を疑問視することはない。それが判断だと気づくほど深く思慮しないからだ。むしろ純然たる事実だと感じるだろう。これが本性を知覚するしくみだ。判断は感覚にまぎれて私たちの心にこっそり持ちこまれる。感覚それ自体もさりげなかったり、おなじみになっていたりで、意識にのぼらずにすり抜けてしまう。そして知覚される本性の基本材料であるこのような感覚は、もともと特定の観点——ある生物種としての観点や、（フェラーリの場合のように）その生物種に属する個人の観点と結びついている。アインシュタインがもっとも真実に近いと考えた観点、つまりどの立ち位置にも立たない見地からは、感覚は存在さえしないし、だから本性も存在しない。

くり返しになるが、私たちの進化系統の遺産である感覚や思考の全レパートリーを手放せと勧めているのではない。ヘビを忌避するバイアスがあるのは、あなたにとって生きていくことが優先順位の高い事項であるなら当然のことだし、私もそうあるべきだと思う。とはいえ、ちょっとした思考実験として、自分の目標ができるだけ長生きすることではなく、可能なかぎり明晰な目を手に入れることだとしよう。この惑星の生きものや現実というもの全般を、どれか一つの生物種の観点ではなくもっと広い観点から眺めたいとする。もっと客観的に、もっと超越的に、もっと普遍的に「真実」といえる観点から眺めたいとしよう。

だとすれば、ヘビをどの生物種の感情バイアスもなしに――人間がヘビを見たとき自然に生じる恐怖や忌避や嫌悪も、ヘビがヘビを見たとき自然に生じる欲望もなしに――見てみたいと思うだろう。沼を人間でも蚊でもない立場から見てみたくなる。遺伝子をつぎの世代に伝える方法として、私たちの種やほかのどの生物種で進化した感覚もなしに現実を眺めたくなる。アインシュタインのようにどこでもないところからの眺めを見たくなる。

## どこでもないところから

どこでもないところからの眺めということばは、哲学者のトマス・ネーゲルが著書の題名にしたことで知られている。『どこでもないところからの眺め』（春秋社）は仏教についての本ではない。知ることの本質や哲学の任務についての本で、そこには道徳哲学も含まれる。扱われるのはたとえば、まったくなんのバイアスもなしに自分の利益に関係する道徳問題に対処できるほど完璧な客観性などというものが存在するだろうかという問いだ。

これほどの道徳的客観性は、悟りにいたることがもたらす重要な――もっとも重要な、という人もいる――結果の一つだ。人の心の性質からすれば、悟りのこのような道徳的な側面を完全に体得する唯一の方法は、もう一方の観念的な側面を体得すること、つまり、経験を通じて真実、なかでも無我と空の真実を感得することだ。どうやらどこでもないところからの道徳的な眺めを手に入れるには、どこでもないところからの完璧な眺めが必要らしい。

いずれにせよ、「どこでもないところからの眺め」は、悟りがどのようなものかを説明するもっとも簡潔な表現かもしれない。自分本位のバイアスがまったくない眺め、ある意味で人間の観点でもほかのどんな生物種の観点でもない眺めといえる。これはまちがいなく自然選択の権威に逆らう眺めだ。自然選択にとって重要なのは数多くの異なる観点を生みだすことであり、どの観点も競合するほかの観点より真実に近いという原理を基本にして形づくられ、どの観点も本来その事実に気づくようにはできていない。ましてその不条理には気づきようがない。

どこでもないところからの眺め。仏教の悟りはこのような観点をすべて超越することだ。かたよりのない眺めを、無関心な眺めと混同してはならない。どこでもないところからの眺めには、人類全体の幸福に対する配慮（そして、仏教の教えやすなおな道徳論理に忠実であろうとするなら、生きとし生けるものすべての幸福に対する配慮）[*3]がともないうるし、私はそうあるべきだと思う。肝心なのは、その配慮が均等に分配されることだけだ。だれの幸福もほかのだれかの幸福より重要ということはない。

もし「どこでもないところからの眺め」がこのような慈悲深い超越をあらわす方法としては否定的な表現すぎると思うなら、一九世紀の道徳哲学者ヘンリー・シジウィックがつくりだしたことばを使ってもいい。シジウィックは、「（こういってはなんだが）宇宙の観点からすれば、一個人の善がほかの個人の善より重要ということはないという自明の原理」に言及している。[*4]

「どこでもないところからの眺め」と「宇宙の観点」のどちらの言い方をするにしても、要は同じことだ。私たちの普段の観点、私たちが生まれながらに授けられている観点は、どうにもあてにならない。

というわけで、自然選択は『マトリックス』の機械軍団のようなものと考えることができる。あまねく浸透する錯覚にいやおうなしに私たちをおとしいれ、本来なら私たちが拒絶してしかるべき計略をちゃくちゃくと進めている。もしこのように考えることが、瞑想に真剣に取り組みつづけるのに必要な決意をかためる助けになるなら、ぜひともそう考えてほしい。

それと同時に、だれかや何かを悪しきものとして描写することに懐疑的なのが仏教の精神でもあるし、自然選択について少し思いやりのあることを言っておこうと思う。自然選択は感覚のある生命を生みだしたし、感覚のある生命はすばらしいことでもある。真の悟りの一部だといわれる至福も、感覚がなければ味わえない。瞑想の道をもっとつつましやかに進むなかでもっとつつましやかにはぐくまれていく幸せにも同じことがいえる。感覚こそ生命に意味をあたえるものであり、生命を道徳上の関心事にするものだとさえいえるだろう。有情《うじょう》(感覚あるもの)は仏教用語で生きとし生けるものを意味し、有情を尊重する仏教の道徳観念も、有情がまわりにいなければあまり意味をなさないにちがいない。

その意味で、仏教と自然選択は同じ考えをもっているように見える——感覚のある生命はいいことだ。しかし、もし自然選択が感覚のある生命を本当に重んじているのだとしたら、なんとおかしな表現のしかたをするのだろう。というのも、複雑な生命が生みだされるかげで、自然選択によって遺伝子的に劣っていると判断されたたくさんの生きものが短命に終わり、はかりしれない暴力と苦痛にさらされてきたからだ。自分は特別だという直観がこれほど強いのはそのためだろう。私たちの祖先の時代は自分か相手のどちらかしかないという場面が多く、相手が自分と同じくらい重要だと感じさせる遺伝子には行き場がなかったはずだ。だから生命が自然選択のつくりだしたものであるかぎり、私たちがそれをどうとらえるとしても、特別意識とそれについてくる「自己」という荷物が感覚のある生命の特徴であるのはどうしようもない。

それに正直なところどうだろう。自分を特別だと思う生きものだらけの惑星と、火星のような不毛な惑星のどちらかを選ぶしかないとすれば、前者を選ぶのではないだろうか。私はそうだ。たしかに不毛には不毛の美があるかもしれないが、感覚のある生きものがいなければその美がありがたがられることはないし、考えようによっては美が実現されることさえない。

しかしここになげかわしい矛盾がある。私たちは人類の歴史において、感覚のある生命の継続的な繁栄が特別意識によって現実に危険にさらされかねない時点まで到達してしまった。私は2章で、地球を救うことについて——部族心理が宗教、国家、民族、イデオロギーによって人々を分裂させるおそれがあることについて、ノーカットで声高に説教をぶつのはやめておくといった。私は約束を守る人間だ。それでも数段落をつかって、この見通しを宇宙のなり立ちの観点から考え、生命の全史を背景にして私たちが立っている岐路を眺めてみるのは意義があると思う。

## 生命の略史

四〇億年のあいだ、地球上の生命はより高度な有機体へと進化しつづけている。はじめは自己増殖するむきだしの情報の鎖にすぎなかった。つぎにみずからを細胞で包みこんだ。つぎにいくつかの細胞が集まって多細胞生物になった。つぎに多細胞生物のなかに複雑な脳を発達させるものがあらわれ、頭のいい種のなかに高度な社会性を持つものがあらわれた。社会性を持つ頭のいい種の一つは、非常に社会性があり頭がいいため、第二段階の進化をはじめた。文化の進化、思想と習慣と技術の進化だ。そしてこの第二段階の進化によって、この生物種は社会組織をどんどん高度化させていった。狩猟採集民の村から古代国家、帝国、という具合に進歩し、私たちは今、結束したグローバル社会を構築する一歩手前まできている。これが生物進化と文化進化の当然のなりゆきであることを強調するかのように、地球脳のようなものまで新たに出現した。インターネットだ。人の脳というニューロンがそこに生命を吹きこんでいる。

このすべてを宇宙からコマ撮りにして何十億年を何分かに縮めて見たとすると、一つの惑星生命体の成長と成熟を眺めているような感じがするかもしれない。それどころか、この成長があまりに強力な発達の論理によって動かされているように見えるため、生命体が引きつづき凝縮して、平和的で秩序ある地球文明があらわれるのも必然のなりゆきに思えるかもしれない。

必然のなりゆきという部分ははずれることになるし、それが問題でもあるのだが、この進展の背後にある論理が強力だという点はあたっている。まず、自然選択はとんでもなく創意に富んでいるため、おそらく文化進化を起こすほど賢い種が出現する可能性はもともとかなり高かった。その後、私たちの種が社会組織を狩猟採集民の村から世界社会にまで発展させる可能性も高かったはずだ。文化進化は生物進化と同じように、創造という強力な原動力が背後にあるからだ。

少なくともそれが『ノンゼロ（*Nonzero*）』で私が主張したことだ。石器時代以来ずっと、人類の社会組織は、技術による相互依存の範囲の拡大にうながされて発展してきた。時代とともに、ますます遠くはなれた人同士が接触するようになり、多くの場合、互いに取引をしたり、そうでなければ手を組んだりするようになった。今日では、暮らしを維持する物品やサービスを地球の反対側の人にこれまで以上に頼っている。いいかえると、世界じゅうの人の運命がますます密接に相関するようになっている。これが相互依存だ。

しかも奇妙なことに、この相関は気候変動などの地球規模の問題によって強固になる。これは世界のさまざまな地域の人々を困らせている問題であり、解決することが世界のさまざまな地域の人々のためになる。いろいろな意味で異なる大陸の人々もみんな同じ船に乗っている。一蓮托生《いちれんたくしょう》だ。一丸となって取り組むことが共通の利益になる。うまくいかない理由が何かあるだろうか。

すべてをすぐ近くで観察している人なら、うまくいかない理由がふと心に浮かんでいるかもしれない。私の心に浮かんできたのは、集団同士で争っている人たちだ。対立の理由は民族だったり宗教だったり国家だったりイデオロギーだったりするが、近年、多くの対立で相互の敵意が増しているように思える。そのうえ、危険な正のフィードバックループができているように見える。一方の側の敵意がもう一方の側にもっと大きい敵意を生みだし、それが最初の側にもっと大きい敵意を生みだし、そうやってつづいていく。このような力学は長い悪循環に油を注ぎつづけかねない。私たちが生きている時代が核兵器や、致死性も身近さも増している生物兵器の時代でないとしても警戒すべきことだ。しかも私たちはそういう時代に生きている。

さらに情報技術によって、共通のうらみをいだいている比較的少数の人たちがそれぞれ地球のどこに住んでいても簡単に互いを見つけだし、連携して暴力を行使できるようになった。憎しみはたとえ遠くはなれた場所に散らばっていても、いよいよ殺傷能力を高めている。

何がこれだけの憎しみを生んでいるのだろう。多かれ少なかれ原因はいつも同じだ。自分を特別だと考えるように設計されている脳の影響下にいる人間だ。いいかえると、人間は現実歪曲《わいきょく》空間の影響下にいる。現実歪曲空間はさりげなくさまざまに私たちを操作し、自分たちや自分たちの仲間は正当であり、自分たちは生まれつきいい人間で、ときどき悪いことをしたとしてもそれは「本当の自分たち」を反映していないと私たちに思いこませ、その一方で、やつらとその仲間は正当でなく、やつらは生まれつきいい人間でもなく、ときどきいいことをしたとしてもそれは「本当のやつら」を反映していないと思いこませる。さらに悪いことに、この現実歪曲空間は、やつらとその仲間による脅威をしばしば誇張し、完全にでっちあげることさえある。

だから私たちは自己の特別意識という核となる進化的な価値観を拒否しなければならない。人類史上、特別意識を拒否することがこれほど重要だった時代はおそらくなかっただろう。しかし拒否したくない価値観もある。感覚のある生命を生みだし維持することはいことだという、ある意味で自然選択的な価値観だ。幸いにも、マインドフルネス瞑想は一つめの価値観と戦いながら二つめの価値観をはぐくむのに適している。おまけに、真実に近づくこともできる。

マインドフルネス瞑想そのものをいわば生命の自然な進展のようなものとして、進行中の共進化の一部ととらえることもできる。ひょっとすると、この宇宙に課されている制約のなかで地球上に複雑な意識が出現する唯一の道は、出現の過程で意識が歪曲され、うぬぼれによってゆがめられることだったのかもしれない。そしてひょっとすると、社会組織が地球規模に近づいた今、複雑な意識が地球上で繁栄する――あるいはせめて生きのびる――唯一の道は、歪曲をなくすか、少なくとも部分的に解消することなのかもしれない。

ありがたいことに仏教は歪曲をなくすための道をしいてくれた。仏教だけではない。ある意味で古代以来さまざまな宗教的伝統や哲学的伝統における思想家がこの問題に目を向け、対処法を提案してきた。これは人類が集団的な課題に直面するとき多くの伝統の知恵を頼りにできるということだ。しかし仏教は、非常に早くから非常に体系的に非常に鋭くこの問題を診断し、きわめて総合的な処方箋を用意している。そして今、ついに科学がその診断を裏づけ、根源を明らかにした。この問題は創造主である自然選択によって私たちに組みこまれたものだ。幸運にも、自然選択は問題に対処するための道具も私たちに授けた。生まれた境遇を超越しうる理性や思慮の能力だ。そしてもしかすると、超越は実現するかもしれない。

# 16 なぜ今、仏教なのか

二〇〇三年の夏に参加したはじめての瞑想合宿にはすばらしい点がたくさんあった。そして、それほどすばらしくないことが一つあった。ある歌が頭にこびりついてはなれなかったことだ。沈黙の瞑想合宿に参加していると、歌がいつまでも頭からはなれないことがある。歌にとってかわるような入力があまりないからだ。しかもこの歌は、特別に好きな歌というわけでもなかった。

それは、私が大学にいたころ一気に大人気になったフォリナーというロックバンドの「衝撃のファースト・タイム」という曲だった。コーラスはこんな感じだ。「これがはじめてみたいに感じるよ、一度もこんなふうに感じたことがないくらい／はじめてみたいな感じだよ、いっしょにドアをあけたみたいだ」

合宿の早いうちから頭のなかをぐるぐるまわっていたこの歌が、不思議に予言的なものになった。合宿が終わるころには、たしかにドアがはじめて開いたように感じていた。じつをいうと、ほとんど文字どおり、ドアが開いてまったく未知の場所に足を踏み入れたように感じた瞬間があった。その瞬間は、4章で少し触れた圧倒的で強烈な至福の経験のあいだに訪れた。夜、セミの大合唱にかこまれて瞑想していたときのことだ。目は閉じていたが、非常に視覚的な経験だった。何かの境界を越えて、オレンジと紫の光でできた区切りのはっきりしない広い部屋のようなところにはいったように感じた瞬間を覚えている。

この部屋で見たものを説明する前に、べつの章で少しした話をもっと詳しく説明しておいたほうがいいだろう。この合宿中、私はいい瞑想者ではない自分に厳しい部分があった。じつはこれは長年の思考様式の一部だ。私は昔から、自分が何かミスをしたにちがいないと思いこみ、自責の念にかられ、ときには文字どおり自分を大嫌いになるのが得意だった。何十年ものあいだ、そんなふうではいけないと人に言われつづけてきた。「そんなに自分を責めてはだめだ」というようなことを言われ、それがいつもわずらわしかった。自分が悪いことをしたら自分を責めるべきだという思いがずっとあった。そうでないと同じことをくり返すかもしれない。それに正直なところどうだろう。世界の大問題の一つは、あまりにも多くの人が悪いことをしていながら自責など不要だと思っていることではないだろうか。

瞑想指導者に関して最初から一つ気になっていたのは、自分に厳しくするのをやめるよう私たちヨギにやたらに強要することだ。あまりによくくり返されるせりふであるため、「自分に厳しくしない」というのが仏教の中心的な教えで、古代仏典のあちこちに出てくると思っている人がいるくらいだ。これは仏教の教えではない。ブッダの説法の一つにつぎのような一節がある。「修行僧たちよ、善法をおさめるには明知が先行し、つづいて悪行為に対する恥（慚《ざん》）と恐れ（愧《き》）がおこる」*1。現代のアメリカで、恥を感じるよう生徒に勧めるマインドフルネス瞑想の指導者を見つけるのは簡単ではないだろう。

話をもどそう。

その晩に経験したものは幻覚とはちがった。その不思議な視覚的な空間にはいっても、現実世界との接触は絶たれなかった。自分が瞑想ホールにすわっていることも自覚していたし、極度の集中状態によって心がこれまできたことのない場所にいることもわかった。それにしてもここはどこだろう。少し見まわしてみて、自分の心がはいりこんだ場所が自分の心のなかであることに気づいた。少なくとも、自分の心が生みだした自分の心の表象だ。

ないしょだが、私はこのとき、自分が何かばかなことや変なことやまちがったことをしたにちがいないと思うたびに何度も浮かべてきた思考を「見た」——そしてたぶん「聞いた」。「しくじったな」という思考だ。正直にいえば「しくじった」というのは、私がよく使う表現やこの晩私が観察した思考を無害な言い方に変えている。とにかく肝心なのは、この思考がこんな形をとるところをはじめて見たということだ。

考えてみれば、この思考がどんな形をとるところも見たことがなかった。しかしこのときはまるで、自分の心の一部がこの思考をほかの部分に話して聞かせているように見えた——文字どおり見えた。メッセージの道筋をたどった線のようなものまであった。情報が伝わる方向を示す矢印のようだった。私は傍観者になって頭のなかのこの会話を見守り、メッセージが送り手から受け手へ伝わるのを見守った。受け手が自分であることはぼんやりわかっていながら傍観していた。

この経験の強烈さと意義深い雰囲気をことばで言いあらわすのは不可能に近い。まるで奥の院に案内されたような、そこで深い真実が明かされるかのような感じがした。この啓示の感覚が、どんどん熱を増しながら私を包みこんでいく麻薬並みの至福にどこまで依存していたのかはわからない。でも至福は啓示を補強する強い力をもつように思う。とにかく、私たちの理解に説得力を持たせ、真実を見たと確信させる神経化学物質がなんだとしても、この夜はたっぷり放出されていたにちがいない。

私はどんな真実を見ていたか。そのとき私は、生まれてはじめて、自分のいつもの思考――「しくじったな」――が自分から発せられているのではなさそうだということに衝撃を受けていた。まるで頭のなかのだれかがことばを発しているようだった。それも、注意を払うだけの値打ちがあるのかもはっきりしない男だ。そもそもこいつはだれなのだろう？

あれから一〇年以上がたち、この件をもっと考え、この本を書いた今なら、「私の心のモジュールのうちの一つだ」と答えるかもしれない。しかし当時はそれほど学問的に考えていなかったし、そのとき感じたのは、これからは自分の内なる批判家を完全に見くだすとはいかないまでも、最低限必要な距離をたもって対処できるだろうということだ。それまで自分を責めすぎるのはやめろという説得を拒みつづけていたのはたしかだし、なるべくそのことで自分がすり減ることがないよう努めてもいたが、そのような自虐のない生き方ができると思うと胸がいっぱいになった。私は泣き虫ではないが、泣きだしていた。声を殺して、それでも思いきり泣いた。

やがて至福は喜びに満ちた興奮に変わった。瞑想の時間が終わり、人々が黙ったままホールをあとにするなかで、このとてつもないニュースをだれともわかちあえないもどかしさにじりじりしたのを覚えている。自己嫌悪を克服したことだけではない。痛みや苦闘がかならずともなっていた多くのものごとが、これからはもっとらくになると感じていた。高い精神水準に到達し、くり返しそこへもどるための瞑想という技術も手に入れた。この経験を頭のなかで再現するのはむずかしいが、私の涙にはこの幸先のいい精神的な達成感が含まれていたと思う。涙のなかに感謝の涙がまじっていたこと、圧倒的な解放感があったことはたしかだ。

それから私はずっと幸せに暮らしましたとさ。

いや、ちがう。フォリナーの歌のべつの箇所では、「これがはじめてみたいに感じるよ」のあと「二度とこんなふうには感じないくらい」とつづく。そのとおり、以来あのような衝撃的なほど強烈な瞑想体験はしていない。高い精神水準にくり返し到達し、それをまとめあげて個人的な精神の再生をはかろうなどという考えは甘かった。もう自分を責めることもなくなるなどという考えもそうだ。ただ、自責の念にかられる回数とその強さは少しだけ減った。

その後二度と瞑想中に強烈な至福の境地にいたらなかったわけではない。瞑想合宿では、自分にはいってくる至福の流れを正確にコントロールして蛇口をあけたり、ペースを落としたほうがいいと感じたときは蛇口をしめて一、二分待ってからまたあけたりできることがある。

また、マサチューセッツ州バリでのあの夏の経験が私の人生を何も変えなかったというのでももちろんない。ただ、この手の本に共通する特徴が本書に欠けているのはたしかだ。一度の劇的な経験が生涯にわたる変容をもたらしたという著者の主張はこの本には出てこない。

## 明晰さはまず家庭から

となると疑問がわく。なぜ私はまだ瞑想をするのだろう。なぜ毎日三〇分から五〇分を瞑想にささげ、すぐには悟りの近くに連れていってくれそうにない実践をつづけているのだろう。理由はいくつかある。小さいものからはじめよう。

1. **真実の瞬間。**冷蔵庫があの独特のブーンという雑音を発しているところを思い浮かべてほしい。単調な音だと思うだろう。じつはそうではない。朝の瞑想中に事務所のポータブル冷蔵庫がブーンと鳴りだしたとき、私の心が十分に明晰になっていてその音に意識を集中することができれば、ブーンという音が少なくとも三つの異なる音からなり、それぞれの音が時間とともに強さと質感を変化させているのがわかる。これは、普段は私から隠されているものの、マインドフルネス瞑想の初歩的な実践によって明らかになる世界についての真実だ。また、客観的な真実でもある。おそらく、音を検知する機器を用いれば、三つの音がグラフ上の別個の線として表示されるはずだ。

とるにたりない真実に思えるかもしれない。実際、とるにたりない真実だ。それに厳密にいえば、私が毎日クッションにすわる気になるのは、この経験に真実が含まれているからだけではない。この経験には心地よさもある。冷蔵庫の音の微妙な調子を感じとれるほど心が明晰だと、日々のことがらから解放され、この三つの楽器が奏でる小曲の美しさ、このかぎりなく豊かに変化するパターンの美しさに気づく。そしてその美しさを――ときに強烈に――感じることができる。

しかし美に対してしかるべき敬意の念は払いつつも、真実の側面、つまり冷蔵庫の音をまじりけのない明晰さで知覚することを軽んじるつもりはない。というのも、たとえ私たちのほとんどにとって完全なる悟りが現実的でないとしても、部分的な悟りは可能だと実感することが重要だからだ。現実のすべてについて真実を理解し、それを死ぬまでたもちつづけるのはむりでも、現実の片隅について真実を理解し、それを少しのあいだたもつことはできる。そして重要なのはここだ。小さなとるにたりないほどの真実を曇りのない目で日常的に見ることが、もっと大きな、さまつでない真実を見るのに役立つ。このことは瞑想をつづける第二の理由にも関連している。

2. **もっと重要な真実の瞬間。**不安や気おくれや憎しみを感じたとき、瞑想することによって、感覚に引きずられずにただ感覚を観察するところまでたどりつけば、それは真実の瞬間だ。感覚を観察するには、その感覚が自分の体のどこにあるか、そこでどんな形をとっているか察知しなければならない。そしてその場所と形は、冷蔵庫のブーンという音が三つの異なる音からなっているのと同じくらい客観的な事実だ。たぶんいつの日か、さまざまな感覚が身体にどのように発現するかを3D画像として見られるような身体スキャンが可能になるだろう。そのスキャン結果は、私が感覚を観察しているときに感じているのとおおよそ同じ構造をしているにちがいない。

興味深いのは、客観的な事実としての感覚に付随して起こる主観的な経験が大きく変わりうることだ。客観的な事実——感覚そのものと、その身体的な発現——に集中すればするほど、不快さを感じなくなる。これはけっして簡単にできる技ではないが、可能なことだし、ブッダの主張を支持するものでもある。ブッダの教えによれば、ドゥッカ（苦しみ、不満足）は自分しだいのところがあり、ドゥッカを消せないとしても減らす方法は、現実を明晰に見ること、客観的な事実をありのまま、ただそれだけのものとして見ることだ。

3．**明晰ゆえの分別。**朝の瞑想中、非常に明晰に冷蔵庫の三つの構成音に耳を傾けたり、あるいは呼吸や感覚を観察したりしているということは、心が穏やかだということだ。心が穏やかでなければそこまで明晰にものごとを見られないからというだけでなく、明晰さに没頭することが心を穏やかにするからでもある。穏やかな心のおもしろいところは、人生の問題がふっと思い浮かんでも、普段にはない分別をもって対処できることだ。不意に、送信箱のなかの未送信メール、あえてとげとげしさをそれとなく、でもわかるようににじませたメール（というのも、相手が送ってきたとげとげしいメールに対する返信だから）に、そんなとげとげしさを持たせないほうがいいことにはっと思いあたる。そんなことをしてもなんの得にもならないし、むしろ困ったことになりかねない。

4. **道徳的真実の瞬間。** メール送信を思い改めるということは、メールを送信する相手に対する見方を改めるという側面もある。というより、考えを改める秘訣は、心が穏やかでないまま相手のことを思ったとき感じた敵意を持たずに相手を見ることにあるのかもしれない。とげとげしいメールを送ってきたからといって、それがろくでもない人間の証拠にはならない可能性について、不意に考えてみようという気になる。メールにとげとげしさを持たせた事情が何かあったのかもしれない。私に想像できる事情かもしれないし、そうでないかもしれないが、いずれにしても、つい人にとげとげしくしてしまうような事情が何もない人間などいるだろうか。実際、私自身がとげとげしいメールを返信してしまうところだったのだ。

5. **タイムリーなてこ入れ。** 夕方の五時か六時ごろ、いらいらしたり、むしゃくしゃしたり、腹が立ったり、落ちこんだりといった、ありがたくない気分におそわれても、瞑想クッションにすわって感覚を観察すればたいてい状況はよくなる。夜中に不安で目が覚めても、横になったままその不安について瞑想すれば、たいていではないけれど五〇パーセントくらいの確率で状況はよくなる。ときには、（少なくとも自分では）不可能だと思っていた離れ業を演じられることさえある。コンピュータの前にすわって自分が今書いているものを見つめているうちに、せつないほど強烈に執筆以外の何かをしたくてたまらなくなったら、目を閉じてその衝動を観察し、衝動がおさまってから執筆にもどる。こんなふうにできるのは——もっといえば、こんなふうにする選択肢があることをまず思いだせるのは——毎朝欠かさずクッションにすわる時間をとっているからだ。自分を責めすぎないようにするのも同じことだ。クッションにすわる時間が長くなるほど、自責の念にかられることが減る。

## 悟りへ向かうすべりやすい坂

このような瞑想の道がはるばる悟りまでつづいていることを真剣に期待しているわけでもないのに私が瞑想をつづける理由は、以上の五つだ。少なくともこういう解釈のしかたもあるといっていい。あるいはつぎのような解釈もできる。私は悟りを追い求めてはいるけれど、悟りを境地ととらえるかわりに、過程ととらえている。また、解放——ドゥッカからの解放——についても同じようにとらえている。ゲームの目的は、少し遠い未来に真の解放や真の悟りにいたることではなく、それほど遠くない未来に少しだけ解放され、少しだけ悟ることだ。たとえばきょう。きょうがだめならあす。あるいはそのつぎの日。いつでもいい。肝心なのは、やむを得ずあともどりすることがあっても、時間をかけて少しでも進歩することだ。

悟りや解放をこのように考えると、真実と解放の関係がいかにあいまいなものかがよくわかる。あいまいでない一般的なイメージは、一瞬の洞察のひらめきによって真実を見たとたん解放されるというものだ。これはいい。しかもたいした時間の節約になる。でも、真実によって解放されて終わりというのは、そうそうあることではないと思う。逆に、解放されて真実が見える場合もあるはずだ。冷蔵庫の音やメールの相手についての真実を私に見せてくれたのは、穏やかな心、不安や怒りといったドゥッカの主要な原因に支配されていない心だったことを思いだしてほしい。

おそらくもっともいい解釈の方法は、悟りと解放を相互に強めあうものとしてとらえることだろう。苦しみからの解放をもたらしてくれるおこないをすればするだけ、明晰に見えるようになる。そして、明晰に見れば見るほど、苦しみからの解放をもたらすおこないがしやすくなる。それがさらに明晰な見方につながり、それが……とつづいていく。

たとえば、精神的な達成より自己の修養を目指す控えめな瞑想実践からはじめたとしよう。一日二〇分のマインドフルネス瞑想にもとづいたストレス軽減だ。そして宣伝どおり、ストレスが軽減されたとする。ストレスから自由になる——あるいは以前より自由になることは、自分ではそんなふうに考えていないとしても、解放にほかならない。それに悟ることでもある。というのも、ストレスがたまっていなければ、こちらが急いでいるときにレジの列の先頭でクレジットカードをごそごそ探している人がいても、それだけでその人をろくでなしだと決めつけるようなことはあまりないからだ。このほんの少しの進歩——自分もやってしまったことがあるようなことをしている人にろくでなしの本性をあまり見ずにいられること——は、ほんの少しの悟りだ。

そのうえ、このほんの少しの悟りは、さらなる少しの解放につながり、それがまたさらなる少しの悟りにつながる。人にろくでなしの本性をあまり見ずにいることや、それによって意味のない罵倒を浴びせることにあまり時間をさかずにいることで、生活のストレスがさらに軽減されるなら、この非常に喜ばしい効果——大きな解放感——のおかげで毎日二〇分間ではなく二五分間瞑想をする気になるかもしれない。それがさらにストレスからの解放につながり、さらに明晰に他者を見られるようになる。今やあなたは、クレジットカードをごそごそ探す人どころか、クレジットカードをごそごそ探してそれを床に落としてしまう人に対してさえ寛大にふるまえる。おめでとう！

瞑想にそれほど長い時間をかけなくても、ストレス軽減が思った以上に奥深いものになりうることがわかってくる。瞑想を終えたとき前より少しリラックスしているというだけではない。不安なり恐れなり憎しみなりを非常にマインドフルに観察し、少しのあいだそれが自分の一部ではないかのように眺めるということだ。

こうした経験がいかに深遠か――少なくともいかに段階的に深遠さを増していくか――に注目してほしい。不器用なクレジットカード男にろくでなしの本性をあまり見ないことは、ほんのわずかな空《くう》の経験といえる。また、不安や恐れを自分の一部ではないと見なすことは、ほんの少しの無我の経験といえる。空と無我という二つの概念は、仏教哲学においてもっとも不可解でもっともばかげて聞こえるもっとも根本的な二つの概念だ。あなたはストレス軽減のために毎日瞑想をしながら、この両方を少なくともいくらかは会得していることになる。

これを簡単なことのように言うつもりはない。段階的な悟りと段階的な解放は相互に助けあうことで勢いを増す可能性があるとはいえ、自動的にそれが継続するというものではない。邪魔もはいるし、なかなか思いどおりにはいかないし、瞑想は苦痛なこともある。ただ、うれしいことに、あきらめずにがんばれば、不安や悲しみを避けずにそれをマインドフルに観察すれば、つまらなくても毎朝すわってそれをマインドフルに観察すればその苦痛は上達につながる。妙な話だが、つまらなさや退屈さは不安や悲しみよりマインドフルに観察するのがむずかしいことがある。はじめての瞑想合宿でナラーヤンが言ったことを私はけっして忘れないだろう。「退屈もおもしろいですよ」。これは真実だ。でもこの真実を見るには、べつの真実、つまり退屈は本当に退屈だという真実に没頭する時間がまず必要で、それでも辛抱強くつづけなければならない。

瞑想の継続的な上達を妨げる最大の要因は、困ったことに時間が有限なことだろう。仕事でも子どもの養育でも学校の勉強でもなんでも、たくさんの責任を負っていると、毎日あまり多くの時間を瞑想にあてることはできない。しかも私自身の経験では、一日三〇分と一日五〇分のちがいは大きい。それに私が対談した人たちの話では、一日三〇分と一日九〇分のちがいは巨大だ。でも、たとえ二〇分の側に近い位置にいるとしても瞑想の実践は奥深いものになりうる。仏教の瞑想哲学の基本的な教えを心にとめて実践すればとくにそうだ。毎日経験するちょっとした真実の瞬間——少なくとも調子のいい日に経験するちょっとした真実の瞬間——は、より大きな真実、現実の本質についての真実、通常の現実の知覚が引き起こすひずみや迷妄についての真実のひとかけらだ。たしかに、悟りにいたり、その大きな真実を感じながら残りの人生をすごせればすばらしいにちがいない。しかしたとえそれがかなわなくても——その真実を断続的に思い起こすために努力しなければならないとしても——人生の導き手となりうる真実だ。

## 明晰さで世界を救う

以上が、瞑想をしない人になぜ瞑想すべきなのかと尋ねられたときの私の答えだ。私はこうやって、その人にたくさんのちょっとした真実の瞬間について語り、その瞬間がいかに人をみがき、より幸せでよりよい人間に変えてくれるか説明するだろう。でもこれは、私がもっと多くの人に瞑想してほしいと願っている理由の核心そのものではない。本書を執筆しようと思いたったのは、聞く耳のある読者の人生にちょっとした真実の瞬間を注ぎこめるかもしれないとか、さらにはもっと大きい「導き手となりうる真実」について伝えられるかもしれないと期待したからだけではない。本書の執筆の動機は、「真実の瞬間」という概念にある。

『メリアム＝ウェブスター・カレッジエイト英語辞典』の定義によると、真実の瞬間とは「その結果にすべてであるいはほとんどが依存するような決定的瞬間」をいう。強烈なことばだが、前の章で説明した地球規模の試練に関して用いるのに強烈すぎるとは思わない。現代の世界は、対立が対立を呼ぶ状況にある。本当の悲劇的結末につながる憎しみの連鎖を生みだしかねない、民族、宗教、国家、イデオロギーの対立だ。

瞑想が地球を救う助けになると提唱するのは、どうしようもなく認識が甘いと捨てておかれるのを願っているようなものだ。だから、べつに世界規模の慈悲の波を起こそうとしているのではないことを強調しておきたい。実現すればそれはすばらしいだろうが、当分そんなことは起こりそうにないし、世界の救済に必要だとも考えていない。

世界の救済は、穏やかで明晰な心の修養と、そこから引きだされる知恵によって確保できると思う。穏やかで明晰な心は、一つには私たちが脅威に対して過剰に反応するのをおさえ、したがって、対立を激化させる悪循環におちいるのを防ぐことにつながる。また、穏やかで明晰な心は、何がその脅威に現実味をあたえているかを冷静に判断するのにも役立つ。たとえば、どんなことが暴力的な運動への支援や参加を助長し、どんなことがその決意をにぶらせるのかを見きわめる助けになる。敵を愛する必要はないが、敵を明晰な目で見ることは重要だ。仏教哲学と現代心理学の両方から得られる教訓が一つある。敵を明晰に見ることは恐れや憎悪をトーンダウンさせるが、それだけではなく、知覚や認知のもっとずっとかすかなひずみ、たいていはもっとかすかな感覚に根ざしているひずみを超越させるということだ。

このような明晰な見方がいきなり世界じゅうを包みこむ必要はない。平静な心と知恵の集中する独立した地区が各地にあるだけで変化をもたらしうるし、それぞれ個別に拡張していく素地をつくることもできる。個人が悟りに向かって進歩する場合と同じように、世界が悟りに向かう進歩も段階的かもしれないし、その一方で、熱心な取り組みによって進歩にはずみがつく可能性もある。

そうはいっても、とてもたくさんの段階を経ることになるだろう。それどころか、長期的に見れば、人類の意識を改革する必要があるのではないかと思う。この改革をなんと呼べばいいのかわからないが、メタ認知改革とでも呼べるかもしれない。一歩はなれて、自分の心の働きをもっと意識することがかかわっているからだ。しかし、この改革はとても劇的なものになるにちがいなく、未来の歴史家がこの変容にふさわしい名称をつけるはずだ。ただこれは未来の歴史家がいると仮定しての話だ。もしいないとすれば、名称をつけるべき変容そのものが起きなかったか成功しなかったことを意味するのだろう。

本書のはじめのほうで、私は自分自身を実験ネズミに任命した。心を落ち着かせたり集中したりすることに不向きな要素をそなえた人間であるため、その私が瞑想から大きな恩恵を得られるなら、ほとんどどんな人でも恩恵を得られるはずだと述べた。結果はどうかというと、ほとんどどんな人も瞑想から恩恵を得られることがはっきりした。

しかし結果はこれですべてではない。当初の設問は、毎日クッションにもどるのに十分な恩恵を瞑想から得られるかどうかや、日々の道徳的な見方をいくらか明晰にできるかどうかだけではなかった。本書を執筆するおもな動機となった道徳上の難問に立ち向かえるか、つまり部族心理を克服できるかどうか、少なくとも減衰させることができるかどうかも設問の一つだった。すでに指摘したとおり、この方面で私はとくに貴重な実験ネズミだ。この問題を（大げさでもなんでもなく）大いに体現しているからだ。

私がそれほど部族主義的になるというのは見方によれば奇妙なことだ。民族、宗教、国家というもっとも危険なことで知られる強烈な部族的忠誠はもちあわせていないからだ。でもひょっとすると、だからこそ、意見によって明確になる部族の境界にこれほどの感情エネルギーを注いでしまうのかもしれない。私は意見が合う人に対しては強い一体感を持ち、意見が合わない人のことは実際より悪く考えてしまいがちだ。意見の相違がイデオロギーのことだったり、政策を採用すべきかどうかということだったりすると、それが二倍にも三倍にもなる。

ばつの悪い皮肉がある。何にも増して私に部族間の敵対心をいだかせるのは、部族間の敵対心をかき立てるのではないかと私が危惧する政策を支持する人たちだ。一つ例をあげると、私は過去二〇年間のアメリカによる軍事介入のほとんどがあやまちであり、脅威に対する過剰反応とそれによる深刻化の実例だと考えているし、軍事介入を強く支持してきた人たちには腹が立ってしかたがない。そして、ある程度はこのまま腹を立てていたいと思う。瞑想の道を突き進んでニルヴァーナに近づきすぎ、闘争心がなくなってしまうのはごめんだ。完全な悟りにいたることが、どんな種類の価値判断をするのもやめ、改革を要求するのもやめることなら、私を抜きにしてもらいたい。[*2] しかしそのような地点までたどりつく危険性は、少なくとも私にとっては間近にさし迫ったことではない。とにかく、設問は、そうした人たちとのイデオロギー闘争を賢明かつ誠実に展開できる地点まで私がたどりつけるかどうかだ。それはつまり、私の自然な傾向より客観的に、ある意味でより寛大にその人たちを見ることができるかどうかということだ。瞑想は控えめにいっても、この目標に近づくのを助けてくれている。といっても、かなり苦労している。部族主義を支える認知バイアスを克服してメタ認知改革を前進させることを熱心に説きながら、説得力のある模範例として自分を引きあいにだすことはまだできない。

もう一ついうと、私は改革の具体的な計画を持ちあわせているわけでもない。もっと抽象的な話だ。何十億年におよぶ生物の奮闘努力のすえに、ようやく心がグローバルに通じあう社会が間近に迫っているのに、心の自然なひずみのためにすべてがばらばらに吹き飛ばされるのを手をこまねいて待っているのは、控えめにいっても悲劇だ。そのようなひずみがいまや科学的に実証された事実であること、瞑想実践をはじめそれを正す方法があることを考えれば、いっそう悲劇的だ。

私が本当にいいたいのはこれだ――地球を救済する手段はすぐ手の届くところにある。

## 救済といえば

救済といえば、瞑想合宿で涙を流したわけを推測したとき、可能性のある理由を一つ省いていた。私は南部バプテスト派の家庭で信仰深く育った。十代のころ人類の起源を説明するのに自然選択説と創世記を比較してから、しだいに教会から足が遠のいた。キリスト教信仰のかわりになるものを切実に望んだことはないが、おそらく信仰をなくしたことで心のどこかに空席が生まれたのだろう。精神世界についての問いに対する私のあくなき興味もそれで説明がつくかもしれない。あの夏の夜、私はただ山頂に到達したように感じただけではなかったのかもしれない。十代のころ自分が生まれ育った宗教的な部族からはなれて以来ずっとその山を登りつづけていたのだと感じたのかもしれない。とにかく、あの夜、私は救済された気がした。言いすぎではないと思う。教会に通っていた九歳か一〇歳の私が、講壇へ進み出てイエスを自分の救済者だと表明しなければならないと感じたのと同じくらい強烈な感覚だったかもしれない。

キリスト教からの離脱は、そのような離脱にありがちな苦々しいものではなかった。信仰が自分に悪影響をあたえたと思ったことはない。考えてみると、すべてを見ているかなり厳格な神のもとで育ったことは、自分の失敗に対してときに痛みをともなうほど厳しい目を向けてしまう理由の説明になるかもしれない。それどころか、罪深いという感覚のなごりこそ、私をこのような仏教瞑想の探究に乗りださせたものかもしれず、あの夏の夜、救済を肌で感じた理由かもしれない。それも当然だろう。仏教もキリスト教も、私たちが生まれたときに受け継いだある種の道徳の混乱を払拭することをゲームの目的の一つとしているからだ。

とにかく、キリスト教徒だった年月を冷酷で権威主義的な洗脳のようなものだと思ったことは一度もない。今でもバプテストの讃美歌、なかでも「いさおなきわれを」は大好きだ。よく礼拝の最後に、講壇からの招きに合わせて静かに歌われる歌だ。たとえあなたが完璧にはほど遠くても、救済される価値があるというようなことを歌っている。

日曜学校についてもっとも鮮明に覚えているのは、歌を歌ったことだ。「イエスさまは小さい子どもたちを愛している。世界じゅうの子どもたちを。肌の色がちがっても、イエスさまの前ではみんないとしい子。イエスさまは世界じゅうの小さい子どもたちを愛している」と歌ったことはいい思い出だ。もしかしたらキリスト教が説く倫理観のうち啓発された部分だけを選択的に記憶しているのかもしれないが、イエスからブッダへの移行はいろいろな点で自然なものに思える。

あの夏の夜、私の心がみるみる開かれたインサイト・メディテーション・ソサエティは、たまたまこの連続性をいっそう強めてくれる場所だった。ソサエティを収容する赤レンガの建物は、ゴールドスタイン、サルツバーグ、コーンフィールドの三人が購入する前は、カトリックの聖職者が修練を積む修練院だった。クロークから瞑想ホールへ向かう途中、左右の窓はイエスを描いたステンドグラスになっている。最後の晩餐《ばんさん》のイエスと、おそらく磔刑《たっけい》の直前に一心に祈っているイエスだ。瞑想ホールへ行くたびに――もう何百回にもなる――このイエスの姿を目にする。これを見るとほぼ確実に軽い高揚感を覚える。それも不思議はない。イエスは、私たちの知覚する世界がゆがんでいて、他人の盲点について文句を言うより自分の盲点を正す努力をすべきだと説いている。「偽善者よ、まず自分の目から丸太を取り除け。そうすれば、はっきり見えるようになって、兄弟の目からおが屑《くず》を取り除くことができる」（『聖書 新共同訳』）。これには心から同意《アーメン》する。

自分のことを仏教徒とは思わない。伝統的な仏教には私がとり入れていない信念や儀式の側面がたくさんあるからだ。輪廻転生やそれに関連するカルマ（業《ごう》）は信じていないし、瞑想ホールに入室するときブッダ像に拝礼することもない。ましてブッダや諸仏に祈りをささげることもない。自分を仏教徒と呼ぶのは、アジアなどで豊かな美しい宗教伝統を受け継ぎ維持している多くの仏教徒に失礼な気がする。

それでも、とくに私の生い立ちを考えると、私が実践している瞑想とその基礎となる哲学が宗教といえるかどうか問うのが順当だろう。仏教の超自然的な部分を放棄し、自然主義的な部分をやや選択的にとり入れてきただけであっても、キリスト教が私の両親のためになったのと同じように、仏教は私のためになるのだろうか。

## 「世俗仏教」は宗教か

そのように主張したければ、頼るべきはウィリアム・ジェイムズだろう。一世紀以上前、ジェイムズは著書『宗教的経験の諸相』（岩波文庫）のなかで、東洋や西洋で宗教と呼ばれるあらゆる形態の経験を網羅する枠組みを見つけようとした。ジェイムズによれば、宗教はもっとも広い意味で、「見えない秩序が存在すると信じ、至上の善はその秩序に調和し順応することにあると信じること」だと考えていい。*3

自然主義的な「世俗仏教」もある種の「見えない秩序」を前提としていると思う。悟りが開けてくると、完全にばらばらに見えていた現実の根源に連続性があり、相互連絡の基盤となるものがそなわっていることがわかる。これを空と呼ぶ人も一体性と呼ぶ人もいるが、すべてを理解する以前に見ていた景色ほどはっきり分離していないように見えるという点で全員一致している。

ジェイムズが「至上の善」と呼んだものを心からの幸せととらえるにしても徳ととらえるにしても、至上の善が通常なら見えない秩序に調和し順応することにあるのはまちがいない。もちろん、自分を順応させることはある意味で、自己を実体のあるものととらえないこと、少なくともそれまで考えていたほどはっきりした実体のあるものととらえないことでもある。というより、このような自己の拡散性や自己の境界の透過性は、「見えない秩序」――自分の内面にあるものと外界にあるものに新たに感じる連続性――の一部だ。

仏教の教えはこれに加えて第二の見えない秩序も前提としている。仏教の大前提を思いだしてほしい。観念的な真実を知ること――内面についても外界についてもものごとをありのままに見ることで、二つの領域に連続性を見ること――はある意味で、自分の幸福と他者の幸福が道徳的に等しいという道徳的真実を知ることでもある。つまり、観念的な真実と道徳的な真実とのあいだにある種の構造的な連携がある。これは一種の秩序であり、ふさわしい修練を重ねなければいつまでも見えるようにならない秩序だ。

この見えない秩序をあたりまえのものだと思ってはいけない。そのような連携のない宇宙も想像がつくはずだ。観念的な真実を知ることが、他者に対するふるまい方になんの影響もおよぼさない宇宙や、むしろ他者をもっと邪険に扱うようになる宇宙だ。しかし仏教の教えによれば――より世俗的で宗教らしさに欠けるとされることのある西洋仏教の教えでも――私たちは観念的な真実を知ることが道徳的な真実を知る助けになる宇宙にくらしている。悟りには自然な一体性がある。

この連携には三つめの柱がある。私たちの幸福だ。幸せ、つまり苦しみなり不満足なりドゥッカなりをとりのぞくか少なくとも軽減することは、観念的な真実を知ることや、道徳的な真実にもとづいて行動することと一致する傾向がある。おそらくこのような連携もかならずしも宇宙がそなえているものではない。

考えてみれば、世界がこんなふうにつくられているのはすごいことだ。自分の苦しみをとりのぞくために歩みだし、その道を根気強く歩きつづければ、より幸せな人間になれるだけでなく、観念的な真実も道徳的な真実もより明晰に見られる人間になれる。これは仏教の主張ではあるが、これを支持する有利な証拠がかなりある。

この三者の連携――観念的な真実と道徳的な真実と幸せの連携は、仏教実践の中心にある非常に多義的な概念、「ダルマ(法)」に盛りこまれている。ダルマは古いことばで、もっとも一般的には「ブッダの教え」と定義される。とりあえずは正確な定義だが、ダルマはブッダの教えが伝えている核心的な真実をも意味する。だから、妄念の向こうにある現実のことであり、もっといえば、妄念がいかに苦しみを引き起こすかについての現実のことでもある。そして、このすべてが私たちのおこないにおよぼす影響のことでもある。いいかえると、ダルマはものごとのありようについての真実でもあり、ものごとのありようを踏まえてふるまうことがいかに理にかなっているかという真実でもある。解説と処方箋だ。真実であり、方法でもある。

また、ブッダの処方箋は、苦しみからの解放のためだけでなく正しいおこないのためのものでもあるため、ダルマにはとりわけ道徳的な意味もある。というより、ダルマは、物理的な宇宙が従っている理《ことわり》と、私たちが従おうと努力している道徳法則の両方の意味で、自然法と考えていい。

単独のことばでこのすべてをあらわすこと自体が秩序の証であり、仏教によれば、この秩序は通常は隠れているが、私たちが（ジェイムズのことばを借りると）順応する努力をつづけることでもっとよく見えるようになる。

この言い方ではあまりに抽象的な哲学のようになってしまうので、もう少し実際的な角度から、よくある疑問に答える形で説明しようと思う。瞑想でもっと幸せになれるだろうか？　なれるとしたら、どのくらい幸せになれるだろう？

私の場合――ご存じのとおり特別やっかいな事例だが――答えはイエスだ。瞑想で少し幸せになった。いいことだ。幸せには賛成だし、とくに自分の幸せには大賛成だ。その一方で、瞑想を人に勧めるときは、幸せの量についてというより幸せの質について話す。私がいま感じている幸せは、以前感じていた幸せより真実に近い世界観をともなっている。真実にもとづいた幸せが増えるのは、私にいわせれば、そうでない幸せが増えるよりいい。真実にもとづいたもののほうが基盤がしっかりしているからだけでなく、たまたま、この真実に従って行動すると人類という同胞に対してよりよくふるまえるからだ。

洞察の瞑想で人生の幸せが少しでも増えるならそのための努力は大いに価値があると主張するのはそのためだ。たしかな幸せが増えることになる。この幸せは、多角的な明晰さ——より真実に近い世界観、より真実に近い人間観、より真実に近い自己観、そして私の考えでは道徳的な真実により近いもの——にもとづいている。ダルマということばにこめられているのは幸せと真実と善が幸運にも一点に収束したものであり、この収束があるからこそ自然主義的な仏教はいっそうウィリアム・ジェイムズの宗教の概念に適合する。

そして、もしダルマに注目が集まることで地球をも救えるなら、それはうれしい特典だ。

## 真実と美

二〇一二年一二月なかばのある夕方、瞑想合宿中の私は戸外で歩く瞑想をしていた。ふと地平線のほうを見あげると、もう日は沈んでいた。ピンクと紫の残光に冬枯れた木々がひっそりと浮かびあがっているだけだった。個人的な問題をくよくよ考えていたせいですでに重い気分になっていたが、そのとき憂鬱の波が襲ってくるのをはっきり感じた。冬の暮色《ぼしょく》を見るとときどきこうなる。そのとたん――瞑想合宿中で自分の感覚を観察することに毎日をついやしていたためか――私はほとんど反射的に憂鬱を観察した。感覚はすぐに力を失いはじめた。たちまち消え去ったわけではないが、よくも悪くもないただの波になって、ゆっくりと体のなかを移動しているだけになった。

憂鬱が中和されると地平線は様子を一変させた。はっと息をのむほどに美しかった。地平線が喚起する感情は悲しみから喜びへ、さらには畏敬へと変わっていた。

この美しさも、瞑想実践のおかげでより深く味わえたほかの美しさも、私にはよく理解できないものだ。瞑想によって自分の感覚から少し距離をおき、感覚の支配力を弱めることができるなら、原理上はよい感覚にも悪い感覚にも同じように働くはずではないだろうか。結局はほぼどっちつかずの感じがするのではないか――つまりほとんど何も感じないのではないだろうか。ところが、どうやら一部の感覚は増強されるようなのだ。その筆頭が美の感覚だ。

このような美の感受性の高まりこそ、空に逆説的に道徳の力をあたえうるものではないかと思うことがある。いったん人のなかにあまり本性を見なくなると――本性の知覚によし悪しの判断があまりはいりこまなくなると――本性について何かを感じる理由も大きく減ると思うだろう。たとえば思いやりもだ。しかし、人も含めてものごとを美しいと思う生まれつきの傾向が私たちにあるなら、その傾向が相手の幸福を気づかうことに転換される可能性はある。これは瞑想によってもっと思いやりのある人間になれる理由を説明する一つの方法だろう。

なんにせよ、瞑想実践に美の感受性を高める自然な傾向があるように見えることには今も頭をかかえている。とくにそうしようと意識せずに、マインドフルネスを使って自分の感覚を無意識のうちに選別しているというのが一つの説明だ。美的な喜びなどの快の感覚とのあいだより、不快の感覚とのあいだに最低限必要な距離をおくことに熱心に取りくんでいるのかもしれない。しかしこれはあくまで私の意見だが、そんなふうには感じない。美の感受性は、自我へのこだわりが影をひそめたとき、心の緊張が自然にゆるんでやってくるもののように思う。

ジョン・キーツの有名な詩の一節を引用させてもらう――「美は真実であり、真実は美である」。世界をより明晰に、より真実のままに見ることができると、ある程度の解放を味わえるだけでなく、世界の実際の美しさをもっと直接的に継続的に知覚できるのかもしれない。その反面、世界が実際の美しさ、本来的な美しさをそなえているという考えは、私たちが世界に意味を押しつけがちだという仏教の主張にそぐわないように思える。知覚に感覚を付与するのは私たちではなく、生物としての利益が得られるかどうかで特定のものごとに特定の感覚をいだくよう設計された脳だと考える進化心理学の見方にそぐわないのはたしかだ。

宇宙の美に心ひかれるのが意識の初期設定《デフォルト》だという可能性もある。意識は自我の運営という本来的に事実をゆがめてしまう仕事にとらわれていないとき、そのようなデフォルト状態にもどるのかもしれない。ここで私たちは心理学を越えて、意識とは何かという哲学的な問いに足を踏み入れつつある。そのような問いに対する私の感想は、「さっぱりわからない」だ。

私たちが生まれついた世界にはいやなところがたくさんある。この世界は、ブッダが指摘したとおり、私たちの自然な見方や自然なあり方が自分を苦しめ、他者に苦しみをあたえることにつながる世界だ。そしてこの世界は、みなさんもすでにご承知のとおり、地球の生命が自然選択によって生みだされたことを考えると、こうなるほかなかった世界だ。

それでもこの世界は、観念的な真実と道徳的な真実と幸せが連携できる世界であり、その連携に気づきはじめれば、どんどん美しく見えてくる世界だ。そうであるなら、この隠れた秩序——自然選択そのものより深いところにあるように見える秩序は、驚嘆すべきものだ。私はこの秩序にますます感謝の念を深くしている。

# 謝辞

瞑想指導者ダニエル・イングラムの著書『ブッダの中心的な教えを習得する（*Mastering the Core Teachings of the Buddha*）』は、扉のタイトルの真下に「相互依存宇宙（the Interdependent Universe）」という著者名が書かれている。そしてその著者名の下により型どおりの著者としてイングラムの名前がくる。これは内輪受けをねらったジョークだ。仏教哲学によれば、あなたの労働の成果は単にあなたの労働の成果というだけではない。長年にわたってあなたが受けてきたあらゆる種類の影響の成果と言いあらわすのがもっとも適している。扉の著者名はそのことに同意を示したものだ。長年にわたって受けてきた影響はあまりに多すぎて、それをすべて実際に明らかにすることは現実的に望めない。しかしできるかぎりやってみようと思う。

まず、プリンストン大学から多大な恩恵を受けている。本書の執筆をはじめたばかりのころ、プリンストン大学で「科学と仏教」という初年次ゼミナールを教えはじめた。二年連続して講義室いっぱいの好奇心旺盛で教えがいのある学生に恵まれた。学生たちはこの科目についての考えを明確化し整理するのを助けてくれたばかりか、将来についてもっと楽観的な気持ちをいだかせてくれた。さらにプリンストン大学はこの講座のオンライン版「仏教と現代心理学」の開発も支援してくれた。コーセラのプラットフォームを利用した講座でだれでも無料で受講でき、おかげでさらに何万人もの受講生とつながることができている。インターネット経由であっても受講生のエネルギーと好奇心はありがたい恵みだ。クレイトン・マーシュの継続的な支えとシャーリー・ティルマンの最初の励ましがなければこのすべては起こりえなかった。ここにいたるまでにはプリンストン大学のほかの人たち、ジェフ・ヒンペル、ローラ・シャドック、リーサ・ジャクソン、ジム・グラッシ、モナ・フィクスダル、シャクンタラー・サニヤルにもかけがえのない援助をいただいた。当時、それぞれ心理学と哲学の大学院生だったレイチェル・コナーとディヴィッド・ノバコフスキは、オンライン講座の準備のための研究助手としてすばらしい仕事をしてくれ、本書の初期段階の草稿にフィードバックを寄せてくれた。

プリンストン大学で教えたあと、ニューヨーク市のユニオン神学校で科学と宗教学の客員教授になった。ここではジョン・テンプルトン財団の寛大な助成金に支えられた。アメリカの精神史におけるもっとも重要で非常に全キリスト教会的な教育施設の一つであり、地球上でもっとも友好的な場所の一つでもあるユニオン神学校では、東洋哲学への興味をわかちあえ、支えになる同僚に出会えた。とくに、ジョン・サターマニル、グレッグ・スナイダー、チョン・ヒョンギョン、ポール・ニッターたちだ。本書の何章分かの草稿を読んでもらった学生とのゼミナールでの討論も有益だった。アンドレー・ドートリー、ガスリー・グレーヴズ＝フィッツシモンズ、ケイト・ニューウェル、デューク・クワドォー・イエボア、イザベル・マレス、フリオ・トーレス、キャロル・ウィルキンズたちだ。そしてこのすべてはユニオン神学校校長のセリーン・ジョーンズ（さまざまな偉業もさることながら、先ごろユニオン神学校に仏教の学位課程を立ちあげた人物）と副校長のフレッド・デイヴィーの継続的な支援のおかげだ。

本書に関連する専門知識をもつ多くの人が親切にも原稿を読んでフィードバックを寄せてくれた。ミリ・アルバハリ、スティーブン・アズマ、ポール・ブルーム、ビック・ボーディ、スーザン・ゲルマン、ジョセフ・ゴールドスタイン、スコット・バリー・コーフマンに心から感謝する。とりわけ広範なフィードバックを寄せてくれたのは、ジョシュ・サマーズ（最初の瞑想合宿で出会った）、ジョナサン・ゴールド（仏教哲学者の世親《せしん》についてのすばらしい著書『偉大な道をしく（*Paving the Great Way*）』も役立った）、フィリップ・メンチャカ（ユニオン神学校でのさまざまな試みも大いに助けてくれた）の三人だ（ビック・ボーディには再度感謝を述べたい。スカイプやメールを駆使し、本書で引用した古い仏典の翻訳や解釈の問題を辛抱強く陽気に説明してくれた）。リード・ホフマンとベン・カスノーチャが複数の会合を主催してくれたおかげで、本書の考えについて貴重なフィードバックを得ることができた。ありがとう。

多くの学者、瞑想指導者、僧侶と有益な対談をさせてもらった。本文に登場してくれた人たちの名前をここでくり返すことはしないが、ほかにもシンゼン・ヤング、ジェイ・マイケルソン、シャロン・ストリート、ケネス・フォーク、ダニエル・イングラム、バジー・タイザー、エリック・ブラウン、ヴィンセント・ホーン、アナベラ・ピトキン、デール・ライト、デイヴィッド・イェーデン、ミゲル・ファリアスがいる。対談の大半は「ミーニングオブライフ・ドット・ティービー（meaningoflife.tv）」上でおこなった。アリエ・コーヘン＝ウェイド、ブライアン・デゲンハート、ニキータ・ペトロフ、ブレンダ・タルボットと、前述のフィリップ・メンチャカの働きによってつくられ維持されているプラットフォームだ。

インサイト・メディテーション・ソサエティでこれまで合計七週間の「沈黙の瞑想」合

宿に参加した。スタッフはいつも親切で頼りになり、さながら仏教の歩く広告塔だ。全員の名前をあげて感謝したいところだが、いかんせん「沈黙の瞑想」合宿では、そこで見かける人の個人情報を知ることはあまりない。しかし、インサイト・メディテーション・ソサエティを設立した三人のうちの二人、ジョセフ・ゴールドスタインとシャロン・サルツバーグの名前は知っているし、非常に感謝している。一五年ほど前に二人と交わした会話には大いに啓発された。

サイモン＆シュスター社では編集者のプリシラ・ペイントンが初期のころからずっと変わらず私を支え導いてくれている。私が必要とするときはいつもいてくれるし、私はちょくちょくプリシラを必要とする。プリシラのアシスタントのメガン・ホーガンはさまざまな問題をそのすご腕で、必要なら外交的手腕で処理してくれる。本書のコピーエディターのジュディス・フーヴァーは入念にテキストを読みこんで、まわりくどくなりがちな私の文章の癖が出てくる回数を読者のみなさんのために減らしてくれた。本が制作の段階にはいると、文章に何度も手を入れたくなる私の癖の重荷はほとんどアレックス・スーにのしかかった。アレックスは陽気にそれに耐え、そのおかげで私はアレックス本人が思っている以上に救われた。サイモン＆シュスター社でほかにお世話になったのは、ケアリー・ゴールドスタイン、ニコル・マッカードル、リチャード・ロレール、アリソン・フォーナー、エリン・レバック、そしてジョン・カープだ。エージェントのレイフ・セイガリンは今回も構想から出版まですべての道のりですばらしい導き手となってくれた。

身近なところに目を向けると、犬のフレージャーとマイロに感謝したい。前述のオンライン講座用につくった動画「office hours（勤務時間）」に出演してくれたし、息抜きが必要なときにいつも私をいやしてくれた。サイクリング仲間ジョン・マクフィーとスティーヴ・クルーズは、本書について有益なことをいってくれることもあったし、そうでないときも本書のことを忘れて気晴らしをするのを助けてくれた。娘のマーガレットとエレナーは私の執筆人生を通じてずっと私に寛容でいてくれている。成長してからは、本に関するどんなことについても、それどころか本に関係ないどんな問題についても信頼のおけるフィードバックの源になっている。それに、本当にすばらしい娘たちだ（悟りにいたることで、娘たちを見たときに娘のすばらしさの本性が見えなくなるのなら、悟りを得ていなくてよかった！）。

最後に、そして何をおいても、妻のリーサに感謝を捧げたい。この本の一言一句を一度ならず読んでくれた。だから抜けやまちがいがあればすべて彼女の責任だ。というのは冗談で、本当は彼女のおかげではるかにわかりやすく読みやすくなった箇所がたくさんある。リーサのフィードバックがなければこうはいかなかった。過去三〇年のあいだずっと、自分が書いたものをリーサに読んでもらって、もうなおすところはないと言ってもらえるときほど心が満たされることはほかに見つかっていない。彼女が性格的に優しすぎるのだということは心のどこかでわかっているけれど。

# 付録　仏教の真実一覧

*Why Buddhism Is True*（なぜ仏教は正しいのか）というタイトルは執筆中に考えていたわけではない。でも書き終えてみて、本書が仏教の核をなす概念、少なくとも「西洋」仏教がおもに重きをおく「自然主義的な」仏教の核をなす概念と私がとらえているものの正当性を支持する内容になっていることに気づいた。それでこのタイトルに決めたのだが、恐れがなかったわけではない。おそらく理由は明らかだろう。

そこで私は、このタイトルで問題がないと納得するための材料を求めて、本書が支持する仏教の概念をリストアップしはじめた。そのうち、そのようなリストが読者のみなさんにとっても参考になるかもしれないと思うようになった。以下がそのリストだ。本書で展開した議論の骨格と、該当する章をまとめてある。

「真実」としてここにあげたものすべてが仏教の教義とはかぎらない。むしろ仏教思想から得られる教訓や示唆に近いものもある。しかしいずれも、神経科学や心理学をはじめとする現代科学、なかでも人類の心が自然選択によってどのように形づくられたかを研究する学問である進化心理学による十分な裏づけがあると考えている。

現代科学による十分な裏づけといえば、理解しておくべき重要なことがある。厳密に言うと科学が提供するのは裏づけだけだ。数学の定理が真実であると証明されるのと同じ意味で、真実であると証明された科学の仮説は存在しない。たしかに、いまでは非常に高い信頼を得ているため、実用上は真実であると証明されたものと考えてさしつかえない仮説もある。たとえば、自然選択説が真実である可能性は九九・九九パーセントよりもっと大きいと私は考えているし、私にはそれで十分だ。しかしそれほど高い信頼を得ていなくてもそれぞれの分野で有力になっている仮説もある。

要するに、私たちが科学の仮説について「真実」だとこともなげに言うとき、厳密には、その仮説を裏づける有利な証拠が十分にあり、今のところ仮説と矛盾するような確固たる証拠はつきつけられていないと言っているにすぎない。仏教の核をなす概念が「正しい」という本書のタイトルにも同じことがいえる。仏教の核をなす概念は入手可能な証拠から裏づけを得ている。圧倒的な裏づけがあるものも、裏づけが十分とはいえ圧倒的とまではいえないものもある。どの仏教概念にどれくらい信頼がおけると私が考えているかは、本文中にだいたいのところを記したつもりだ。しかし仏教の核をなす人間のありように対する評価――なぜ人は苦しみ、なぜほかの人を苦しめるのかについての基本的な見方や、さらに広げて、心がどう働いているか、どうすれば心の働きを変えられるかについてのとらえ方はまちがいなく十分に信頼がおけるし、この本のタイトルにあるとおり「正しい」というラベルをはってもいいと思う。

前おきはこのくらいにしよう。以下が仏教の「真実」の一部だ。

1．人間は世界を明晰に見られないことが多く、それが原因で苦しんだり、ほかの人を苦しめたりすることがある。世界についてのこのように代償の大きい誤った理解はさまざまな形をとり、以下のように仏典によってさまざまに描写される。

2．人間は目標を達成することで、長つづきする満足が得られると期待しすぎる傾向がある。この錯覚とそこから生じるあくなき欲望という心の傾向は、自然選択の産物と考えると納得がいくが（1章を参照）、かならずしも生涯にわたる幸せの秘訣ではない。

3. ドゥッカは、普通に生きていれば容赦なくくり返しやってくる人生の一部だ。ドゥッカを従来どおり純然たる「苦しみ」と訳すだけではそれを実感しにくいが、「不満足」という大きな要素を含めて訳すとよくわかる。人間をはじめ生物は、自然選択によって、ものごとが(自然選択の観点から)「よりよく」なるような方法で環境に反応するように設計されている。つまり、生物はほとんどいつも、楽しくないこと、快適でないこと、満足できないことを探して地平を見わたしているようなものだ。そして満たされないことは必然的に苦しみをともなうため、ドゥッカに不満足が含まれると考えることは、結局、苦しみという意味でのドゥッカが人生に浸透しているという思想の信憑性を高めることになる(1章、3章を参照)。

4. 四聖諦《ししょうたい》で明らかにされるドゥッカの原因——タンハー(「渇き」「渇愛」「欲望」などと訳される)——は、進化を背景にすると納得がいく。タンハーは、どんなものに対する満足も長くつづかないように自然選択が生物に植えつけたものといえる(1章を参照)。タンハーを苦しみの原因と見ることは、タンハーの解釈を広げて、好ましいものを手に入れて執着したいという願望だけでなく、好ましくないものからのがれたいという願望も含まれると考えるとさらに納得がいく（13章を参照）。忌避の感覚に関連する苦しみを消し去れば、たくさんの苦しみが消える。

5. 人間はドゥッカの後ろ盾になっている二つの基本的な感覚――ものごとへの執着とものごとの忌避という、タンハーの二つの側面――に服従しがちだが、そうする必要はない。マインドフルネス瞑想などの瞑想法によって感覚の支配力を弱体化できる。永遠に続く完全な解放――古典的な意味でのニルヴァーナ――が到達可能かどうかは人によって意見がわかれるが、瞑想の実践によって人々の生き方が変容してきたのはまちがいない。強調しておきたいのは、渇望や忌避の奴隷になることが減るからといって感覚がにぶくなるわけではないことだ。感覚と新たな関係を築き、どの感覚ととくに十分なかかわりを持つかについてもっと選択的になる可能性がある。それどころか、感覚との関係が改まることで、畏敬や思いやりや美の感覚など、特定の感覚が際立って感じられるようになる場合もある（2章、5章、8章、10章、13章、16章を参照）。

6. 私たちの直観的な「自己」の概念はひいきめにいっても誤解を招きやすい。私たちはどんな種類の思考や感覚も無批判に「自分のもの」、自分の一部として受け入れがちだが、実際はそのような同一化をするかどうかは自分で選択できる。同一化が自分しだいだと気づき、瞑想を通じてあまり反射的に同一化をしないようにする方法を学べば苦しみを減らすことができる。自然選択がさまざまな感覚を人間の心に組み入れた理由を理解すれば（3章を参照）、無批判に感覚の誘導を受け入れるべきではないという考えを検証するのに役立つし、どの感覚の誘導を受け入れるか選ぶのにも役立つ。このような自由裁量を行使することは、仏教の有名な「無我」の思想をもっぱら実用的な面で役立てることだ。これは実用的なとらえ方――ブッダが悟りを開いたあとおこなった二番めの説法（無我についての基礎的な仏典となっている）の妥当な解釈といえる（5章を参照）。

7．ブッダの二番めの説法は、より一般的にはとにかく「自己」は存在しないことを主張したものとして解釈され、さまざまな仏典でさまざまに展開されている。よく知られた一つのとらえ方は、CEO自己などないし、「行動する者」や「思考する者」としての自己もいないというものだ。これは現代心理学の十分な裏づけがあり、意識ある自己、すなわち自我は一般に考えられているほど私たちの行動を指揮しているわけではないことが示されている。多くの心理学者、とくに進化心理学者が、CEO自己はいないというこの見方とかなり一致する心の「モジュール」仮説に同意している。心のモジュール仮説は熟達した瞑想家に共通する「思考はみずからを思考する」という観念を説明するのに役立つ。そのようなわけで、私が「内向き」の無我の経験と呼ぶもの——思考や感覚が自分のものだという思いに疑問を投げかけ、CEOとしての「自分」が存在していて、思考や感覚を所有しているという一般的な考えに疑問を投げかける経験——は、実験心理学からも、自然選択がどのように心を形づくったかに関する通説からも、確証が得られている（6章、7章、8章を参照）。

8. 私が「外向き」の無我の経験と呼ぶもの——自己をとりかこむ境界が消え、はじめからある意味で幻想だったように感じる経験——は、「内向き」の無我の経験とはちがって、実験的にも理論的にも裏づけが得られていない。それどころか、内向き版は裏づけることができるが、それと同じ意味で外向き版を裏づけるのは容易ではないだろう。要するに心理学についての主張というより形而上学についての主張だからだ（主流派の哲学で用いられる意味での形而上学であり、それ以上に神秘的な意味ではない)。その一方で、進化生物学からの考察は自己の境界が恣意的なものだと考えられるはっきりした感覚を示唆し、さらには自己の境界が消えるような感覚も、普段感じている自己の境界の感覚と同じくらいたしかなものであることを示している(13章、15章を参照)。

9. 通常の自己の感覚やその感覚に代わるものの形而上学的な正当性はさておき、道徳的に正当かどうかという問題がある。とくに、(おそらく、身勝手な衝動をあまり自分と同一化しない「内向き」の無我の経験と組みあわされた)自己の境界が消える感覚によって、「自分」の利益をほかの人の利益より優先するという通常の順位づけがあいまいになるとき、その人は道徳的な真実に近づいているのだろうか。進化生物学からの考察はこの問いを肯定する答えを支持していると思う(15章を参照)。

10. 私たちが知覚する物体や生物に「本性」があるという直観は、仏教の空《くう》の教義が言うように錯覚だ。詳しく言えば、本性があるという直観は、ダーウィン説的な利益を得られるかどうかという意味でのものごとの重要性を識別するために自然選択が組みこんだ錯覚だ（10章、11章を参照。このようにダーウィン説を使って空の概念を弁護するやり方は、仏教が空の概念を弁護する伝統的なやり方とはかなりちがうが矛盾はない）。ものに本性を見るからといって、かならず苦しみにつながったり他者を苦しめることになったりするわけではないが、そうなってしまう可能性はある。とくにほかの人や集団に対する「本質主義」の見方は、相手の苦しみを黙認したり相手を故意に苦しめたりすることにつながりかねない（12章を参照）。だから本性は知覚がつくったもので現実ではないという気づきは、本性を感じにくくさせたりかかわりたいものを自分で選んだりできる瞑想実践と組みあわせるととくに有益だ。かなり広範に本性を感じなくなったと話す熟達した瞑想家、つまりかなり徹底した形で空なり無色《むしき》なりを会得したという人たちはとても幸せそうだし、私の（かぎられた）経験によれば慈悲深い人たちだ（13章を参照）。

11. 本性と本質主義について10で述べたことは、もっと広範な主張の一例だ。その主張によれば、世界を明晰に見ないことは、自分自身の苦しみにつながるだけでなく、他者をいたずらに苦しめる悪いおこないにもつながりうる。もう少し肯定的に言うなら、世界をもっと明晰に見れば、もっと幸せなだけでなくもっと道徳的な人間になれる。これは折り紙つきの結果ではない。非常に優れた瞑想家にも、（見たところ）非常に幸せで（明らかに）非常に悪い人間はいた。それでも、私たちを苦しめる心理メカニズムと他人に対してひどいふるまいをさせる心理メカニズムは密接に関連しているため、苦しみをやわらげたり終わらせたりするための仏教の処方箋は、えてして私たちをより幸せなだけでなくよりよい人間にもしてくれる。この道徳的な向上が保証されていないことは、瞑想指導が仏教のなかで異彩を放つ倫理指導とたいてい組みあわされてきた理由の一つだ（16章を参照）。

12. このリストにあげたものをはじめ多くの仏教の教えは、「条件づけへの気づき」という項目でひとまとめにできる。「条件づけ」はざっくり言って因果を意味する。マインドフルネス瞑想は、行動の原因になるものに対して注意深くなること、つまり知覚が内的状態にどう影響するかや、ある内的状態がべつの内的状態や行動にどうつながるかに対して注意深くなることだ。また、影響の連鎖のなかで感覚がはたしているように見える重要な役割に対して注意深くなることでもある。感覚にそのような役割を持たせたのは自然選択であり、自然選択は脳のプログラミングの一部として感覚を都合よく調整してきたように見える。重要なことに、この影響の連鎖への気づきをもたらす瞑想実践は、そこに介入して影響のパターンを変える力も私たちにあたえてくれる。かなりの部分、これが仏教の解放——すなわち、以前は私たちをしばりつけていたうえ、私たちの目には見えていないことが多かった影響の連鎖から文字どおり脱出することだ（14章を参照）。

以上、*Why Buddhism Is True* というタイトルの弁明になることを期待しておもなポイントを示した。しかしなぜ仏教は正しいかという問いに対する私のいちばん短い答えも記しておこう。それは私たちが自然選択によって生みだされた動物だからだ。自然選択は私たちの脳に傾向をそなえつけた。そして初期の仏教思想家は、利用できる科学的な手段がとぼしいなかでその傾向を見きわめるというすばらしい仕事をやってのけた。今では自然選択に対する現代の理解と自然選択が生みだした人間の脳に対する現代の理解を踏まえて、この見きわめを新たな視点から弁護できる。

# 解説　「赤い薬」が飲みたくなる名著

著述家
魚川祐司

仏教の、とくに「悟り」に関する話題について著作を書いていたりすると、しばしば人から、「私は悟りたくないんです」と言われることがある。「悟り」というのは、言うまでもなく「転迷開悟《てんめいかいご》（迷いを転じて悟りを開く）」の宗教とされる仏教において、理想とされる境地である。日本人の人口に膾炙《かいしゃ》するこの言葉は、一般には必ずしも悪い意味では用いられていないし、じっさい私に「悟りたくない」と言った人たちも、他人が「悟る」ぶんには文句はないようだった。ただ、自分がそれをしたいかと言われると、それは御免《ごめん》こうむるというわけである。

この「悟りたくない」という気持ちを、本書に使われている比喩によって言い換えると、「赤い薬は飲みたくない」ということになるだろう。「赤い薬」とは、映画『マトリックス』において、夢の世界にとらわれている主人公のネオに対して、反逆者のリーダーであるモーフィアスが差し出したものだ。作中において、モーフィアスは赤い薬を飲むのか、それとも青い薬を飲むのかという、二つの選択肢をネオに提示する。赤い薬を飲めば妄想の覆《おお》いを突きやぶって現実に目覚めることができるが、青い薬を飲めば夢の世界に逆戻りだ。

　本書の表現を使って言えば、「妄想ととらわれの人生か、洞察と自由の人生か」（一四頁）という選択だが、そのように一般的に問われたならば、多くの人が後者を選んで赤い薬を飲むだろう。もちろん、ネオもそうした。だが、ことが仏教的な「妄想ととらわれ」から脱却し、仏教的な「洞察と自由」を得るという選択になると、この決断はそう簡単ではない。

　本書の第一章で紹介されているとおり、「いわゆる西洋仏教の信者」たちは、『マトリックス』を見て、そこでネオのした選択が、西洋文化圏で育った自分たちが仏教を選んだ時にしたことと、同じ性質を持っていると感じた。だから、この映画をきっかけに、（仏教の）「法に帰依《きえ》する」ことを意味する新しい表現、「赤い薬を飲んだ」が通用するようになったくらいである。

　もし仏教の法に帰依して「悟り」へと近づくことが、西洋仏教の信者たちがそう感じたように、「妄想ととらわれの人生」から解放されて「洞察と自由の人生」を選ぶこと、即《すなわ》ち、「赤い薬を飲む」こととシンプルに同種の行為だと信じられるのであれば、私たちの多くが、直《ただ》ちにそのことを選択するだろう。だが、現実は必ずしもそのとおりにはなっておらず、仏教の「悟り」という「赤い薬」の存在を知ってはいるが、それでも敢《あ》えて、「青い薬」のほうを選びたいと思う人（私は悟りたくないんです！）も多くいる。なぜだろうか。

その一つの、そしておそらくは最も大きな原因は、仏教の「悟り」が、「欲望の消滅」を意味していると考えられていることだろう。じっさい、この理解は仏教の開祖であるゴータマ・ブッダの説くところとも一致している。経典には、「悟り」とは「貪《とん》、瞋《じん》、痴《ち》」という、本書（三四二頁）でも触れられている根源的な煩悩《ぼんのう》（欲望）が消滅した境地であると、明確に説かれているからだ。

欲望に流されすぎることがよくないことは、誰だって知っている。好きだからといって粉砂糖のかかったドーナツを食べすぎるのは健康に悪いし、欲しいからといって人が置き忘れた財布を盗むのは道徳的に悪いことだ。だが、だからといって欲望を完全に消滅させた境地というのは、本当に望ましいものなのか。あの美味しいお菓子をもう食べたいと思わなくなる人生、あの大好きなパートナーや子供のことをもう特別に愛しいと思わなくなる人生というのは、果たして生きるに値するものなのだろうか。

現代社会で生活する一人の人間としての私には、一部の（あるいは、ひょっとしたら大部分の）人々がそう感じる気持ちも実によくわかる。ただ、同時に仏教の本を書いたり瞑想を実践したりもしてきている個人的な経験からすると、そうした「悟り」に関する先入見は、現実に仏教を行《ぎょう》ずることで開けてくる世界からは、いくぶんズレたものであるとも感じる。

本書の優れた特徴の一つは、著者のロバート・ライトが、右のような「普通の現代人としての感覚」をたぶんに共有する人であり、その彼がそれでも敢えて自らの身をもって仏教を実践してきた経験によって、「悟り」に関する一般の先入見と、瞑想が開く世界の実状とのギャップを埋める記述を、見事に成功させていることだろう。

じっさい、著者は「瞑想の道を突き進んでニルヴァーナに近づきすぎ、闘争心がなくなってしまうのはごめんだ。完全な悟りにいたることが、どんな種類の価値判断をするのもやめ、改革を要求するのもやめることなら、私を抜きにしてもらいたい」（四一〇頁）とはっきり書き、自身の目指すところが、全ての欲望を消滅させて世界を平板に見る境地（価値判断の根底にあるのは、欲望に基づいた選り好《え》みだ）ではないことを明示している。

つまり本書は、〝Why Buddhism Is True（なぜ仏教は正しいのか）〟という原題からひょっとしたら想像されるかもしれないような、「世俗からの超越を達成した者が仏教の正しさを高説する」ような種類のものではないということだ。

加えて著者は、自身が仏教の瞑想実践に必ずしも向いた人間ではないことも、謙虚に繰り返し強調している。本人の記述によれば、ライトは粉砂糖をかけたドーナツとチョコレートが大好きな普通の人であり、その上に生来の怒りっぽい傾向と注意欠陥障害も併せ持っているという点において、慈悲と集中力を要求する仏教の実践に適しているとはとても言えない、生まれつきの「だめな瞑想者」（三六頁）だ。だが、そのように現代人としての一般的な価値観を共有しており、かつとくに瞑想向きの人間ではなかったとしても（というよりも、むしろそうであるからこそ）、仏教を実践することによって得られるものは非常に大きかった。本書において、著者が一貫して伝えようとしているのはそのことなのである。

本書を読むことで「赤い薬」を飲みたくなる理由は、私の見るところではあと二つある。一つはもちろん、著者が仏教の説く「真実」について、「現代科学、なかでも人類の心が自然選択によってどのように形づくられたかを研究する学問である進化心理学による十分な裏づけ」（四三一頁）を与えようと腐心している点だ。

このことは、言い換えれば仏教の知見を現代の学問的な言葉によって語り直すということでもある。じっさい、ライトは人間が感覚に惑わされて、「快楽のランニングマシン」に踊らされ続ける実状がブッダには既に見えていたことを確認した上で、「ブッダにも見えなかったのはその根源だ。私たちは自然選択によってつくられ、自然選択の仕事は遺伝子の繁栄を最大限に高めることにつきる」（七六頁）と本文で述べる。この指摘に関しては、仏教者のあいだでも、意見の分かれるところではあるだろう。とはいえ、心理学や脳科学の豊富な実験的知見を参照しつつ叙述される、進化心理学の観点からの一貫した「仏教の語り直し」には、自然科学の知的体系を意識しつつ生活せざるを得ない現代人の私たちにとって、やはり一定の説得力がある。

そしてもう一つ、最後に、だが最も強く私が感心させられた本書の優れた特徴は、著者のライトが読者に対して、仏教の瞑想を単なる「いやしの道具」としてのみならず、人間の「世界の見え方」を一変させる、「いやし」というよりはむしろ「精神的」な探求の道として、究極的には提示しようとしていることである。つまり著者は、仏教の実践と哲学を、巷《ちまた》の解説書においてしばしばそう扱われているような、単なるストレス軽減の手段としてよりも、もっと射程の広いものとして、私たちに紹介しようとしているということだ。

もちろん、ライトが本文で注意深く述べているとおり、「現実のとらえ方を大きく変化させることのない純粋ないやしや治療の道具として瞑想を利用するのは、まったくなんの問題もない。健康にいいし、おそらく世界のためにもなる」（四八頁）。だが、私たちは仏教と実践的に関わることによって、もっと先へと進み、「赤い薬を飲む」ことを選択することもできる。「赤い薬を飲むというのは、知覚する主体と知覚される対象との関係について根本的に問い、現実に対する通常の考え方の基盤を吟味することだ」（四八頁）。

このように、自然選択によって形成されたシステムの命ずるままに世界を見ることをやめて、「現実」に対する考え方を根底から変容させることの結果は、著者によれば劇的だ。そのことの詳しい内実は本文に譲るが、ライトは本書の最終章で、「私が本当にいいたいのはこれだ——地球を救済する手段はすぐ手の届くところにある」（四二頁）とまで言い切ることになる。その主張の当否を判断するのは、もちろん読者である私たち自身だ。

まとめると本書は、（一）現代人の一人として仏教者でない人々とも感覚を共有する著者が自ら瞑想を実践し、（二）仏教の説く「真理」を科学的な知見を裏づけとしつつ語り直して、（三）さらにその実践と哲学を、究極的には単なる「いやしの道具」としてではなく、むしろ「精神的」な探求の道として、私たちに提示しようとする著作である。

全くの個人的な感慨だが、私は本書を通読して、自分が年少の時にこのような著作が既に日本で翻訳・出版されていれば、もっと早期に仏教の実践に関わりはじめていたのかもしれないと、少々残念にも思った。

では、読者の皆さんはどうだろう。本書を読んで、「赤い薬」を飲みたくなっただろうか？

二〇一八年六月

（単行本より再録）

# 原　注

## 1　赤い薬を飲む

＊1　サルのドーパミン研究については、Schultz（2001）、Schultz et al.（1992）。

＊2　快楽にはドーパミンの増加がともなうことが多いものの、現在では多くの科学者が、ドーパミンは快をもたらすわけではなく快にともなって分泌されるにすぎないと考えている。快そのものの経験というよりむしろ、快への期待や切望に直接関与しているというのだ。とはいえここで重要なのは、どんな理由にしろ、サルのドーパミン分泌量の減少は甘い果汁に慣れるにつれて快楽が減ることを反映していると見られることだ（この推測は、快い刺激がくり返されることで快楽が減るという、人間にありがちな経験と符合する）。また、明かりに誘発されてドーパミンが増加するのは、快への期待の高まりを反映していると思われる。それどころか近年では、ドーパミンは期待という主観的な現象と相関関係のみならずおそらく因果関係があると考えられている。

＊3　Yongey Mingyur and Swanson（2007）の250頁より引用。

## 2　マインドフルネスへの道

＊1　ウィキペディア（https://en.wikipedia.org）の“Thich Quang Duc”より引用。

## 3　感覚が錯覚なのはどんなときか

＊1　Romanes（1884）の108頁より引用。

＊2　Wright（1994）の7章を参照。進化心理学の考え方への入門としては、Wright（1994）やPinker（1997）を参照。

＊3　感覚が生物に行動を起こさせることはけっしてないと考える哲学者もいる。その根底には「随伴現象説」と呼ばれる考え方があ

る。主観的な経験はその生物の物理的な働きに影響を受けるが、経験が働きに影響をおよぼすことはないという説だ。随伴現象説の見方が正しいなら、私が説明した感覚の基本機能――生物が有益なものには近づき有害なものは避けるようにすること――は厳密にいうと正しいはずがない（それどころか、随伴現象説の見地からすれば、明らかな機能をもたない感覚が存在すること自体が不可解といえる）。しかしたとえ随伴現象説が正しいとしても、たとえば不快の感覚は、生物が有害なものを避けることにつながる行動とともに生じ、したがって自然選択の「見地」から忌避がふさわしいと知らせているといってもさしつかえないだろう。その意味で、感覚の意義は随伴現象説のいう意識の位置づけからもほかの説での意識の位置づけからも同じといえる。ちなみに、随伴現象説が正しいとすれば、行動科学者が感覚に機能性があると明言したりそのように暗示したりして感覚について述べることのほとんどが厳密には正確でないことになる。そのため厳密には行動経済学の文献は私がここに記しているような免責条項だらけになるだろう。とはいうものの、そのような免責条項がついているからといって分析が根底から揺らぐことはほとんどない。

＊4　「傷」の実験をおこなった研究については、Gazzaniga（2011）。

＊5　Thera（2007）より。

＊6　Beck and Emery（1985）の4頁より引用。

## 4　なぜ瞑想するか――デフォルト・モード・ネットワークを黙らせる

＊1　デフォルト・モード・ネットワークの研究については、Brewer, Worhunsky, et al.（2011）、Andrews-Hanna et al.（2010）、Farb et al.（2007）、Holzel et al.（2011）、Lutz et al.（2008）、Davidson and Irwin（1999）。

＊2　熟達した瞑想家の脳スキャン結果については、Brewer, Worhunsky, et al.（2011）。

＊3　『念処経《ねんじょきょう》』には「この世」や「現世」と訳せる語があり、それが「今、ここ」と訳される場合がある。しかし文脈から考えてこの語が指しているのは、瞑想の到達レベルに見合った果報が得ら

れる期間、つまり死後のべつの人生と対比したときの「この人生のあいだ」のことであり、マインドフルになるための教えの一部ではない。

＊4　仏典では、悟りを開くとはどういうことかについてさまざまに説明している（一般に「悟り」と訳される語は、より文字どおりには「目覚め」を意味する。巻末の「用語について」を参照）。しかしもっともよく言及される悟りの要素は、内面についての錯覚と外界についての錯覚を追い払うことだ。13章で見るとおり、べつのよく言及される悟りの要素――タンハー（渇愛）の克服――はこの2つの錯覚を追い払うこととあまりに緊密に絡みあっているため、同じことといっていい。

＊5　ある仏典についての古い注釈書のなかにつぎのような記述がある。「無常は明白だ。皿が落ちて割れるときのように。……苦痛は明白だ。体にはれものができるときのように。……無我の特質は明白ではない」。Buddhaghosa（2010）の667頁を参照。

## 5　無我《むが》なるもの

＊1　Kornfield and Breiter, eds.（1985）の173頁より引用。

＊2　Rahula（1959/1974）の51頁より引用。

＊3　5章、7章で引用した経はMendis（2010）の翻訳による。

＊4　ブッダが「受（感覚）」は思いどおりにならないという場合、そのなかに感情は含まれない。仏教心理学では「感覚」は感受作用を指し、苦、楽、不苦不楽の3つがある。感受は（知覚やそのほかの心的現象とともに生じることがあるのと同じように）たしかに感情とともに生じることもあり、したがって感情に快・不快の性質をあたえうる。だから私たちがたとえば不安を追い払えないとすれば、それはブッダがここでいっていることの例証といえる。不安を追い払えないことは、不安とともに生じる不快が優位な感覚を追い払えないことだからだ。ただし専門的にいうと不安そのものは「行」蘊に属するものであり、「受」蘊に属するものではない。したがって不安を追い払えないことは、ブッダが「行（意志）」は思いどおりにならないという場合に述べていることの例証でもある。

＊5　『無我相経』のなかでブッダは五蘊を1つずつ検討したあと、最後に心身すべてが自分の思いどおりになるかどうかに疑問を投げかける。もし心身が自分の思いどおりにならないなら、どうしてＣＥＯ自己が存在できるだろう。また、私がここで対比させた2つの自己の考え方――ＣＥＯのように思いどおりにする側としての自己と、思いどおりになるものとしての自己――にはそれほど大きなちがいがないと論じることもできる。何がコントロールをにぎっているにしろ、おそらくそれもコントロールされる対象だからだ。いずれにしても、6章の冒頭の逸話から明らかなように、ブッダはべつの仏典のなかでＣＥＯのような自己が思いうかぶ「王」のたとえを引いている。

＊6　以下で触れるHarvey（1995）、あるいはThanissaro（2013）などを参照。Thanissaroに対する応答はBodhi（2015）。

＊7　相応部経典22・53。Bodhi（2000）の890－891頁より引用。

＊8　本文では説明を簡素化するために「貪欲」と「執着」の関係に影響をあたえる重要な問題をはぶいてある。常識的に考えれば、この関係は「識」蘊が五蘊のほかの4要素に対して貪欲になるということだろう。というのも、この貪欲によってほかの4要素に対する意識の執着が生まれるからだ。しかし仏教心理学によると、五蘊すべてに対する貪欲は「行（意志）」蘊から生じる（Bhikkhu Bodhi、私信）。そこには識蘊に対する貪欲や行蘊そのものの中身に対する貪欲も含まれる。しかしより重要な点、すなわち五蘊のほかの4要素に対する識蘊の執着を維持しているのは五蘊すべてに対する貪欲であるという点は変わらない。

＊9　執着についての説法からこのような「単純な筋書き」を引きだす問題点として、解放されるという語をどう解釈するかということがある。ある古い注釈書によると、この説法で意識が「解放される」というのは、解放された当人が死んだのち、意識が転生しないことだという（Bodhi（2000）の1060頁、注72を参照）。この解釈の意味するところは14章を読んでからのほうが理解しやすいが、さしあたっていえるのは、このように解釈すると、ここでいう意識の解放を当人の解放と同等と見なすのがむずかしくなるということだ（この解釈は、当人が今ここで解放されるとき、その解放の瞬間に意識になんらかの特性がそなわり、それによっ

て当人の死に際して意識がべつの種類の解放をはたすと言っているともとれる)。とはいえ、この解釈が単に解釈の1つにすぎない点は注意すべきだ。パーリ語のこの説法では、このような「解放される」の使い方が転生の問題のみを指すとは言っていない。この文脈では転生に言及してもいない。さらに、この種の古い注釈書は説法間の見た目の一貫性のなさを排除することを1つの目標としていることが多く、そのため、この注釈書が私の強調しようとしている「説法間の見た目の一貫性のなさ」をできるだけなくすような解釈をしていても不思議はない。Bhikkhu Bodhi はつぎのように言っている。この注釈書の解釈は妥当に思えるが議論の余地がないわけではなく、いずれにしても、「解放される」を同時にもっと広い意味に理解することを妨げるものではない(私信)。おそらくもっと重要なのは、この説法をどう解釈するにしても、悟りによって「心」が解放されるとする説法が複数あり、なかには「心」と翻訳される語が「意識」と翻訳される語と同一視されている説法もあるということだ(それどころか、Bodhi 自身は、この章でおもにとりあげた無我についての説法の目立って不可解な部分──「その者」が解放されると言っている部分──も「心」が解放されると言っていると理解できると考えている。パーリ語にときどき見られるように、この部分は動詞の主語が示されていない。ほとんどの翻訳者は前後関係から「その者」が主語だと見なしているが、Bodhi はすべてを考慮すると「心」を主語とするほうが妥当な読み方だと論じている)。

このように、執着についての説法で解放された意識に言及しているだけでなく、ほかの説法でも解放された「心」とはっきり説明していることを考えると、ブッダが意識というものを悟りにあたって解放されるものと考えていたと想像するのはけっして突飛なことではない。それでも、解放される「自分」が見つかる場所は識蘊だと主張しようとするなら、無我についての最初の説法をはじめ多くの説法で解放には五蘊すべてを捨て去る必要があると述べていることに対処しなければならない。執着についての説法でさえ、五蘊への貪欲を捨て去ることを奨励するとき5番めの識蘊も含めている点で、無我についての説法にやはり忠実だ。それでも興味深いことに、執着についての説法はある意味で識蘊を当

人と同一と見なしている——本文で引用した一節に加え、冒頭でもブッダが「執着する者は解放されない。執着しない者は解放される」と明言している——のに、その後、五蘊のうちの識蘊とほかの4要素との関係を執着するかしないかで語っている。

＊10 このような意識の「二重」モデルの一例については、Albahari（2006）を参照。このようなモデルについて本文で述べたことがすべてAlbahariのモデルにあてはまるというわけではない。しかしAlbahariは「目撃者としての意識」という表現を用い、ブッダが『バーフナ・スッタ』（Thanissaro（1997）参照）のなかで、修行僧が五蘊をすべて手放したあと「自在な心で暮らす」と言って説明したものがこの目撃者としての意識だと指摘している。

＊11 引用は、Conze（1959）の18頁より。

＊12 Harvey（1995）の45頁より引用。

＊13 同上。Harveyは、無我についての最初の説法が自己の存在をはっきりと否定していないだけにとどまらず、「上座部仏教がよりどころとする初期の原典にはそのような明らかな否定がまったくない」（7頁）と指摘している。

＊14 とくにThanissaro（2013）を参照。Thanissaroはこの説法をはじめ多くの仏典を英語に翻訳している。

## 6 行方不明のＣＥＯ

＊1 Thanissaro（2012）の英訳を使用。

＊2 Kurzban（2010）の61頁より引用。

＊3 Gazzaniga（2011）の82－83頁より引用。

＊4 グリップをにぎる強さとサブリミナル効果については、Pessiglione et al.（2007）。

＊5 たしかに、1ポンド硬貨の画像がサブリミナルに一瞬だけ提示されたときより、意識にのぼるほど長く映しだされたときのほうがグリップをにぎる力が強くなる傾向は見られた。しかしそのちがいは、自覚しているかどうかというより、単に脳が画像にさらされた時間の長さによるものとも考えられる。いいかえると、100ミリ秒の提示（自覚できる提示）は、仮に自覚されなかったとしても強いにぎりにつながったかもしれない。それどころか、

提示時間とにぎる強さとの相関関係が自覚の有無には左右されないという証拠がある。サブリミナル領域の2種類の提示時間（17ミリ秒と50ミリ秒）を用いて実験したところ、1ポンド硬貨が17ミリ秒提示されたときより50ミリ秒提示されたときのほうがにぎりが強くなることがわかった（1ペニー硬貨の場合、しごく論理的なことだが逆の結果だった）。50ミリ秒はいかなる場合でもサブリミナル領域におさまるとはかぎらない。しかしこの実験の場合、硬貨の画像は提示の前後に硬貨大のパターン画像を表示することで「マスキング」される。被験者は毎回グリップをにぎる前にこのマスキング用のパターン画像を見ることになるが、そこに硬貨の画像がはさまれている場合もあれば、はさまれていない場合もある。

＊6　リベットによる研究は、Libet（1985）。

＊7　Jarrett（2016）、Danquah et al.（2008）を参照。

＊8　ベネフェクタンス（beneffectance）については、Greenwald（1980）。

＊9　運転技術の自己評価の研究については、Preston and Harris（1965）。

＊10　道徳心の自己評価の研究については、Allison et al.（1989）。

＊11　チーム内の自己評価の研究については、Greene（2013）の97頁。より一般的な帰属のバイアスについては、Mezulis et al.（2004）を参照。

＊12　バイアスの影響に関する研究については、Pronin et al.（2002）。

＊13　Kurzban（2010）の105頁より引用。

＊14　自己中心性バイアスと記憶の研究については、D'Argembeau and Van der Linden（2008）。

＊15　性格と自己概念の研究については、Feldman Barrett（1997）。

＊16　自己肥大の文化的差異については、Mezulis et al.（2004）、Sedikides et al.（2005）。

＊17　Barkow（1989）の104頁より引用。

＊18　Gazzaniga（2011）の69－70頁より引用。

＊19　同上書の66頁より引用。

＊20　Kurzban（2010）の56頁より引用。

## 7　人生を振りまわす心のモジュール

＊1　ブッダはこの説法のなかで無常とドゥッカ（苦しみ、不満足）とのつながりを強調している。ブッダの言いまわしからすると、五蘊には（思いどおりにならないという性質に加えて）無常とドゥッカという性質があるため、五蘊を自己と同一視するのは妥当でないと考えていたことがうかがえる。無常のものが自己でないのは、無常がドゥッカにつながるからだというのが1つの解釈だ。この解釈は、同じくこの説法のなかで五蘊が思いどおりにならないことと苦しみが結びつけられていることを考えるといっそう納得がいく（ただし、ここでの苦しみを意味する語はドゥッカではない）。このように理解すると、五蘊が「自己」と呼ぶにふさわしくないのは、五蘊が思いどおりにならず無常であるからではなく、思いどおりにならず無常であるために苦しみをもたらすからだということになる。しかし、思いどおりにならないものや永遠不変でないものを自己と認められないというのは納得がいくものの、苦しみをもたらすものを自己と認めない理由ははっきりしない。そのためここでは、ブッダが思いどおりにならないことと無常であることをおもに論じているとする多くの解釈者にしたがっている。とはいえ1つ補足すると、ブッダの意見が純粋に実用性や治療効果を重視している――たとえば、五蘊を自己と考えると苦しみにつながるから、あまり苦しまないために五蘊は自己でないと考えたほうがいいと言っている――と考えるなら、苦しみをもたらす性質があるという理由だけでブッダが無常のものや思いどおりにならないものを無我と呼んでいるとしても納得がいく。このような読み解きは5章で論じたブッダの説法の「異端」な解釈とかみあう。

＊2　時間割引と配偶者獲得モードの研究については、Wilson and Daly（2004）。Kim and Zauberman（2013）も参照。

＊3　『ジャーナル・オブ・マーケティング・リサーチ』に発表された研究は、Griskevicius et al.（2009）。

＊4　Cosmides と Tooby の性に関する嫉妬の分析については、Cosmides and Tooby（2000）。

＊5　キャリア上の野心と配偶者獲得モードの研究については、Roney

(2003)。

＊6　じつをいうと「人」と一般化するのは誤解を招きかねない。異時点間効用関数の場合、この研究結果があてはまるのは男性のみで女性にはあてはまらなかった。キャリア目標の場合、この実験は女性ではおこなわれていないようだ。一般に性交の心理に関していえば、進化心理学によると性別間に完全な対称性はない。求愛や求愛の見こみによる変容のしかたに男女間のちがいはあるとしても、女性の心のほうが男性の心より変容が少ないと信じるにたる根拠は何もない。

＊7　表情評価の研究については、Maner et al.（2005）。

＊8　Buss and Dedden（1990）を参照。

＊9　Burtt（1982）の37頁より引用。

## 8　思考はどのようにみずからを思考するか

＊1　デフォルト・モード・ネットワークと「心の理論ネットワーク」の重なりについては、Mars et al.（2012）。

＊2　好奇心とドーパミンに関する脳スキャンについては、Sample（2014）。Ikemoto and Panksepp（1999）も参照。ラスキンとジョンソンの引用は、Litman（2005）より。Litmanによると、私たちが好奇心と呼ぶ脳のプロセスには2種類あり、両者はときに重複する。

＊3　この筋書きは、思考が意識に侵入する前になんらかの程度の感覚とどのようにして結びつくのかという問題を提起する。可能性のある答えが少なくとも2種類ある。1. 奇妙に聞こえるかもしれないが、心のなかに有情の領域、すなわち主観的な経験を持つ領域がありながら、意識ある心は通常そこにアクセスできないのかもしれない。6章で紹介した分離脳実験の意味するところを熟考してきた人のなかにはこの可能性を真剣に考えている人がいる。2. 感覚が結びついた思考が意識に侵入するまで、「感覚の強さ」は潜在的な性質なのかもしれない。潜在的な段階ではなんらかの物理的なマーカーが感覚の強さを示しているが、マーカーの示す強さによって思考が意識への侵入を許されるまで、その感覚が主観的に感じられることはない。

＊4 中部経典38・30。Nanamoli and Bodhi（1995）の266頁より引用。

## 9 自 制

＊1 Hume（1984）の462頁より引用。

＊2 Hume が仏教に出会っていた可能性については、Gopnik（2009）。

＊3 脳の活動と購買行動の研究については、Knutson et al.（2007）。研究者たちが購買行動の予想に用いた3つめの脳の領域は内側前頭前皮質。おいしそうな飲みものを見たときなどに反応する。

＊4 Hume（1984）の460頁より引用。

＊5 タイレノールと社会的苦痛の研究については、Lieberman（2013）の64－66頁。

＊6 前頭前皮質と自制については、Sapolsky（2005）。

＊7 Hume（1984）の461頁より引用。

＊8 同上書の462頁より引用。

＊9 Hume に対する Greene の見解については、Greene（2013）の5章より。

＊10 プラトンの御者と馬についての Pessoa の見解は、Pessoa（2013）2－3頁より。

＊11 この頭字語をつくったのは瞑想指導者の Michele McDonald（2015）。

＊12 喫煙研究については、Brewer, Mallik, et al.（2011）。

＊13 Immerwahr（1992）を参照。

＊14 同上。

## 10 無色《むしき》との出会い

＊1 「空《くう》」は、サンスクリットの「シューニャター」、パーリ語の「スンニャター」の訳語だ。この用語は上座部仏教より大乗仏教で大きな役割をはたし、上座部仏教で用いられる場合と大乗仏教の文脈で用いられる場合とでは専門的な意味がいくぶん異なる。この瞑想指導者が空のかわりに無色ということばを使ったのは――のちに確認したところ両者はおきかえ可能だと言っていたが――彼が上座部仏教の瞑想指導者だからだろう。

＊2　Conze, trans.（1959）の162頁より引用。
＊3　Amaro（2002）より引用。

## 11　空《くう》のよい面

＊1　「フレッド」の症例については、Lucchelli and Spinnler（2007）。
＊2　興味深いことに、宗教学者のMalcolm David Eckelは仏教の空の教義を真剣にとらえている人たちのものの見方を説明するなかで、その人たちの心にふと浮かぶかもしれない一連の疑問をリストアップしたことがある。たとえば「母親、だれのこと？　兄弟、だれのこと？……すべては錯覚だ。空だ」などだ。しかしこのように空の経験を極端に描写したものでさえ、カプグラ妄想の人のように母親や兄弟が替え玉にとってかわられたと感じることがあるとまでは言っていない。Eckel（2001）を参照。
＊3　Bloom（2010）の3－4頁より引用。
＊4　本書で用いている本性（essence）という語の意味は、心理学者の用いる定義に部分的にしか従っていない。通常、本質（essence）はものがそなえていると考えられている、目に見えない、あるいは隠された、あるいは明らかでない性質を意味し、本質なしにはそのものがそのものでない。これは本書で用いている本性の意味と重なるが、本質の場合は「考えられている」の部分が明瞭な信念を指す点が異なる。本性の場合はもっとささやかで、ほとんど意識しない観念を指している。心理学者が本質ということばを用いるときは、$H_2O$が水の本質とされると表現するくらいに明瞭な信念がこめられていることが多い。心理学者が明瞭な信念を強調する理由の一端は、人がものごとに対していだく信念を問いただすことで本質を研究してきたことにあるのかもしれない（Susan Gelman（2003）の非常に興味深い研究などを参照）。とにかく、私が重視しているのは本性の「知覚」——非常に暗示的なこともある知覚——であり、ものごとの物理的な成分という意味では用いていない。なお本書の本性（essence）の用い方は、西洋哲学でのもっとも一般的な本質（essence）の用い方とも一致しない。
＊5　Bloom（2010）の1頁より引用。

＊6　Zajonc（1980）の154頁より引用。

＊7　絵に対する判断の研究については、Giner-Sorolla et al.（1999）。Jarudi et al.（2008）も参照。

＊8　感情プライミング研究については、Ferguson（2007）。

＊9　絵に対する暗黙の判断については、Giner-Sorolla et al.（1999）。

＊10　私が空の概念を弁護する議論と正統派の仏教が空の概念を弁護する議論とのちがいを強調しておきたい。空は「存在論的」な教義、つまり現実の本当の性質についての主張だ。当然、正統派の仏教によるこの教義の弁護は存在論的な議論、現実の本当の構造についての議論になる。本当の構造を正しく理解すれば、「ものごと」に本性があるという主張は裏づけられないという論法だ（この標準的な仏教の議論についてのもう少しくわしい話は13章を参照）。私の弁護は存在論的な教義のための議論とはいえ、議論自体は根本から存在論的というわけではなくむしろ心理学的だ。言い方を変えよう。現実にはなんらかの構造があり、その構造には本性が含まれていないといっているのではない。人の心は本性の知覚を現実に投影するようにつくられていて、投影の背後にあるダーウィン説の論理はその投影が「客観的」な現実に対応していると考える根拠とはならず、むしろ投影は「客観的」な現実に対応できないと考える根拠になると論じているのだ（この論理の詳細は15章を参照）。空の教義のためのこの2種類の議論——古典的な仏教の存在論的議論と私の心理学的な議論——が論理的に矛盾しない点に注目してほしい。

＊11　ワイン試飲の研究については、Bloom（2010）の45頁を参照。

＊12　同上書の53頁より引用。

＊13　Plassmann et al.（2008）を参照。

## 12　雑草のない世界

＊1　「輪切り（thin-slice）」研究のメタ分析については、Ambady and Rosenthal（1992）。

＊2　Eagly et al.（1991）を参照。魅力そのものは道徳心を評価する重要な手がかりではないように見えるが、外見のほかの要素は手がかりになっている可能性がある。たとえば、眉頭があがってい

る人や頬骨が高い人のほうがそうでない人より信頼できると判断されることがわかっている。ある脳スキャン研究で信頼性の評価と相関することが知られる脳の領域をモニターしたところ、顔の画像がサブリミナルに提示された——提示が短すぎて意識にのぼらない——場合でもそのように評価されることが示された。Freeman et al.（2014）を参照。

＊3　Darley and Batson（1973）の104頁より引用。

＊4　Harman（1999）の320頁より引用。

＊5　同上論文の316頁より引用。

＊6　Kelman（2007）の97頁より引用。

＊7　HastorfとCantrilによる研究については、Hastorf and Cantril（1954）の129, 131頁。

＊8　同上論文の133頁より引用。

＊9　同上。

＊10　同上論文の132頁より引用。

＊11　メッター瞑想の詳細については、Salzberg（2002）を参照。

＊12　ウィキクオート（wikiquote.org）によれば、この引用をRumiのものとするのは誤りで、Helen Schucmanのものとするべきだという。https://en.wikiquote.org/wiki/Rumi参照。

＊13　Oppenheimer（2013）を参照。

## 13　すべては（多くても）一つ？

＊1　James（2007）の291－292頁より引用。

＊2　細菌と脳については、Wall et al.（2014）、Stein（2013）。

＊3　統合された自己という私たちの従来の感覚は、それ自体が相利共生の産物といえなくもない。私のさまざまな遺伝子は世代間をわたる同じ舟（すなわち、私のゲノム）に乗っているため、互いに協力することで（生存と世代を超えた増殖というダーウィン説的な意味で）繁栄できる。これこそ私のつま先や私の鼻が私の一部のように感じる理由だと言うこともできる。つま先のための遺伝子と鼻のための遺伝子が極端な非ゼロサムゲームをしているからだし、もっと端的に言えば、つま先や鼻のための遺伝子を私の一部と考える脳のための遺伝子とも非ゼロサム関係にあるからだ

ろう。

＊4 本性がないことをあらわすのに無我という語を用いるのには1つ注目に値する意味合いがある。これまで見てきたとおりヴィパッサナー瞑想は「三相」の明晰な理解をはぐくむこと――ものごとには一般に3つの性質があり、その1つが無我だと知るのを助けること――を目的としている。この目的に沿って、「外界」のものごと、つまり自分自身のなかにあるものや、さらに言えばほかの人のなかにあるものだけでなく、私たちが知覚する世のなかのものごとに無我という性質を見るとすれば、空を会得しつつあるということだ。これが注目に値するのは、一般に上座部仏教は大乗仏教にくらべて空をあまり強調しないと考えられているからだ。ヴィパッサナーの教えは上座部仏教の系譜のなかで生まれたが、三相を理解せよとの指示を厳密に解釈するとどうしても空を重要視することになる。

＊5 Albahari（2006）の181頁より引用。

＊6 嫌悪と怒りは本来的に強く結びついているため、嫌悪を克服することなく怒り「だけ」を克服することは不可能ではないかと疑問をいだく人もいるだろう。その疑問に対する答えは持ちあわせていない。ただ、少なくとも私の経験では、嫌悪と怒りはべつべつの感覚で、したがって怒りだけに意識を集中することが可能なのはたしかだ。もちろん、意識を集中して怒りを溶かすには嫌悪そのものをしずめる必要はある。

＊7 じつのところ仏教の観点からすると感覚は正か負である必要はない。世界の把握にともなうとされる「感受」は、楽（好ましい感覚）、苦（好ましくない感覚）、不苦不楽（どちらでもない感覚）のどの場合もある。まったくどちらでもない感覚を感受と呼べるのかと異議を唱えることもできるだろう。しかしいずれにしても、仏教心理学の趣旨は、世界に対する私たちの知覚や反応がいかにたびたび正や負の感覚にそれとなく、あるいはもっとはっきりと方向づけられているかを強調することだと言ってさしつかえないだろう。

＊8 この「等式」（「ラーガ」＋「ドヴェーシャ」＝「モーハ」）の論理は仏教で一般に表現される形の論理とはある意味で逆転している。この「等式」は広義に解釈すれば、渇愛や忌避が迷妄、す

なわち世界の本当の性質についての無知を生じさせると言っている。しかし一般的な仏教ではこれとは逆向きの関係になっている。無知や迷妄（いっさいのものが無常であることを理解できないとか、無我や空の真実を理解できないというようなこと）が渇愛や忌避を生じさせることがあるという関係だ。私の考えでは、どちらの解釈もそれだけでは単純すぎるとはいえ、この「等式」のほうが因果関係の実際の向きに近いとらえ方になっていると思う。また、瞑想上達の力学がこの「等式」に示される因果関係の向きを暗示する場合があるとも考えている。つまり、渇愛や忌避をマインドフルに観察してある程度克服することは、経験を通じて無常や無我や空のような概念を会得するという意味で無知や迷妄を克服していく過程の一部だと思う。

## 14　こんにちは、ニルヴァーナ

＊1　Bodhi（1981）の lecture 6より引用。

＊2　仏教思想家は仏教の縁起と西洋の因果律を苦労して区別することがある。これまでに相違を強調しようとするそのような努力を目にしてきたが、私は両者にそれほど大きなちがいがあるとは納得できていない。相違を強調するために西洋の因果律を過度に単純化して説明することで、まるで西洋科学が多様な影響の複雑な相互作用という概念に対応できないと言おうとしているように見える場合がある。

＊3　包括的な意味での「条件づけられた生起」（縁起）についての私の説明は正式には不十分だ。古代の仏典に見られる古典的な論述にはつづきがあり、何かが生じるための条件が欠如していればその何かは生じないし、何かが生じるための条件が消滅すればその何かも消滅する（これもすべて西洋の因果律と一致することはいうまでもない）。もっとかぎられた意味での条件づけられた生起（十二因縁）についていえば、すべての初期の仏典が因果関係の数を12としているわけではないが、12の因縁を系列化したものが圧倒的に広く受けいれられるようになっている。私がとくに参考にしたのは、Bodhi（1981）の lecture 4の十二因縁についての話だ。Gethin（1998）の149－159頁、Harvey（2013）の65－

73頁でも簡潔に説明されている。
＊4 Bodhi（1981）の lecture 4より引用。
＊5 この2種類のニルヴァーナはニルヴァーナ実現の2つの段階として描写されることがある。死によって到達するニルヴァーナは完全なニルヴァーナとされ、パリニルヴァーナ（般涅槃《はつねはん》、無余涅槃《むよねはん》）という。生きているあいだに経験されるニルヴァーナは一部の古い仏典で「有余涅槃《うよねはん》」と呼ばれる。悟りを開き、タンハーが原因で生じる苦しみを克服したとはいえ、生存には引きつづき肉体が必要で、たとえば肉体的なけがをすれば痛みは避けられない。そのような痛みはマインドフルに冷静に耐えることができ、悟りにいたる前のような苦しみをもたらすことはないが、それでも心からの至福を一日じゅう経験する妨げにはなる。Kasulis（1987）、Bodhi（1981）の lecture 6を参照。
＊6 Batchelor（2015）の145頁より引用。
＊7 同上書の17頁より引用。

## 15 悟りとはどんな境地か

＊1 異なる項目間に重複する部分や干渉しあう部分があるのは言うまでもない。たとえば無常を洞察することでタンハーを克服するという離れ業が容易になる。また、これまで見てきたように、項目の1つである「三毒」の根絶はタンハーの克服と同じことであり、もっといえば、3つめの毒が迷妄であるばかりに無常への洞察をも意味する。無常を洞察すること、とくに5章でとりあげた五蘊の無常を洞察することは、無我の洞察をうながす。
＊2 Zajonc（1980）の157頁より引用。
＊3 「どこでもないところからの眺め」、つまりだれの幸福もほかのだれの幸福より重要ではない眺めから、あらゆる人の幸福に対する配慮があたりまえな眺めに向かうのは論理的にかなり単純明快だ。というのもたった1つ、人の幸福は人の苦しみよりよいという、あたりさわりのない前提をつけ加えるだけでいいからだ。ついでにいえば、これをさらに進めて生きとし生けるものすべてをこの道徳的な配慮の傘に入れることはむずかしくない。ほかのすべてのことが同じなら、どんな生きものの幸福もその生きものの

苦しみよりましだという前提をめぐって大きく意見がわかれることはないからだ。
＊4　Sidgwick（1884）の381頁より引用。

## 16　なぜ今、仏教なのか

＊1　相応部経典45・1。Bodhi（2000）の1523頁より引用。
＊2　私がここで提起している可能性は私独自のアイデアでもなんでもない。仏教学者たちは、可能性があり、おそらくは論理的でもある結果として、仏教実践の成就が極端な形の虚無主義、つまりどんなものに対しても価値を見いだそうとしないことなのではないかという問いを長いあいだ考えつづけてきた。

というのも、瞑想指導でくり返し教えられるのは偏った判断をしてはいけないということだからだ。感覚をよいか悪いかで判断したり、音をよいか悪いかで判断したり、光景をよいか悪いかで判断したりしてはならない。では、判断しないことがどんどん上達すると、最後はどんな判断もしなくなってしまうのではないだろうか。何が正しくて何がまちがっているかも判断しなくなるのではないだろうか。そうなれば、一般にまちがっているとされることを正すために何かしたいという気持ちさえわかなくなるのではないか。

仏教の強調する平静な心（捨《しゃ》）を通してこの問題を考える方法もある。仏教実践の目的の1つはまわりの客観的な状況にかかわらず安定した幸福感を保てるようになること、どんなに激しい嵐のなかでも穏やかな島にとどまっていられるようになることだ。そのためには、自分の島の外で起きているどんなことに対しても――それほど穏やかでなければ心が動揺してなんとかして解決したくなるにちがいない本当に悪いことに対してさえも――ある程度無関心でいつづける必要があるのではないだろうか。

この理屈に少しクローズアップしよう。心の平静を失わず穏やかな幸福感を保つための仏教の手法は、好ましくないものに対する自然な忌避と好ましいものに対する自然な欲望をどちらも超越するということだ。もしこれを完全にやりとげたとすれば、なんのえり好みもしなくなるといえないだろうか。

そして、えり好みは価値体系をもつのに欠かせないものなのではないだろうか。不公平な世界より公平な世界を好む人でなければ、世界をもっと公平にするために努力することもないだろう。それどころか、ほかの人が公平と呼ぶものと不公平と呼ぶものに有意義なちがいがあることにさえ気づかない。もっといえば、思いやりや愛情をいだくはずがあるだろうか。思いやりも愛情も単にえり好みの一形態なのではないだろうか。自分が思いやりや愛情を感じる相手の身に特定のものごとが起こってほしいと望むえり好みの一種ではないのか。

こんな話は仏教思想から無理やり引っぱりだした架空のことだと思うかもしれないが、崇拝されている仏教思想家たちのものとされる見解とそれほどかけはなれているわけではない。禅宗の第三祖（中国禅宗の第三祖ともいう。中国の禅「チャン」が日本に伝わって禅「ゼン」になった）として知られる6世紀の中国の僧侶が書いたとされるつぎの漢詩を見てみよう。

えり好みしない者にとって、
偉大な道はむずかしくない。
愛と憎しみのどちらにも執着しなければ、
すべては明晰で明白になる。
しかしわずかにでもえりわけてしまうと、
天と地ほどにそこから離れてしまう。
真実を知りたいのであれば、
何に対しても賛否の意見を持ってはならない。

（至道無難、唯嫌揀択。但莫憎愛、洞然明白。毫釐有差、天地懸隔。欲得現前、莫存順逆。〔道に至るに難きことなし、ただ揀択を嫌う。ただ憎愛なければ、洞然として明白なり。毫釐《ごうり》も差あれば、天地懸《はるか》に隔たる。現前を得んと欲せば、順逆を存することなかれ。〕）

たしかにこの詩には少し説明が必要だろう。例によって翻訳の問題がある（「愛と憎しみのどちらにも執着しなければ」の部分には「好き嫌いをすべて排除すれば」という訳もある）。さらに、

この詩は特定の社会的、知的背景のもとに発表されたものであり、仏教の一解釈を支持し、当時普及していたほかの解釈に反対している。それでもこの一節は仏教の核心の思想からじかに引きだした推測にもとづいている。「虚無主義の問題」が長きにわたって仏教の深刻な問題と考えられてきた理由はこれだ。

この問題についてまったく新しい角度からいえることは何もないが、何が問題なのかを明らかにしておきたい。

私の意見では虚無主義の問題は12章でとりあげた問題——瞑想によって得た平静さと明晰さを利用して他人をより効果的に搾取する人間がいる問題——ではない。というのも、人を搾取したいと思うことはえり好みをすることであり、搾取によって手にはいるものに価値をおくことだからだ。12章の「アッパー・イースト・サイドの禅の略奪者」は多くの女性とセックスすることを好み、性的な満足に大きな価値をおいた。これはもっとも徹底した虚無主義ではない。虚無主義は、何もかもがどうでもいい、世のなかに意味のあるものなどなく、どんな目標も追い求める価値がないという思想だ。明らかに禅の略奪者は追い求める価値のある目標があると考えていたにちがいない。

いいかえると、禅の略奪者は禅宗の第三祖なら勧めただろう地点まで禅の道を進んでいなかったということだ。禅の略奪者は悟りにいたっていなかった。私がそう断言するのは、欲望のような「足かせ」を捨て去ることが悟りに必要な条件としてあげられる場合があるからだけではない。もっとも厳密な意味での悟りのためには渇愛全般を完全に捨て去らなければならないし、欲望は渇愛の一形態だからだ。禅宗の第三祖が語っているらしい地点、つまり「えり好みしない」地点までたどりつけば、渇愛を完全に克服でき、禅の略奪者のようなふるまいはけっしてしないはずだ。

たしかに、禅の略奪者は虚無主義のよく知られた意味にかぎれば虚無主義のようだ。ほとんどの人が道徳的と考える価値観が欠如しているように見える。だから良心の呵責《かしゃく》を感じることなく個人的に価値を認めていることを追い求めている。私がいいたいのは、「虚無主義の問題」はそういう問題ではなく、仏教哲学の論理によってまっとうにもたらされる問題だということだ。仏教哲学によって論理的にもたらされる虚無主義の問題とは、価値観

をまったく持たないという問題だ。ただそこにいて、ものごとが変化することをとくに望みもしない——社会正義をもたらしたいという願望もセックスをもたらしたいという願望も持たないという問題だ。

実際問題として、仏教の思想と実践によってこのような虚無主義にいたる人についてそれほど心配する必要はない。1つには、その人たちが解決にひと役買うことはないけれど、少なくとも問題の片棒をかつぐことはないからだ。これといった道徳的価値観を持ってはいないかもしれないが、身勝手な願望もすべてなくしているはずなので、他人を搾取したり大惨事をもたらしたりしてまわるようなことはない。

それほど心配する必要がないもう1つの理由は、そのような人たちが多くはないことだ。みなさんは実際に悟りを開いた人をだれか知っているだろうか。私はもう何年も、非常に熟達した瞑想家を捜しだしては話を聞かせてもらっているが、悟りを開いた人を知っているかというと、その確信はない。少なくとも、すべての渇望とすべての忌避の克服という厳密な意味での悟りの境地にいたり、もっとも徹底した虚無主義の問題を身をもって体現している人を知っているという確信はない。

それに、虚無主義の問題が語られるときは、厳密な意味での悟りを得た人のことだけでなく、狭義の悟りとでも呼べる悟りを得た人のことも含まれている。ダルマに完全に帰依することは仏教の道徳的価値をとり入れることであり、したがって思いやりをはぐくむことを意味する。それどころか、仏教世界の大半で悟りの理想は、何をおいても他者を助けることに一身をささげる菩薩《ぼさつ》に具象化されている。

そうはいっても、心配する意味があると私が思う人には2種類のタイプがいる。

一方はもちろん、世界じゅうの禅の略奪者たちだ。優れた瞑想力を利用して平然さを手に入れ、自分の身勝手な目的のためにほかの人をより効果的にあやつることができる。しかしこれは仏教の道をはるか遠くまで進みすぎたという問題ではない。道を十分に進んでいないという問題であり、よき仏教徒でないという問題だ。

他方、仏教の道をかなり遠くまで進み、以前より幸せで心が平静になった人のなかに、その平静さゆえに世界をよりよい場所にする情熱がさめてしまう人たちがいる。この人たちは総じて問題の一端ではない。世界に善をなそうという情熱がさめているのと同じくらい身勝手さもたいていは減っているからだ。また、この人たちはある意味で解決の一端を担っている。仏教の道をたどっていなかった場合より他人に親切に優しく接する傾向があるからだ。それでも、この人たちは本来はたせるはずの役割ほど大きな役割を解決のためにはたしていない。

この人たちがもっと解決の重要な部分を占めてくれることを願ってやまない。将来、仏教の道を真剣に歩み、同時に熱心な活動家でもある人が増えることを期待している。とはいえ、解決の重要な部分を占めていないことはもっともひどいことではない。万が一、この人たちが解決の重要な部分を占めていないことが、世の人に対するもっとも厳しい非難の的になるのだとすれば、世のなかにはたいして問題がないということだ。

そのようなわけで、虚無主義の問題は机上の空論としては仏教の深刻な問題であり、現実の実利的な意味ではまったくたいした問題ではないということだと思う。

＊3　James（1982）の53頁より引用。

# 参考文献

Albahari, Miri. 2006. *Analytical Buddhism: The Two-Tiered Illusion of Self*. Palgrave Macmillan.

Alicke, Mark, M. L. Klotz, David Breitenbecher, Tricia Yurak, and Debbie Vrendenburg. 1995. "Personal Contact, Individuation, and the Better-Than-Average Effect." *Journal of Personality and Social Psychology* 68(5): 804–25.

Allison, Scott, David Messick, and George Goethals. 1989. "On Being Better but not Smarter Than Others." *Social Cognition* 7(3): 275–96.

Amaro Bhikkhu. 2002. *Small Boat, Great Mountain*. Abhayagiri Monastery.

Ambady, Nalini, and Robert Rosenthal. 1992. "Thin Slices of Expressive Behavior as Predictors of Interpersonal Consequences: A Meta-analysis." *Psychological Bulletin* 111(2): 256–74.

Andrews-Hanna, Jessica, Jay Reidler, Jorge Sepulcre, Renee Poulin, and Randy Buckner. 2010. "Functional-Anatomic Fractionation of the Brain's Default Network." *Neuron* 65: 550–62.

Asma, Stephen. 2014. "Monsters on the Brain: An Evolutionary Epistemology of Horror." *Social Research* 81(4): 941–68.

Barash, David. 2013. *Buddhist Biology*. W. W. Norton.

Bargh, John. 2011. "Unconscious Thought Theory and Its Discontents: A Critique of the Critiques." *Social Cognition* 29(6): 629–47.

Barkow, Jerome. 1989. *Darwin, Sex, and Status*. University of Toronto Press.

Batchelor, Stephen. 2015. *After Buddhism: Rethinking the Dharma for a Secular Age*. Yale University Press.

Beck, Aaron, and Gary Emery. 1985. *Anxiety Disorders and Phobias: A Cognitive Perspective*. Basic Books.

Bloom, Paul. 2010. *How Pleasure Works: The New Science of Why We Like What We Like*. W. W. Norton.〔ポール・ブルーム『喜びはどれほど深い？——心の根源にあるもの』小松淳子訳　インターシフト

2012〕
Bodhi, Bhikkhu. 1981. "The Buddha's Teaching as It Is." Ten-part lecture series. http://www.buddhanet.net/audio-lectures.htm.
——, trans. 2000. *The Connected Discourses of the Buddha: A Translation of the Samyutta Nikaya*. Wisdom Publications.（相応部経典）
——. 2015. "Anatta as Strategy and Ontology" in *Investigating the Dhamma: A Collection of Papers by Bhikkhu Bodhi*. Buddhist Publication Society.
Brewer, Judson, Jake Davis, and Joseph Goldstein. 2013. "Why Is It So Hard to Pay Attention, or Is It? Mindfulness, the Factors of Awakening and Reward-Based Learning." *Mindfulness* 4(1): 75–80.
Brewer, Judson, Sarah Mallik, Theresa Babuscio, Charla Nich, Hayley Johnson, Cameron Deleone, Candace Minnix-Cotton, et al. 2011. "Mindfulness Training for Smoking Cessation: Results from a Randomized Controlled Trial." *Drug and Alcohol Dependence* 119(1/2): 72–80.
Brewer, Judson, Patrick Worhunsky, Jeremy Gray, Yi-Yuan Tang, Jochen Weber, and Hedy Kober. 2011. "Meditation Experience Is Associated with Differences in Default Mode Network Activity and Connectivity." *Proceedings of the National Academy of Sciences* 108(50): 20254–59.
Buddhaghosa, Bhadantacariya. 2010. *The Path of Purification*. Trans. Bhikkhu Nanamoli. Buddhist Publication Society.（『清浄道論』）
Burtt, E. A., ed. 1982. *The Teachings of the Compassionate Buddha*. New American Library.
Buss, David, and Lisa Dedden. 1990. "Derogation of Competitors." *Journal of Social and Personal Relationships* 7: 395–422.
Conze, Edward. 1959. *Buddhism: Its Essence and Development*. Harper Torchbook.〔エドワード・コンゼ『コンゼ　仏教——その教理と展開』平川彰／横山紘一訳　大蔵出版　1975〕
Conze, Edward, trans. 1959. *Buddhist Scriptures*. Penguin.
Cosmides, Leda, and John Tooby. 2000. "Evolutionary Psychology and the Emotions." In Michael Lewis and Jeannette M. Haviland-Jones, eds., *Handbook of Emotions*. 2nd ed. Guilford Press.
——. 2002. "Unraveling the Enigma of Human Intelligence: Evolutionary Psychology and the Multimodular Mind." In Robert Sternberg and

James Kaufman, eds., *The Evolution of Intelligence*. Lawrence Erlbaum Associates.

D'Argembeau, Arnaud, and Martial Van der Linden. 2008. "Remembering Pride and Shame: Self-Enhancement and the Phenomenology of Autobiographical Memory." *Memory* 16(5): 538–47.

Danquah, Adam N., Martin Farrell, and Donald O'Boyle. 2008. "Biases in the Subjective Timing of Perceptual Events: Libet et al. (1983) Revisited." *Consciousness and Cognition* 17(3): 616–27.

Darley, John M., and C. Daniel Batson. 1973. "From Jerusalem to Jericho: A Study of Situational and Dispositional Factors in Helping Behavior." *Journal of Personality and Social Psychology* 27(1): 100–108.

Davidson, Richard J., and William Irwin. 1999. "The Functional Neuroanatomy of Emotion and Affective Style." *Trends in Cognitive Sciences* 3(1): 11–22.

de Silva, Padmasiri. 2000. *An Introduction to Buddhist Psychology*. 4th ed. Palgrave Macmillan.

Eagly, Alice, Richard Ashmore, Mona Makhijani, and Laura Longo. 1991. "What Is Beautiful Is Good, But ... : A Meta-analytic Review of Research on the Physical Attractiveness Stereotype." *Psychological Bulletin* 110(1): 109–28.

Eckel, Malcolm David. 2001. "Buddhism." *The Great Courses*. Audio lecture.

Ekman, Paul, Richard Davidson, Matthieu Ricard, and B. Alan Wallace. 2005. "Buddhist and Psychological Perspectives on Emotions and Well-Being." *Current Directions in Psychological Science* 14(2): 59–63.

Farb, Norman, Zindel Segal, Helen Mayberg, Jim Bean, Deborah McKeon, Zainab Fatima, and Adam Anderson. 2007. "Attending to the Present: Mindfulness Meditation Reveals Distinct Neural Modes of Self-Reference." *Scan* 2: 313–22.

Farias, Miguel, and Catherine Wikholm. 2015. *The Buddha Pill: Can Meditation Change You?* Watkins.

Feldman Barrett, Lisa. 1997. "The Relationships among Momentary Emotion Experiences, Personality Descriptions, and Retrospective

Ratings of Emotion." *Personality & Social Psychology Bulletin* 23(10): 1100–1110.

Ferguson, M. J. 2007. "The Automaticity of Evaluation." In J. Bargh, ed., *Social Psychology and the Unconscious: The Automaticity of Higher Mental Processes*. Psychology Press.〔メリッサ・J・ファーガソン「評価の自動性」青林唯訳　ジョン・バージ編『無意識と社会心理学――高次心理過程の自動性』及川昌典／木村晴／北村英哉編訳　ナカニシヤ出版　2009〕

Freeman, Jonathan, Ryan Stolier, Zachary Ingbretsen, and Eric Hehman. 2014. "Amygdala Responsivity to High-Level Social Information." *Journal of Neuroscience* 34(32): 10573–81.

Gazzaniga, Michael. 2011. *Who's in Charge? Free Will and the Science of the Brain*. Ecco.〔マイケル・S・ガザニガ『〈わたし〉はどこにあるのか――ガザニガ脳科学講義』藤井留美訳　紀伊國屋書店　2014〕

Gelman, Susan. 2003. *The Essential Child: Origins of Essentialism in Everyday Thought*. Oxford University Press.

Gethin, Rupert. 1998. *The Foundations of Buddhism*. Oxford University Press.

Giner-Sorolla, Roger, Magda T. Garcia, and John A. Bargh. 1999. "The Automatic Evaluation of Pictures." *Social Cognition* 17(1): 76–96.

Gold, Jonathan. 2014. *Paving the Great Way: Vasubandhu's Unifying Buddhist Philosophy*. Columbia University Press.

Goldstein, Joseph. 1987. *The Experience of Insight: A Simple and Direct Guide to Buddhist Meditation*. Shambhala Dragon Editions.

――. 2002. *One Dharma: The Emerging Western Buddhism*. Harper SanFrancisco.

――. 2016. *Mindfulness: A Practical Guide to Awakening*. Sounds True.

Goleman, Daniel. 1998. *The Meditative Mind: The Varieties of Meditative Experience*. G. P. Putnam's Sons.

Gopnik, Allison. 2009. "Could David Hume Have Known about Buddhism? Charles Francois Dolu, the Royal College of La Flèche, and the Global Jesuit Intellectual Network." *Hume Studies* 35(1/2): 5–28.

Greene, Joshua. 2013. *Moral Tribes: Emotion, Reason, and the Gap between Us and Them*. Penguin Press.〔ジョシュア・D・グリーン『モラル・トライブズ——共存の道徳哲学へ（上下）』竹田円訳 岩波書店 2015〕

Greenwald, Anthony. 1980. "The Totalitarian Ego: Fabrication and Revision of Personal History." *American Psychologist* 357: 603–18.

Griskevicius, Vladas, Noah Goldstein, Chad Mortensen, Jill Sundie, Robert Cialdini, and Douglas Kenrick. 2009. "Fear and Loving in Las Vegas: Evolution, Emotion, and Persuasion." *Journal of Marketing Research* 46(3): 384–95.

Gunaratana, Henepola. 1991. *Mindfulness in Plain English*. Wisdom.〔バンテ・H・グナラタナ『マインドフルネス——気づきの瞑想』出村佳子訳 サンガ 2012〕

Hanson, Rick, and Richard Mendius. 2009. *Buddha's Brain: The Practical Neuroscience of Happiness, Love, and Wisdom*. New Harbinger Publications.〔リック・ハンソン／リチャード・メンディウス『ブッダの脳——心と脳を変え人生を変える実践的瞑想の科学』菅靖彦訳 草思社 2011〕

Harman, Gilbert. 1999. "Moral Philosophy Meets Social Psychology: Virtue Ethics and the Fundamental Attribution Error." *Proceedings of the Aristotelian Society* 99: 315–31, new series.

Harris, Dan. 2014. *10% Happier: How I Tamed the Voice in My Head, Reduced Stress without Losing My Edge, and Found Self-Help That Actually Works - A True Story*. Dey Street Books.〔ダン・ハリス『10% HAPPIER——人気ニュースキャスターが「頭の中のおしゃべり」を黙らせる方法を求めて精神世界を探求する物語』桜田直美訳 大和書房 2015〕

Harris, Sam. 2014. *Waking Up: A Guide to Spirituality Without Religion*. Simon & Schuster.

Harvey, Peter. 1995. *The Selfless Mind: Personality, Consciousness and Nirvana in Early Buddhism*. Routledge.

——. 2013. *An Introduction to Buddhism: Teachings, History and Practices*. 2nd ed. Cambridge University Press.

Hastorf, Albert H., and Hadley Cantril. 1954. "They Saw a Game: A Case

Study." *Journal of Abnormal and Social Psychology* 49(1): 129–34.

Holzel, Britta, Sara Lazar, Tim Gard, Zev Schuman-Olivier, David Vago, and Ulrich Ott. 2011. "How Does Mindfulness Meditation Work? Proposing Mechanisms of Action from a Conceptual and Neural Perspective." *Perspectives on Psychological Science* 6(6): 537–59.

Hume, David. 1984. *A Treatise of Human Nature*. Penguin.〔デイヴィッド・ヒューム『人間本性論（全3巻）』木曾好能／石川徹／中釜浩一／伊勢俊彦訳　法政大学出版局　2011–2012〕

Ikemoto, Satoshi, and Jaak Panksepp. 1999. "The Role of Nucleus Accumbens Dopamine in Motivated Behavior: A Unifying Interpretation with Special Reference to Reward-Seeking." *Brain Research Reviews* 31: 6–41.

Immerwahr, John. 1992. "Hume on Tranquilizing the Passions." *Hume Studies* 18(2): 293–314.

Ingram, Daniel. 2008. *Mastering the Core Teachings of the Buddha: An Unusually Hardcore Dharma Book*. Aeon Books.

James, William. 1982. *The Varieties of Religious Experience.* Penguin.〔W. ジェイムズ『宗教的経験の諸相（上下）』桝田啓三郎訳　岩波文庫　1969〕

——. 2007. *The Principles of Psychology*, vol. I. Cosimo Books.

Jarudi, Izzat, Tamar Kreps, and Paul Bloom. 2008. "Is a Refrigerator Good or Evil? The Moral Evaluation of Everyday Objects." *Social Justice Research* 21(4): 457–69.

Jarrett, Christian. 2016. "Neuroscience and Free Will Are Rethinking Their Divorce." *New York Magazine*, February 3.

Jones, Edward, and Richard Nisbett. 1971. "The Actor and the Observer: Divergent Perceptions of the Causes of Behavior." In Edward Jones, David Kanhouse, Harold Kelley, Richard Nisbett, Stuart Valins, and Bernard Weiner, eds., *Attribution: Perceiving the Causes of Behavior*. General Learning Press.

Kasulis, Thomas P. 1987. "Nirvana." In Mircea Eliade, ed., *The Encyclopedia of Religion*, vol. 10. MacMillan.

Kelman, Herbert C. 2007. "Social-Psychological Dimensions of International Conflict." In William Zartman, ed., *Peacemaking in*

*International Conflict*. US Institute of Peace.

Killingsworth, Matthew, and Daniel Gilbert. 2010. "A Wandering Mind Is an Unhappy Mind." *Science* 330: 932.

Kim, B. Kyu, and Gal Zauberman. 2013. "Can Victoria's Secret Change the Future? A Subjective Time Perception Account of Sexual-Cue Effects on Impatience." *Journal of Experimental Psychology: General* 142(2): 328–35.

Knitter, Paul. 2009. *Without Buddha I Could Not Be a Christian*. Oneworld.

Knutson, Brian, Scott Rick, G. Elliott Wimmer, Drazen Prelac, and George Loewenstein. 2007. "Neural Predictors of Purchases." *Neuron* 53: 147–56.

Kornfield, Jack. 1993. *A Path with Heart: A Guide through the Perils and Promises of Spiritual Life*. Bantam Books.

Kornfield, Jack, and Paul Breiter, eds. 1985. *A Still Forest Pool: The Insight Meditation of Achaan Chah*. Quest Books.〔ジャック・コーンフィールド／ポール・ブレイター編　アーチャン・チャー『手放す生き方――タイの森の僧侶に学ぶ「気づき」の瞑想実践』星飛雄馬／花輪陽子／花輪俊行訳　サンガ　2011〕

Kuhn, Simone, and Marcel Brass. 2009. "Retrospective Construction of the Judgement of Free Choice." *Consciousness and Cognition* 18: 12–21.

Kurzban, Robert. 2010. *Why Everyone (Else) Is a Hypocrite: Evolution and the Modular Mind*. Princeton University Press.〔ロバート・クルツバン『だれもが偽善者になる本当の理由』高橋洋訳　柏書房　2014〕

Libet, Benjamin. 1985. "Unconscious Cerebral Initiative and the Role of Conscious Will in Voluntary Action." *Behavioral and Brain Sciences* 8: 529–39.

Lieberman, Matthew. 2013. *Social: Why Our Brains Are Wired to Connect*. Crown.〔マシュー・リーバーマン『21世紀の脳科学――人生を豊かにする3つの「脳力」』江口泰子訳　講談社　2015〕

Litman, Jordan A. 2005. "Curiosity and the Pleasures of Learning: Wanting and Liking New Information." *Cognition and Emotion* 19(6):

793–814.

Lucchelli, F., and H. Spinnler. 2007. "The Case of Lost Wilma: A Clinical Report of Capgras Delusion." *Neurological Sciences* 28: 188–95.

Lutz, Antoine, John Dunne, and Richard Davidson. 2007. "Meditation and the Neuroscience of Consciousness." In Philip Zelazo, Morris Moscovitch, and Evan Thompson, eds., *Cambridge Handbook of Consciousness*. Cambridge University Press.

Lutz, Antoine, Heleen Slagter, John Dunne, and Richard Davidson. 2008. "Attention Regulation and Monitoring in Meditation." *Trends in Cognitive Sciences* 12(4): 163–69.

Maner, Jon, Douglas Kenrick, D. Vaughn Becker, Theresa Robertson, Brian Hofer, Steven Neuberg, Andrew Delton, Jonathan Butner, and Mark Schaller. 2005. "Functional Projection: How Fundamental Social Motives Can Bias Interpersonal Perception." *Journal of Personality and Social Psychology* 88(1): 63–78.

Mars, Roger B., Franz-Xaver Neubert, MaryAnn P. Noonan, Jerome Sallet, Ivan Toni, and Matthew F. S. Rushworth. 2012. "On the Relationship between the 'Default Mode Network' and the 'Social Brain.'" *Frontiers in Human Neuroscience* 6: 189.

McDonald, Michele. 2015. "R.A.I.N.D.R.O.P." *Dharma Seed*. Lecture, True North Insight, August 28. http://dharmaseed.org/teacher/126/talk/29234/.

Mendis, N. K. G., trans. 2010. "Anatta-Lakkhana Sutta: The Discourse on the Not-Self Characteristic." (Samyutta Nikaya 22:59) *Access to Insight: Readings in Theravada Buddhism*. http://www.accesstoinsight.org/tipitaka/sn/sn22/sn22.059.mend.html.（相応部経典22・59）

Mezulis, Amy H., Lyn Abramson, Janet Hyde, and Benjamin Hankin. 2004. "Is There a Universal Positivity Bias in Attributions? A Meta-analytic Review of Individual, Developmental, and Cultural Differences in the Self-Serving Attributional Bias." *Psychological Bulletin* 130(5): 711–47.

Michaelson, Jay. 2013. *Evolving Dharma: Meditation, Buddhism and the Next Generation of Enlightenment*. Evolver Editions.

Miller, Timothy. 1994. *How to Want What You Have*. Henry Holt & Co.

Nanamoli, Bhikkhu, and Bhikkhu Bodhi, trans. 1995. *The Middle Length Discourses of the Buddha: A Translation of the Majjhima Nikaya*. Wisdom Publications.（中部経典）

Nisker, Wes. 1998. *Buddha's Nature: A Practical Guide to Enlightenment through Evolution*. Bantam Books.

Oppenheimer, Mark. 2013. *The Zen Predator of the Upper East Side*. Atlantic Books.

Parfit, Derek. 1984. *Reasons and Persons*. Oxford University Press.〔デレク・パーフィット『理由と人格――非人格性の倫理へ』森村進訳　勁草書房　1998〕

Pessiglione, Mathias, Liane Schmidt, Bogan Draganski, Raffael Kalisch, Hakwan Lau, Ray Dolan, and Chris Frith. 2007. "How the Brain Translates Money into Force: A Neuroimaging Study of Subliminal Motivation." *Science* 316: 904–6.

Pessoa, Luiz. 2013. *The Cognitive-Emotional Brain: From Interactions to Integration*. MIT Press.

Pinker, Steven. 1997. *How the Mind Works*. W. W. Norton.〔スティーブン・ピンカー『心の仕組み（上下）』椋田直子訳　ちくま学芸文庫　2013〕

Plassmann, Hilke, John O'Doherty, Baba Shiv, and Antonio Rangel. 2008. "Marketing Actions Can Modulate Neural Representations of Experienced Pleasantness." *Proceedings of the National Academy of Sciences* 105(3): 1050–54.

Preston, Carolyn, and Stanley Harris. 1965. "Psychology of Drivers in Traffic Accidents." *Journal of Applied Psychology* 49(4): 264–68.

Pronin, Emily, Thomas Gilovich, and Lee Ross. 2004. "Objectivity in the Eye of the Beholder: Divergent Perceptions of Bias in Self versus Others." *Psychological Review* 111(3): 781–99.

Pronin, Emily, Daniel Y. Lin, and Lee Ross. 2002. "The Bias Blind Spot: Perceptions of Bias in Self versus Others." *Personality and Social Psychology Bulletin* 28(3): 369–81.

Rahula, Walpola. (1959) 1974. *What the Buddha Taught*. Grove Press.〔ワールポラ・ラーフラ『ブッダが説いたこと』今枝由郎訳　岩波文庫　2016〕

Romanes, George John. 1884. *Mental Evolution in Animals*. D. Appleton and Co.

Roney, James R. 2003. "Effects of Visual Exposure to the Opposite Sex: Cognitive Aspects of Mate Attraction in Human Males." *Personality and Social Psychology Bulletin* 29: 393–404.

Sabini, John, Michael Siepmann, and Julia Stein. 2001. "The Really Fundamental Attribution Error in Social Psychological Research." *Psychological Inquiry* 12(1): 1–15.

Salzberg, Sharon. 2002. *Lovingkindness: The Revolutionary Art of Happiness*. Shambhala Classics.

——. 2003. *Faith: Trusting Your Own Deepest Experience*. Riverhead Books.

Salzberg, Sharon, and Robert Thurman. 2013. *Love Your Enemies: How to Break the Anger Habit and Be a Whole Lot Happier*. Hay House.〔シャロン・サルツバーグ／ロバート・サーマン『ニガテな奴が雨に打たれてる　敵を愛せよ――楽に生きるための心の技術』ドラモンド美奈子訳　駒草出版　2015〕

Sample, Ian. 2014. "Curiosity Improves Memory by Tapping into the Brain's Reward System." *Guardian*, October 2. http://www.theguardian.com/science/2014/oct/02/curiosity-memory-brain-reward-system-dopamine.

Sapolsky, Robert. 2005. "Biology and Human Behavior: The Neurological Origins of Individuality." Audio lecture. *The Great Courses*. 2nd ed.

Sayadaw, Mahasi. 1965. *The Progress of Insight*. Trans. Nyānaponika Thera. Buddhist Publication Society.

Schultz, Wolfram. 2001. "Reward Signaling by Dopamine Neurons." *Neuroscientist* 7(4): 293–302.

Schultz, Wolfram, Paul Apicella, Eugenio Scarnati, and Tomas Ljungberg. 1992. "Neuronal Activity in Monkey Ventral Striatum Related to the Expectation of Reward." *Journal of Neuroscience* 12(12): 4595–610.

Sedikides, Constantine, and Mark D. Alicke. 2012. "Self-Enhancement and Self-Protection Motives." In Richard M. Ryan, ed., *The Oxford*

*Handbook of Human Motivation*. Oxford University Press.

Sedikides, Constantine, Lowell Gaertner, and Jack L. Vevea. 2005. "Pancultural Self-Enhancement Reloaded: A Meta-analytic Reply to Heine." *Journal of Personality and Social Psychology* 89(4): 539–51.

Seligman, Martin. 2002. *Authentic Happiness: Using the New Positive Psychology to Realize Your Potential for Lasting Fulfillment*. Free Press.〔マーティン・セリグマン『世界でひとつだけの幸せ――ポジティブ心理学が教えてくれる満ち足りた人生』小林裕子訳　アスペクト 2004〕

Siderits, Mark, Evan Thompson, and Dan Zahavi, eds. 2001. *Self, No Self? Perspectives from Analytical, Phenomenological, and Indian Traditions*. Oxford University Press.

Sidgwick, Henry. 1884. *The Methods of Ethics*. MacMillan and Co.

Smith, Rodney. 2014. *Awakening: A Paradigm Shift of the Heart*. Shambhala.

Stein, Rob. 2013. "Gut Bacteria Might Guide the Workings of Our Minds." NPR. November 18. http://www.npr.org/blogs/health/2013/11/18/ 244526773/gut-bacteria-might-guide-the-workings-of-our-minds.

Thanissaro Bhikkhu, trans. 1997. "Bahuna Sutta: To Bahuna" (Anguttara Nikaya 10:81). *Access to Insight: Readings in Theravāda Buddhism*. http://www.accesstoinsight.org/tipitaka/an/an10/an10.081.than.html.（増支部経典10・81）

――, trans. 2012. "Cula-Saccaka Sutta: The Shorter Discourse to Saccaka" (Majjhima Nikaya 35). *Access to Insight: Readings in Theravāda Buddhism*. http://www.accesstoinsight.org/tipitaka/mn/mn.035.than.html.（中部経典35）

――. 2013. "The Not-Self Strategy." *Access to Insight: Readings in Theravāda Buddhism*. http://www.accesstoinsight.org/lib/authors/thanissaro/notselfstrategy.pdf.

Thera, Nyānaponika, trans. 2007. "Freed of Fivefold Fear" (Anguttara Nikaya 9:5). *Access to Insight: Readings in Theravāda Buddhism*. http://www.accesstoinsight.org/lib/authors/nyanaponika/wheel238.html.（増支部経典9・5）

Thera, Soma, trans. 2013. "The Way of Mindfulness: The Satipatthana Sutta and Its Commentary." *Access to Insight: Readings in Theravāda Buddhism*. http://www.accesstoinsight.org/lib/authors/soma/wayof.html.

Wall, R., J. F. Cryan, R. P. Ross, G. F. Fitzgerald, T. G. Dinan, and C. Stanton. 2014. "Bacterial Neuroactive Compounds Produced by Psychobiotics." *Advances in Experimental Medicine and Biology* 817: 221–39.

Weber, Gary. 2007. *Happiness Beyond Thought: A Practical Guide to Awakening*. iUniverse.

Wilson, Margo, and Martin Daly. 2004. "Do Pretty Women Inspire Men to Discount the Future?" *Proceedings of the Royal Society of London B* (*Suppl.*) 271: S177–79.

Wright, Dale S. 2016. *What Is Buddhist Enlightenment?*. Oxford University Press.

Wright, Robert. 1994. *The Moral Animal: Evolutionary Psychology and Everyday Life*. Pantheon.〔ロバート・ライト『モラル・アニマル（上下）』竹内久美子監訳／小川敏子訳　講談社　1995〕

——. 2000. *Nonzero: The Logic of Human Destiny*. Pantheon.

Yongey Mingyur, Rinpoche, and Eric Swanson. 2007. *The Joy of Living*. Three Rivers Press.〔ヨンゲイ・ミンゲール・リンポチェ『今、ここを生きる――新世代のチベット僧が説くマインドフルネスへの道』松永太郎／今本渉訳　パンローリング　2016〕

Zajonc, R. B. 1980. "Feeling and Thinking: Preferences Need No Inferences." *American Psychologist* 35(2): 151–75.

# 用語について

仏教についての本を書く場合、用語の選択を数多く迫られる。

まずサンスクリットにするかパーリ語にするかという問題がある。西洋の文書では、仏教用語はこの2つの古代言語のどちらかで書かれるのが一般的だ（古代の仏典にはこれ以外のアジアの言語で書かれたものもある）。仏教についての本の著者のなかには、どちらかの言語を選び、本の最後まで一貫してそれを使う人もいる。本書ではそれとはちがうやり方を選んだため、理由を説明しておこうと思う。

本書で最初に詳しくとりあげた仏教の大きな概念は「無我」だ。無我は、大乗仏教より、もう一方の大きな支流である上座部仏教で重要視される。上座部仏教の聖典はパーリ語で書かれているため、無我はパーリ語で「アナッター」と表現するほうがサンスクリットで「アナートマン」と表現するより自然に思える。しかし本書で2番めに取り組んだ仏教の大きな概念「空」は、上座部仏教より大乗仏教で重要視されるため、普通はサンスクリットで「シューニャター」と表現される。大乗仏教と上座部仏教のどちらの伝統でも重要視されるいくつかの用語は、たまたま西洋ではサンスクリットでよく知られるようになっている。とくに「ニルヴァーナ」と「ダルマ」（パーリ語では「ニッバーナ」と「ダンマ」）（漢語では「涅槃」と「法」）はサンスクリットがよく知られているため、本書でもそれにならった。

サンスクリットとパーリ語の両方を使うことに決めたため、つぎはどっちつかずの場合を検討しなければならなくなった。どちらかの伝統を選ぶだけの強い理由がないケースだ。選択の理由を1つ1つ示してみなさんを退屈させるようなことはしない。なかには硬貨を投げて決めたも同然のものもある。

「スートラ」（サンスクリット）か「スッタ」（パーリ語）かの問題は、そのときとりあげている仏典が大乗仏教と上座部仏教のどちらの伝統により密接に関係しているかをおもに考慮して、場面によって両方を使いわけた。しかしこの問題は本文というより注や参考文献にかかわることだ。本文ではスートラやスッタではなく「説法（discourse)」という語をできるだけ用いるようにしたからだ。理由の1

つは、スートラという語にべつの意味合いを持たせ、議論というより詩のようなものととらえる人たちがいると思うことだ。全般的に本書でとりあげた仏典では議論が展開されている。現代の意味での議論——すべての用語が定義され、各段階が明瞭に叙述されている議論——ではないかもしれないが、心理学や哲学にかかわる主張を提示し、理由を説明している。そしてこうした主張こそ本書の中核だ。

最後に、本書では「悟り（enlightenment）」という語を何度も使っている。じつをいうと、一般に悟りと表現される古代の用語をもっと文字どおり正確に翻訳するなら、「目覚め（awakening）」のほうがふさわしい。「ブッダ」（目覚めた人）と、ブッダがその木の根元にすわって悟りを得たとされる「菩提樹《ぼだいじゅ》」のもとになった語でもある。普段の私たちは夢の世界にいるといえるほどひどい迷妄のなかで暮らしているという仏教思想からすれば——そしてその思想を受け入れるところから本書がはじまっていることを考えれば——「目覚め」はたしかに訳語として魅力がある。目覚めにはこのように隠喩としてふさわしい部分がある一方、仏教でいう目覚めにはただ目覚めること以上のものが含まれている。世界についてのとらえがたい真実をときに大変な努力をして理解することは、文字どおりの啓発（enlightenment）であるはずだ。偶然にも「enlightenment」には本書で採用するのにふさわしい理由がもう１つある。西洋が論理的分析の方向へ決然と舵を切った時代をあらわしていることだ（啓蒙時代〔the Enlightenment〕のこと）。仏教の世界観、少なくとも自然主義的な仏教の世界観はその啓蒙時代に生まれた哲学や科学に照らすと大いに納得がいくという本書の主張から考えて、これほどしっくりくる語はないと思う。

本書は二〇一八年七月に早川書房より単行本として刊行された作品を文庫化したものです。

# ハーバードの人生が変わる東洋哲学
## ——悩めるエリートを熱狂させた超人気講義

The Path

マイケル・ピュエット&
クリスティーン・グロス＝ロー
熊谷淳子訳

ハヤカワ文庫ＮＦ

「この講義が終わるまでに、きみの人生は必ず変わる」そんな約束から始まる東洋思想の講座がハーバードで絶大な人気を誇っているのはなぜか？　カレッジ教授賞を受賞した有名教授が語る孔子や老子の真のメッセージが、悩めるエリート達の目を輝かせる。彼らの常識を覆した中国思想の教えとは？　解説／中島隆博

# 明日の幸せを科学する

Stumbling on Happiness

ダニエル・ギルバート

熊谷淳子訳

ハヤカワ文庫NF

どうすれば幸せになれるか、
自分が一番よくわかるはずが……!?

「がんばって就職活動したのに仕事を辞めたくなった」「生涯の伴侶に選んだ人が嫌いになった」――。なぜ人間は未来の自分の幸せを正確に予測できないのか? その背景にある脳の仕組みをハーバード大教授が解き明かす。(『幸せはいつもちょっと先にある』改題)

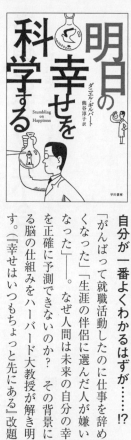

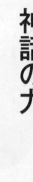

# 樹木たちの知られざる生活

## ——森林管理官が聴いた森の声

Das geheime Leben der Bäume

ペーター・ヴォールレーベン

長谷川　圭訳

ハヤカワ文庫ＮＦ

樹木には驚くべき能力と社会性があった。子を教育し、会話し、ときに助け合う。一方で熾烈な縄張り争いを繰り広げる。音に反応し、数をかぞえ、長い時間をかけて移動さえする。ドイツで長年、森林管理をしてきた著者が、豊かな経験と科学的事実をもとに綴る、樹木への愛に満ちあふれた世界的ベストセラー！

SCARCITY

# いつも「時間がない」あなたに
## ——欠乏の行動経済学

センディル・ムッライナタン＆エルダー・シャフィール
大田直子訳

ハヤカワ文庫ＮＦ

**天才研究者が欠乏の論理の可視化に挑む！**

時間に追われ物事を片付けられない。収入はあるのに、借金を重ねる。その理由には金銭や時間などの〝欠乏〟が人の処理能力や判断力に大きく影響を与えるという共通点があった……多くの実験・研究成果を応用した期待の行動経済学者の研究成果。解説／安田洋祐

訳者略歴　大阪教育大学卒，コロラド大学大学院で修士号取得　翻訳家　訳書にピュエット＆グロス＝ロー『ハーバードの人生が変わる東洋哲学』，ギルバート『明日の幸せを科学する』，アリエリー『予想どおりに不合理』（早川書房刊），ヘーリングほか『人はお金だけでは動かない』など多数

HM=Hayakawa Mystery
SF=Science Fiction
JA=Japanese Author
NV=Novel
NF=Nonfiction
FT=Fantasy

# なぜ今《いま》、仏教《ぶつきよう》なのか
## 瞑想・マインドフルネス・悟りの科学

〈NF562〉

二〇二〇年八月十日　印刷
二〇二〇年八月十五日　発行
（定価はカバーに表示してあります）

著者　ロバート・ライト
訳者　熊《くま》谷《がい》淳《じゅん》子《こ》
発行者　早川浩
発行所　株式会社　早川書房
郵便番号　一〇一-〇〇四六
東京都千代田区神田多町二ノ二
電話　〇三-三二五二-三一一一
振替　〇〇一六〇-三-四七七九九
https://www.hayakawa-online.co.jp


印刷・三松堂株式会社　製本・株式会社フォーネット社
JASRAC 出2005616-001　Printed and bound in Japan
ISBN978-4-15-050562-2 C0115



本書は活字が大きく読みやすい〈トールサイズ〉です。